Arbeit 2000

HANIEL Stiftung
Schriftenreihe Band 1

Bert Rürup, Ulrich Steger (Hg.)

# Arbeit 2000

Soziale, ökonomische und politische Trends
für Unternehmen

Campus Verlag
Frankfurt/New York

Die Deutsche Bibliothek – CIP-Einheitsaufnahme

*Arbeit 2000* : soziale, ökonomische und politische Trends für Unternehmen / Bert Rürup ; Ulrich Steger (Hg.). – Frankfurt/Main ; New York : Campus Verlag, 1992
(Schriftenreihe / Haniel-Stiftung ; Bd. 1)
ISBN 3-593-34591-9
NE: Rürup, Bert [Hrsg.]; Haniel-Stiftung: Schriftenreihe


Umschlaggestaltung: Atelier Warminski, Büdingen
Druck und Bindung: KM-Druck, Groß-Umstadt/Semd
Printed in Germany

# Inhaltsverzeichnis

# Vorwort der Herausgeber

Unsere Gesellschaft leidet nicht mehr an einem Mangel an Informationen; im Gegenteil, die Klagen über die tägliche Überflutung nehmen zu, es droht ein »Information-Infarkt«.

Gerade für Entscheidungsträger wird es immer schwieriger, Relevantes von Irrelevantem zu unterscheiden, in der Masse der Detailinformationen noch Linien und Strukturen zu erkennen.

Hier setzt der Anspruch des Buches an: Führungskräften aus Wirtschaft und Verwaltung einen Überblick über soziale, ökonomische und politische Trends für die nächste Dekade zu geben und mit der Wissenschaft in einen Dialog darüber einzutreten, welche Konsequenzen sich daraus für die langfristige Unternehmensstrategie und das Verwaltungshandeln ergeben. Insofern wird hier versucht, die »Bringschuld« der Wissenschaft einzulösen, indem Forschungsergebnisse so aufbereitet werden, daß sie als Grundlage für zukunftsorientierte und intelligente Entscheidungen genutzt werden können. Die »Holschuld« der Praxis besteht dann sicher auch darin, diese Forschungsergebnisse im Lichte eigener Erfahrungen kritisch »abzuklopfen« und an die Wissenschaft rückzukoppeln.

In der gegenwärtigen Situation muß darum ein solches Buch mit den dramatischen Veränderungen in Osteuropa beginnen (Beitrag Geyer), insbesondere um aus der geschichtlichen Entwicklung heraus diesen Umbruch und seine Folgen für Mitteleuropa zu verstehen. Die konkreten Folgen für den EG-Integrationsprozeß untersucht der Beitrag von Dicke, der die sich ergebenden Zielkonflikte zwischen der raschen Vollendung des Binnenmarktes und den neuen gesamt-europäischen Perspektiven herausarbeitet.

Diese Rolle Europas in der neuen globalen Entwicklung, dem Wettbewerb in der »Triade« zwischen Europa, Japan und den USA, zu analysieren und verschiedene Optionen für die Rolle Europas zu definieren, ist der Beitrag von Müller gewidmet, in dem nicht zuletzt deshalb für mehr Kooperation plädiert wird, damit die Entwicklungsländer nicht die eigentlichen Verlierer im Wettkampf der Regionen werden.

Die Beiträge von Rürup und Hondrich sowie Steger versuchen die Auswirkungen und die Veränderungen der europa- und weltweiten Rahmenbedingungen mit den Trends zu kombinieren, die für Unternehmen relevant sind. Neben den demographischen und ökonomischen Trends sind hier auch »Umbruch-Faktoren« wie die Informatisierung der Unternehmen, Individualisierung von Lebensstilen, Ökologisierung des Bewußtseins und zukünftige Formen der Arbeitsorganisation durch einen breiten Schub von Technologien zu nennen. Sie alle beeinflussen die Unternehmensführung und erfordern neue Führungskonzepte.

Beschränkt sich der erste, hiermit vorgelegte Band noch zwangsläufig weitgehend auf die Analyse, so werden im folgenden Band mehr die neueren Problemlösungsansätze aus der modernen Betriebswirtschaftslehre stehen.

# Vorwort der Haniel-Stiftung

Die Aufgabe der Haniel-Stiftung läßt sich als ein Dreieck beschreiben:

Innovationen »anstiften«, Querverbindungen schaffen und Weltsicht vermitteln. Aus diesen Grundüberlegungen entstand die Workshop-Reihe »Arbeit 2000«, mit deren Entwicklung und Durchführung das Institut für Ökologie und Unternehmensführung an der European Business School beauftragt wurde. Sie soll dazu beitragen,

- die Dynamik unserer wissenschaftlich-industriell geprägten Zivilisation zu verstehen und die sozialen wie die ökologischen Herausforderungen, die sich daraus ergeben, konstruktiv und problembewußt anzunehmen,

- Führungskräfte aus Wirtschaft, Wissenschaft, Politik und Verwaltung zu einem Dialog zusammenzubringen, um der »Versäulung« unserer politischen Kultur entgegenzuwirken und um die Denkweise wie Interessenlage der jeweils anderen Seite wenigstens zu verstehen, sowie

- die Globalität der Entwicklungen transparent zu machen und die Perspektiven der neuen europäischen wie internationalen Ordnung aufzuzeigen.

Als Teilnehmer an dem Workshop kann ich feststellen, daß dies in einem so bemerkenswerten Maße gelungen ist, daß sich die Haniel-Stiftung entschlossen hat, die überarbeiteten und erweiterten Referate der Tagung in ihrer Schriftenreihe zu veröffentlichen.

Es ist die erste Publikation dieser noch sehr jungen Stiftung. Und es ist sicher nicht zufällig, daß der thematische Schlüsselbegriff gewählt wurde, der unser Unternehmen über 235 Jahre groß und überlebensfähig gemacht hat: Arbeit unter sich wandelnden Bedingungen. Denn wir stehen nicht am Ende der »Arbeitsgesellschaft«, sondern in einer Umbruchphase, die die Chance bietet, die humanen, sozialen und ökologischen Dimensionen der Arbeit besser zu verknüpfen als dies früher möglich war.

Jan von Haeften
Vorsitzender des Aufsichtsrates
der Franz Haniel & Cie. GmbH und des
Kuratoriums der Haniel-Stiftung

*Dietrich Geyer*

# Der Umbruch in Mittel- und Osteuropa in historischer Perspektive

Die Umwälzungen in Mittel- und Osteuropa, die unseren Kontinent verwandelt haben, will ich hier nicht beschreiben. Nur mit ein paar Stichworten rufe ich in Erinnerung, was mit atemberaubendem Tempo im östlichen Teil Europas vor sich gegangen ist. Binnen weniger Monate haben wir den Zusammenbruch der kommunistischen Herrschaft erlebt, den Kollaps der zentralistischen Planwirtschaft, den Zerfall eines Bündnissystems, das wir vor kurzem noch den »Ostblock« nannten. Der Warschauer Pakt ist dahin. Der realexistierende Sozialismus existiert nicht mehr. Deutschland ist nicht länger geteilt. Die mittel- und osteuropäischen Völker sind dabei, nach Europa zurückzukehren, und das größer werdende Europa versucht, nach Jahren der Trennung und der waffenstarrenden Konfrontation auf neuen Fundamenten Fuß zu fassen. Noch ist nicht zu sagen, ob und unter welchen Bedingungen die Sowjetunion, die Hegemonialmacht des alten Systems, im neuen Europa Platz finden wird. Dieses riesige Vielvölkerreich hat mit der Perestrojka Gorbatschows den Wandel der Dinge angestoßen und verfällt nun vor unseren Augen. Unter dem Druck des ökonomischen Bankrotts, der ökologischen Katastrophen und der wachsenden Massenarmut sind Sozialkonflikte und Nationalitätenkämpfe aufgebrochen, über deren Ausgang sich nur spekulieren läßt. Selbst Optimisten sprechen von der Zukunft der Sowjetunion heute nur noch mit belegter Zunge.

Was die Historiker zum Verständnis dieser Vorgänge beizutragen haben, ist nicht viel, aber vielleicht doch der Rede wert. Die prognostischen Fähigkeiten unserer Zunft sind nicht größer als die, über die auch andere mehr oder minder gescheite Leute verfügen. Was gelernten Historikern zugemutet werden darf, ist Aufklärung über das, was war. Wir betrachten die Gegenwart aus dem Blickwinkel der Vergangenheit, und auch dort, wo es um Zukunft geht, sind wir eher rückwärtsgewandte Propheten.

Zur historischen Einordnung und Bewertung der jüngsten Umwälzungen hat der allgemeine Sprachgebrauch erste Schlüsselbegriffe geliefert: Alle Welt benutzt für das, was in Mittel- und Osteuropa vor sich ging und geht, den traditionellen Revolutionsbegriff, und daran ist gewiß nichts auszusetzen. Wir haben es in der Tat mit revolutionären Umbrüchen zu tun, mit der Revolution der politischen Verfassungen, der Wirtschaftsordnungen, der sozialen Beziehungen und mit Umbrüchen im Bewußtsein der Menschen dazu. Das Wort von der Epochenwende, an der wir stehen, greift, wie ich denke, nicht zu hoch. Auch die räumlichen Dimensionen des Vorgangs sind gewaltig: Allein außerhalb der Sowjetunion sind von den Umwälzungen etwa 140 Millionen Menschen unmittelbar betroffen. Rechnet man die Bevölkerung des Sowjetimperiums hinzu, dann treten gegenwärtig weit über 400 Millionen Menschen - in mehr oder minder raschem Zug - aus den überkommenen Verhältnissen heraus: Als handelnde Subjekte, die durch überwiegend demokratische, friedliche, »sanfte« oder auch (wie man in Estland sagt) »singende Revolutionen« ihre Welt verändern, oder die als Objekte revolutionärer Politik »von oben«, ihre eigene Rolle eben erst zu begreifen beginnen: In Demokratisierungsschüben, nationalen Emanzipationsbewegungen und in den Erosionsprozessen alter Regime. Bei alledem ist klar, daß auch das übrige Europa, daß auch der glücklichere Westen, in seinen gewohnten Verhältnissen nicht wird weiterleben können.

Große und in ihren Folgen allenfalls zu ahnende Zeitbrüche, wie wir sie jetzt erleben, reizen den Historiker, Vergleichsmaßstäbe für die Einordnung und Bewertung der geschehenden Geschichte in der Vergangenheit zu suchen. Dabei liegt es nahe, zuerst auf unser eigenes Jahrhundert zurückzusehen. Zwei Mal schon hat es in diesem Jahrhundert vergleichbar tiefe Epocheneinschnitte gegeben: Am Ende des Ersten Weltkrieges, als das Zarenimperium, die Habsburger Doppelmonarchie und das kaiserliche Deutschland zusammenbrachen (von der Aufteilung des Osmanischen Reiches zu schweigen), und dann am Ende des Zweiten Weltkrieges, als Großdeutschland, die »Europäische Ordnungsmacht« (wie Goebbels das nannte), zerschlagen war und die Teilung des befreiten Europas offensichtlich wurde.

Beide Male kam die Umwälzung der alten Verhältnisse aus dem Krieg, aus imperialistischen Kriegen, die über Europa weit hinausgegriffen hatten, und beide Male waren revolutionäre Kräfte im Spiel. 1918: Soziale und nationale Bürgerkriege, die von der russischen Revolution ihren Ausgang genommen hatten, 1945: Kommunistische Revolutionen »von oben«, die mit der imperialen Weltpolitik der Sowjetunion verwachsen waren. Von der marxistisch-leninistischen Revolutionshistorie sind beide Epochen, die von 1917/18 und die von 1945, zu einem »sozialistischen Revolutionszyklus« zusammengezogen worden. Dabei wurde die Sowjetisierung Osteuropas mit dem Etikett der »volksdemokratischen Revolutionen« bedacht. Nach der Vernichtung des Faschismus durch die ruhmreiche Sowjetarmee hätten, so hieß es, »die Volksmassen« einen gewaltigen revolutionären Schritt in Richtung auf den Sozialismus getan und die kapitalistische Welt um »eine ganze historische Epoche« hinter sich gelassen. Die Revolutionen, die jetzt geschehen, sind in diesem Schema nicht mehr unterzubringen. Sie haben nicht nur die Geschichtsdoktrin des Marxismus-Leninismus überholt, die bisher unser Sparringspartner war, sondern stellen auch unser traditionelles Revolutionsverständnis in Frage, insofern dieses Revolutionsverständnis mit Krieg und Bürgerkrieg, Gewalt und Militanz und Blut und Tränen verbunden war. Das Jahr 1989 hat diesen »cauchemar« von der westlichen Welt nun fortgenommen. Revolutionsgeschichte muß für unser Jahrhundert neu geschrieben werden.

Anders als 1917 und 1945 gehört zu den Merkmalen der gegenwärtigen Revolutionen nicht der Krieg, sondern der Frieden, und wir wissen, daß diese demokratischen Revolutionen nur glücken können, wenn der Frieden, der ihre Vorbedingung ist, erhalten bleibt. Die »Zivilisierung«, ja Auflösung des Ost-Westkonflikts scheint dafür große Chancen anzubieten. In historischer Perspektive stehen die Umwälzungen von heute mit der Epoche der beiden Weltkriege dennoch in Kontakt. Denn mit dem Verlangen nach freiheitlicher Demokratie, Rechtsstaat und nationaler Selbstbestimmung werden Normen und Werte benannt, die am Ende des Ersten Weltkrieges schon einmal greifbar nahe waren, dann aber rasch verlorengingen: Für die Völker, die in dic Union der Sozialistischen Sowjetrepubliken eingeschlossen wurden, verloren sich diese Ideale im bolschewistischen Herrschaftssystem, das der Barbarei des Stalinismus Bahn gebrochen hat; für die Völker, die nach 1918 ihre staatliche Unabhängigkeit hatten erkämpfen können, für die baltischen Republiken, für Polen und für die Nachfolgestaaten der Habsburger Monarchie, verloren sie sich in den Krisen der neuen parlamentarischen Verfassungen, wobei die jungen Demokratien binnen kurzem fast überall autoritären Diktaturen in die Hände fielen. Der Hitler-Stalin-Pakt und der folgende große Krieg haben den mittel- und osteuropäischen Ländern dann vollends die Freiheit genommen und den Menschen Okkupation, Annexion, Verwüstung und Unterdrükkung gebracht. Daß sich die gegenwärtigen Revolutionen gegen die Verhältnisse kehren, denen der Zweite Weltkrieg Raum geschaffen hat, bedarf keiner näheren Erörterung. Die demokratischen Bewegungen klagen Ideale der Freiheit ein, die nach 1918 zerbrochen und 1945 den Völkern Osteuropas abermals verweigert worden waren.

Die sowjetische Perestrojka und das, was aus ihr wurde, bleibt freilich ganz auf die Gesamtbilanz der über siebzigjährigen Sozialismusgeschichte fixiert, und je weiter die Entwicklung geht, um so deutlicher wird, daß sich die bewegenden Kräfte dort nicht allein von der stalinistischen Vergangenheit verabschiedet haben, sondern daß nun auch der Abschied von Lenin und der Oktoberrevolution nahe ist, - Abschied von einer Tradition, die Gorbatschow, als er antrat, von Grund auf noch hatte erneuern und vollenden wollen. Die Zukunft der russischen Revolution, so François Furet, ist die französische Revolution; es geht nicht um die Vollendung des Roten Oktober, sondern um die Erfüllung der Verheißungen, die vom Sturm auf die Bastille ausgegangen waren. 1789 und 1989 stehen also miteinander im Konzert. Auch die Studenten von Peking, deren Aufstand nun schon fast vergessen ist, rückten nicht Lenin oder Mao, sondern die Freiheitsstatue ins Bild.

Und in der Tat, das scheint die Signatur der jüngsten Epochenwende zu sein: Überall zeigt sich, daß der Wille und die Sehnsucht nach Veränderungen von Vorstellungen geprägt werden, die in Westeuropa bereits ausgetragen worden sind. Insofern haben die Revolutionen im Osten einen »nachholenden« Charakter (Habermas). Sie sind Revolutionen ohne Utopie, ohne Visionen und spekulative Blitze und weisen über die Erfahrungen der westeuropäischen Geschichte nicht hinaus. Dieser imitative Zug unterscheidet sie von der französischen wie von der russischen Revolution; die Zukunft liegt nicht im Nirgendwo, nicht im Anspruch, der Menschheit ein neues Wort zu sagen, sondern diese Zukunft ist im Bild des Westens schon konkret zu greifen - mit allen Mängeln und Schwächen, von denen wir wissen oder doch wissen sollten. Parlamentarische Demokratie, Rechtsstaat, Marktwirtschaft gelten als Trias menschenwürdigen Lebens. Selbst dort, wo man sozialistisches Erbe nicht fahren lassen mag, ist es bis zu den Idealen hin, die die europäische Sozialdemokratie verkörpert, nur noch ein Schritt. Konzepte eines »Dritten Weges« finden in der Praxis offensichtlich keinen Halt. Ob die westliche Welt den Erwartungen gewachsen ist, die ihr vom Osten her entgegenkommen - das ist eine Schlüsselfrage unserer Zeit.

Nachholende Revolutionen: Das heißt aber auch, daß der Kollaps der kommunistischen Welt zugleich Kräften und Bewegungen Auslauf gegeben hat, die wir im Westen bereits für überwunden hielten oder doch für leidlich domestiziert und an den Rand gedrängt. Sie zeigen sich im Osten heute vor allem dort, wo die bisher bestehenden Machtverhältnisse nationale Emanzipationsprozesse, Prozesse moderner Nationsbildung, abgebrochen oder überhaupt verhindert haben. Wie wir allenthalben sehen, hat das Ende des realexistierenden Sozialismus neue Nationalismen freigesetzt, die uns verstören und an der Vernunft der Entwicklung zweifeln lassen, an der Befähigung dieser Völker zu übernationaler Integration im »gemeinsamen europäischen Haus«. Nicht weniger schockierend ist die Beobachtung, daß der neue Nationalismus die demokratische Intention der Revolutionsbewegungen bedroht, daß er mit Intoleranz, Xenophobie und autoritärem Denken zusammengeht, ja selbst mit zoologischen Volkstumsideologien und den damit verwachsenen Blut- und Bodenmythen. Auch in dieser Hinsicht begegnen wir in Osteuropa unserer eigenen Vergangenheit. Ich denke, wir werden diesen Sachverhalt, die Revitalisierung nationaler Identifikationsmuster, ernst zu nehmen haben. Mit wegwerfenden Abwehrreaktionen, die den Rekurs aufs Nationale als atavistischen Rückfall stigmatisieren, ist nichts getan. Wir haben es hier mit Problemen gemeinsamer Geschichte zu tun, die unabgegolten und unerfüllt geblieben sind und die nun in dem Maß auf uns zurückschlagen, in dem die Mauern in Europa fallen.

Zunächst kommt es darauf an zu begreifen, daß das, was wir noch immer Osteuropa nennen, keine geschichtlich gewachsene Einheit ist. Kennzeichen dieses Raumes war nicht Einheit, sondern Vielfalt - Vielfalt in Sprache, Kultur und Konfession, war über Jahrhunderte hin überwiegend Fremdherrschaft, auch Gefährdung der ethnischen Substanz durch imperiale Staatsgewalten und fremde Herrenschichten. Aus dem Kampf gegen diese Verhältnisse haben die nationalen Freiheitsbewegungen im europäischen Osten von jeher ihre stärksten Impulse gezogen. Die Einheit, die sich seit 1945 in Gestalt des Ostblocks manifestierte, war ein Kunstprodukt des sowjetischen Imperialismus, ein militärisch und politisch zusammengehaltener Machtkomplex, der keine historischen Wurzeln und, wie wir heute sehen, auch keine Zukunft hat. So sind die Voraussetzungen für die Entfaltung der Demokratie in den einzelnen Ländern und Regionen höchst unterschiedlich beschaffen und die Chancen für die Zukunft auch: In Polen und Ungarn anders als in der Tschechoslowakei, in Rumänien anders als bei den Völkern, die im multinationalen Jugoslawien jetzt auseinanderstreben. Die Polen, Tschechen und Slowaken, die Ungarn, Kroaten und Slowenen wehren sich vehement dagegen, überhaupt dem Osten zugerechnet zu werden. Ihr Selbstbewußtsein ist von der Überzeugung ganz erfüllt, nicht der Osten, sondern die Mitte Europas zu sein. Jetzt wollen sie in das größere Europa zurück - nicht als Block, sondern mit ihrer je eigenen Geschichte, mit ihren eigenen Erfahrungen, Nöten und Interessen. Ob sich das Verlangen nach nationaler Souveränität mit demokratischen Normen und Begriffen ins Gleichgewicht wird setzen lassen, steht dahin. Die Hoffnungen sind groß, aber die Ängste auch.

Da Osteuropa also in einer Vielzahl nationaler Kulturen und Traditionen lebt, haben auch die neuen Nationalismen, die den Zusammenbruch der kommunistischen Herrschaft begleiten, zahllose Facetten und ihre jeweils eigene Vorgeschichte. In der Sowjetunion ist die Lage besonders verwickelt. Hier ist der Nationalismus Ausdruck einer Transformationskrise, die im allgemeinsten Sinn als Prozeß der Entkolonisierung beschrieben werden kann. Bei den baltischen Völkern, die auf ihrer Unabhängigkeit vom Imperium bestehen, ist die demokratische Grundrichtung dieses Prozesses für uns am deutlichsten zu sehen. Deutlich sind freilich auch die Schwierigkeiten. Ob es den Esten, Letten und Litauern gelingen kann, die nationale Freiheit mit der neuen Demokratie zu verbinden, ist noch nicht ausgemacht, solange für die Koexistenz mit den starken russischen Bevölkerungsgruppen keine tragfähigen Lösungen gefunden sind. Auch bei den anderen Völkern, die der Sowjetunion noch zugehören, in der Ukraine, im Kaukasus, von den Völkern Mittelasiens zu schweigen - auch dort ist der Nationalismus vor allem Ausdruck des Entkolonisierungsprozesses, von dem ich sprach: Hier geht es nicht zuletzt um die Entkolonialisierung der Köpfe durch Emanzipation von der marxistisch-leninistischen Gedankenpolizei, die schon im Kindergarten Welterklärung verbindlich andressierte und nationale Identität nur noch auf folkloristisch aufgeputzten Spielwiesen simulieren ließ. Und überall kommt nun, nach dem Zusammenbruch der alten Autoritäten, die neue Botschaft auf, daß Zukunft allein im Schoß der geschundenen Nation zu finden sei.

Seit die Zurichtung der Menschen zu Gliedern des *einen* »Sowjetvolks« im »entwickelten Sozialismus« nicht mehr verfängt, bieten die verschütteten nationalen Werte Ersatz für die schal gewordenen Orientierungsmuster an. In der Zuwendung zur Nation, zu den Relikten der Nationalkultur, zu den Überlieferungen der eigenen Geschichte wird neue Geborgenheit und Solidarität gesucht - Schutz auch in einer Zeit, die durch den Verfall der alten Machtapparate, der öffentlichen Moral und der materiellen Lebensgrundlagen gekennzeichnet ist. Auch die ökologischen Katastrophen, die wirtschaftliche Not und die aufbrechenden Sozialkonflikte wirken als kräftige Hebel der nationalen Mobilisierung. Nicht anders ist zu verstehen, daß nicht nur unter den Ukrainern, Weißrussen, Tataren, Baschkiren und so fort (die sowjetische Statistik kennt über hundert Nationalitäten auf dem Territorium der UdSSR!) der neue Nationalismus im Schwange ist, sondern auch unter den Russen selber, unter dem russischen Volk, das als der »große Bruder« der Sowjetvölker das Imperium zu tragen hatte und dem nun allenthalben Haß entgegenschlägt.

Die Nationalbewegungen, die gegen die Macht des Zentrums rebellieren und diese Macht bereits erschüttert haben, suchen Halt in ihrer eigenen Vergangenheit, zumal sich Selbstbewußtsein aus der miserablen Gegenwart nicht ziehen läßt. Was bisher »vaterländische Geschichte« hieß und die Geschichte der Sowjetunion bis in die Vorzeit zurückverlängert sah, bricht nun in viele Nationalgeschichten auseinander. Der Kosmos der imperialen Reichsgeschichte löst sich auf. Was herauskommt, ist ein Kampf ums Dasein, ist Kampf um die historische Legitimierung des eigenen kleinen oder großen Vaterlandes. Von friedlicher Koexistenz der nationalen Ideologien kann keine Rede sein. »Nationale Wiedergeburt« ist die Forderung der Stunde. Selbst die über das Riesenreich verstreuten Deutschen haben dieses Schlagwort aufgegriffen - als einzige Alternative zu der nicht minder beschwerlichen Ausreise ins alte deutsche Vaterland. Und überall halten die Nationalbewegungen einander die Leidensgeschichte ihrer Völker vor, und überall meinen sie, daß nationale Souveränität und Unabhängigkeit der Schlüssel für ein glückliches und menschenwürdiges Leben sei.

Ob sich der aufschießende Nationalismus mit demokratischen Prinzipien versöhnen läßt, ist eine bange Frage. Hier werden Erfahrungen unserer eigenen Geschichte repetiert, die, wie wir wissen, nichts sonderlich Gutes versprechen. Fundamentalistische Züge hat die nationale Emotionalisierung unter den besonders komplizierten ethnisch-sozialen Verhältnissen im Kaukasus und in Zentralasien angenommen. Aber auch im Milieu des russischen Nationalismus, der mit den anderen Nationalismen wie mit kommunizierenden Röhren verbunden ist, gibt es alarmierende Zeichen: Völkische, ja rassistische Mobilisierungskampagnen, die das Unglück Rußlands in einer jüdisch-freimaurerischen Weltverschwörung begründet sehen, in der Unterminierung der »heiligen russischen Erde« durch dunkle Mächte, Volksfeinde und blutsfremde Elemente, deren satanisches Ziel es sei, den »genetischen Fonds« des russischen Volkes zu zersetzen und »unsere herrliche Jugend« zu vergiften mit Drogen, Aids und den hämmernden Rhythmen der Rockmusik, durch Verhöhnung aller Werte, die dem russischen Menschen heilig sind. Xenophobie und Zivilisationskritik werden nicht selten in religiöse, monarchistische oder auch faschistische Symbole eingefaßt und mit militanter Rabulistik vorgetragen. Auch der imperiale Anspruch bleibt im Spiel, der die Hegemonie der Russen nicht als Fluch, sondern als Segen betrachtet wissen will. Dieser Fundamentalismus, der in der »Allrussischen Patriotischen Vereinigung »Pamjat« und in zahlreichen Prätorianergarden seine Basis hat, steht in der Orientierungskrise der russischen Gesellschaft keineswegs allein. Er ist die Extremvariante eines Nationalismus, der in der Perestrojka öffentlich geworden ist - in der Literatur, der Publizistik, in der Geschichtsschreibung und in der politischen Klasse Rußlands natürlich auch.

Die Empfänglichkeit fürs Nationale spricht sich aber auch in sublimierten Formen aus. Wir finden sie sozusagen in den besten Kreisen: Am eindrucksvollsten vielleicht in der breitgefächerten Renaissance des russischen Slawophilentums. Die Neoslawophilen von heute beziehen das Material zur Beschreibung des russischen Sonderwegs aus der Tiefe der russischen Seele, des russischen Glaubens und Fühlens. Für sie war es von jeher schon der heilige Beruf des Russentums, sich der Menschheit im ganzen mitzuteilen. Hier begegnen wir einer »russischen Idee«, die die Versatzstücke ihres Credos aus Schriften Dostojewskijs und der Religionsphilosophen (von Solowjow bis Berdjajew) montiert und ihren zeitgenössischen Propheten in Alexander Solshenizyn vor Augen hat. Die Geistesgeschichte des neunzehnten Jahrhunderts ist wieder gegenwärtig. In dieser Welt von gestern ist man sich selbst genug. Alte Schlachten werden nachgespielt, neue Gedanken, gar solche, die von außen kämen, nicht gebraucht.

Die Spannweite der politischen Orientierungen, mit denen russischer Nationalismus sich verbindet, ist groß und reicht von einem militanten Kwaspatriotismus bis in liberale Kreise hinein. Wo liberaldemokratische Einstellungen mit nationalem Denken zusammengehen, hat die Überzeugung Gewicht, daß Rußland in der Gemeinschaft zivilisierter Völker nur bestehen werde, wenn es seine eigene nationale Würde wahre und seine kulturellen Werte, Traditionen und Erfahrungen einzubringen verstehe in eine Welt, in der das Bild des Menschen trotz aller Schrecken und Gefahren noch nicht verloren sei. Hier gilt die »Ökologie der Nationalkultur« als Voraussetzung humanen Lebens im übernationalen Zusammenhang. Solche Stimmen, für die Humanität und Nationalgefühl keine Gegensätze sind, werden wir zu respektieren haben, wenn sich unser Interesse auf die Emanzipationsprozesse im Osten richtet, wenn wir nicht nur registrieren, sondern verstehen wollen, was dort geschieht.

Ich breche hier ab und verzichte darauf, den Zusammenhang von Emanzipation und mobilisierter Nationalgeschichte an weiteren Beispielen vorzuführen, an analogen und parallelen Erscheinungen, wie sie heute etwa in Jugoslawien und Rumänien nicht weniger deutlich zu beobachten sind. Auch an die Bedeutung, die das Interesse an der Geschichte auf dem Weg zur Selbstbefreiung in Polen, Ungarn oder in der Tschechoslowakei gewonnen hat, kann ich hier nur mit einem Nebensatz erinnern. Alles spricht dafür, daß diese durchaus internationale Konjunktur der Nationalismen nicht rasch verebben wird. Sie wirkt auf uns zurück in einer Zeit, in der sich die Welt - um uns herum und bei uns in Deutschland selber - mit atemberaubender Schnelligkeit verändert - so schnell, daß die Geschichtsschreibung der geschehenden Geschichte kaum noch folgen kann.

Wenn wir in bezug auf unsere Gegenwart von Epochenwechsel reden, dann haben wir nicht nur auf das Ausmaß der Veränderung zu achten, sondern auch auf die Grenzen des Wandels und auf das, was bleibt. Ich hatte diese Grenzen im Sinn, als ich vom nachholenden Charakter der gegenwärtigen Revolutionen sprach, von der Repetition des neunzehnten Jahrhunderts im zwanzigsten, von der Ungleichzeitigkeit des Gleichzeitigen, von der Beobachtung auch, daß die jüngsten Revolutionen im Grund kein Wort zu sagen haben, das in den demokratisch verfaßten Industriegesellschaften nicht schon formuliert und ausprobiert worden wäre. Nichts weist über den Horizont unserer bisherigen Geschichte hinaus. Widerstand gegen die unaufhaltsam scheinende Tendenz zunehmender Verwestlichung regt sich, wie erwähnt, im Milieu des nationalistischen Fundamentalismus. Doch auch dessen abstruse Leitbilder verweisen auf Vergangenes zurück, nicht aber auf Unbekanntes, von dem wir noch nichts vernommen hätten. Auch dort, wo Demokratiebewegungen und nationale Emanzipationsprozesse verflochten sind, wiederholt sich, was wir aus unserer eigenen Geschichte kennen. Den demokratischen Bewegungen geht es nicht um Widerstand gegen den Eintritt ins »europäische Haus«, sondern um den Versuch, bei der Vereinigung mit dem Westen die eigene Identität und Würde zu bewahren, ins größere Europa also nicht nur Krisen, Notstände und Schulden einzubringen, sondern die Werte und Erfahrungen der eigenen Nationalkultur und Nationalgeschichte. Diesen Kulturen und den Menschen, die aus ihnen kommen, unsere Sympathien zuzuwenden und sie in ihrer Eigenständigkeit zu achten - das ist die eigentliche Verpflichtung, die uns bei der Dynamik der Veränderungen aufgegeben bleibt. Sie gehört, wie ich denke, zur moralischen Ökonomie unserer Zeit. Wer politische Optionen im Blick auf die Jahrtausendwende zu treffen hat, sollte das nicht aus den Augen lassen.

*Hugo Dicke*

# Europa 1992: Von der Gemeinschaft der Zwölf zu der Assoziation der Vielen?

In diesen Tagen ist viel vom Bau eines gemeinsamen europäischen Hauses die Rede. Dies ist ein Wunsch. Die Realität ist davon noch weit entfernt. Europa gleicht heute einer Reihenhaussiedlung, in der die Häuser nach ganz unterschiedlichen Normen errichtet werden und auch die Bauten hinsichtlich Substanz, Ansehnlichkeit und Wohnkomfort wenig gemeinsames aufweisen. An die westlichen Prachtbauten lehnen sich ärmliche Häuser an, die zudem zu verfallen drohen. Deren Eigentümer haben nunmehr beschlossen, den westlichen Standards und Normen für den Wohnungsbau nachzueifern. Sie tun dies in der Hoffnung, schon bald den Vorsprung der wohlhabenden Nachbarn einholen zu können.

Der Entschluß mittel- und osteuropäischer Staaten zum Umbau nach westeuropäischen Vorbildern erweist sich aber zusehends als ein Unterfangen, das die eigenen Kräfte zu übersteigen droht. Nach den ersten Schritten zur Änderung der Wirtschaftsordnungen mehren sich die wirtschaftlichen Schwierigkeiten. Die überkommenen Liefer- und Produktionsstrukturen brechen zusammen. Lieferausfälle, Produktionsrückgänge und Freisetzung von Arbeitskräften sind Begleiterscheinungen des Transformationsprozesses, die den ohnehin niedrigen Lebensstandard weiter Teile der Bevölkerung absinken lassen. Hinzu kommt eine Aufblähung der Geldmenge, die Ländern mit noch weitgehend regulierten Preisen Symptome einer aufgestauten Hyperinflation beschert: Schwarzmärkte und Hortung von Waren. Es mehren sich auch aus diesem Grund die Stimmen, die zur Vorsicht bei der Umwandlung der zentral verwalteten Volkswirtschaften in Marktwirtschaften raten. Dieser Rat kommt Regierenden entgegen, die über wenig Wissen darüber verfügen, wie die institutionellen Rahmenbedingungen gestaltet werden sollen.

Welche Abfolge und welcher Zeitpunkt der Reformen sind die günstigsten? Stabilitätsorientierte Geldpolitik, Konvertibilität der Währungen, finanzielle und wirtschaftliche Selbständigkeit der Staatsbetriebe, Entflechtung der Kombinate, Preisfreigabe, Privatisierung von Gemeineigentum, Niederlassungsfreiheit für ausländische Investoren, Freiheit bei Direktinvestitionen, Erlaß von Vertrags- und Unternehmensrecht, Neuordnung der Finanzierung der Staatsausgaben stehen auf der Agenda. Ob die neue Wirtschaftsordnung in einem einzigen Schritt eingeführt werden soll oder ob eine zeitliche Abfolge die bessere Lösung ist, erweist sich als eine Frage, die nicht nur die Urteilskraft sondern auch die Durchsetzungskraft der Gesetzgeber mittel und osteuropäischer Staaten zu überfordern scheint. Eine Schocktherapie, wie sie in der ehemaligen DDR angewendet worden ist, stellte mit einem Schlag Bilanzwahrheit über den Zustand von Staat, Wirtschaft und Gesellschaft her. Sie deckt aber auch schlagartig die versteckte Arbeitslosigkeit auf und läßt sehr Viele stellenlos werden.

Es ist daher verständlich, wenn die mittel- und osteuropäischen Länder mit der Anwendung einer Schocktherapie zögern und die westlichen Nachbarstaaten um Hilfe bei der rechtlichen Umgestaltung ihrer Ordnung bitten. Die Stimmen werden lauter, die von einer raschen Integration in die westeuropäischen Gemeinschaften die sanfteste und reibungsloseste Lösung der Probleme erwarten. Auf der »Konferenz für Sicherheit und Zusammenarbeit in Europa« (KSZE) im November 1990 war von der Bewahrung östlicher Vorstellungen von Integration nicht mehr die Rede. 32 europäische Staaten bekannten sich zu den politischen und wirtschaftlichen Grundrechten, wie sie den Bürgern der EG schon lang vertraut sind. Das Ende des Ost-West-Gegensatzes wurde verkündet und Schritte in eine neue europäische Zukunft unternommen.

Die in den Europäischen Gemeinschaften zusammengeschlossenen 12 Staaten müssen sich nunmehr mit der Frage befassen, wie ernst sie es mit dem in der Präambel des EWG-Vertrags von 1957 niedergelegten Grundsatz meinen, offen für alle europäischen Staaten zu sein, die sich zu den gleichen Werten bekennen wie die Gründungsstaaten. Entsagen sie den Plänen für einen Ausbau der Gemeinschaften hin zu einer Wirtschafts- und Währungsunion, beziehungsweise später zu einer politischen Union, und wandeln sie sich durch Aufnahme weiterer Staaten von der 12er Gemeinschaft zu der Assoziation der Vielen? Werfen sie dabei Rechtsvorschriften über Bord, die nur mit dem politischen Ziel der Schaffung einer Union begründet werden konnten und in einem größeren Wirtschaftsraum wirtschaftlich nicht länger tragbar wären? Oder verschließen sie sich den Erweiterungswünschen, bleiben unter sich, vertiefen ihre Zusammenarbeit, gründen eine politische Union und legen darum Ringe von assoziierten Staaten mit unterschiedlichem, aber in jedem Fall minderem Rechtsstatus (Ring 1. Ordnung = EFTA-Staaten, Ring 2. Ordnung = mitteleuropäische Staaten, Ring 3. Ordnung = restliche europäische Staaten)?

Die Antwort auf diese Fragen soll in fünf Schritten versucht werden: Zunächst wird die Agenda der EG der Zwölf für die weitere Integrationspolitik dargestellt. Daran anschließend wird die Agenda von EFTA, beziehungsweise EFTA-Staaten sowie von mittel- und osteuropäischen Staaten beschrieben. In einem dritten Schritt wird die Reaktion der EG auf die Integrations- beziehungsweise Assoziierungswünsche von EFTA- und RGW-Staaten dargestellt. Unter Anwendung der normativen Theorie der Wirtschaftspolitik wird in einem vierten Schritt die Vereinbarkeit von Intensivierung der EG-Integration und EG-Erweiterung diskutiert sowie fünftens der Versuch unternommen herauszufinden, ob eine Assoziation der Vielen größere volkswirtschaftliche Gewinne verspricht als die Schaffung einer Wirtschafts- und Währungsunion aus zwölf westeuropäischen Staaten, die sich mit Ringen von assoziierten Staaten umgeben.

## *Die Agenda der EG der Zwölf*

Mit der Reform der Europäischen Vertragswerke durch die Einheitliche Europäische Akte am 1. Juli 1987 wurde der institutionelle Rahmen für eine Vertiefung der Zusammenarbeit der EG der Zwölf geschaffen; eine zweite Vertragsreform steht bevor. Auf den Treffen der Staats- und Regierungschefs in Rom Ende Oktober wurden bezüglich der künftigen institutionellen Rahmenbedingungen folgende wichtige Ergebnisse erzielt:

a. Schaffung einer Politischen Union; die EG sollen schrittweise in eine Europäische Union umgewandelt werden, indem die Kompetenzen der EG für allgemeinpolitische Angelegenheiten ausgeweitet werden. Als notwendig wurde angesehen, die Befugnisse des Europäischen Parlaments bei der Gesetzgebung zu stärken und eine Europäische Staatsangehörigkeit zu definieren. Konsens wurde über das Ziel erreicht, zunächst eine gemeinsame Außen- und Sicherheitspolitik zu entwickeln.

b. Schaffung einer Wirtschafts- und Währungsunion; elf Mitgliedstaaten stimmten überein, die EG-Vertragswerke zu ändern und Artikel hinzuzufügen, die die Schaffung einer neuen Institution vorschreiben. Sie soll aus den nationalen Zentralbanken und einer Zentrale bestehen. Das gemeinsame Zentralbankensystem soll die alleinige Verantwortung für die Geldpolitik erhalten und eine gemeinsame Währung ausgeben. Der Startzeitpunkt für die Schaffung der Währungsunion wurde auf den 1. Januar 1994 festgelegt.

Die Ausstattung der Strukturfonds mit Geld wurde kurz nach Inkrafttreten der Einheitlichen Europäischen Akte erhöht (1989: 6,3, 1990: 9,3, 1991: 10,1, 1992: 9,5 Mrd. ECU). Die wirtschaftliche und soziale Kohäsion soll durch die Gelder aus Brüssel erhöht werden. Der größte Anteil (63 %) wird regionalpolitischen Zwecken gewidmet. Regionen mit einem Sozialprodukt von weniger als 75 % des EG-Durchschnitts können Geld bekommen. 10 % der Fonds sind für die Umstrukturierung strukturschwacher Industriezweige in Regionen mit überdurchschnittlicher Arbeitslosigkeit gedacht. 17 % werden für Maßnahmen eingesetzt, durch die Arbeitslosigkeit verringert werden soll und 6 % für die Entwicklung ländlicher Gebiete. Der Ministerrat hat ein Jahresprogramm zur Stärkung der wissenschaftlichen und technologischen Basis der europäischen Wirtschaft verabschiedet. Es ist vorgesehen, 5,6 Mrd. ECU für die Förderung grenzüberschreitender Forschungskooperation auszugeben. Weitere 2,2 Mrd. ECU sind für die Förderung von Informations- und Kommunikationstechnologien vorgesehen, 0,81 Mrd. für die Energieforschung und 1,26 Mrd. für verschiedene Zwecke, darunter Erforschung der Umwelt.

Die Rechte und Arbeitsbedingungen von Beschäftigten in der Wirtschaftsgemeinschaft sollen verbessert werden. Diesem Ziel wird laufend Rechnung getragen im Rahmen der Gesetzgebung zur Vollendung des Binnenmarktes. Die Rechte der Arbeitnehmer sollen weiterhin durch die Europäische Sozialcharta gestärkt werden. Diese sieht jedoch keine bindenden Verpflichtungen wirtschaftspolitischer Entscheidungsträger vor.

Der Umweltschutz auf europäischer Ebene soll verstärkt werden. Im Bereich der europäischen Umweltschutzpolitik wurden bis Ende 1989 über 200 Richtlinien verabschiedet. Jedoch wurden nur gut 50 % von diesen Richtlinien in nationales Recht der Mitgliedstaaten überführt. Es wurde eine Umweltagentur beschlossen, welche umweltbezogene Daten sammeln soll.

Am 1. Juli 1990 wurde die erste Phase des sogenannten Delors-Planes in Kraft gesetzt. In dieser Phase wird im Rahmen existierender Institutionen die Wirtschafts- und Geldpolitik koordiniert mit dem Ziel, die Stabilität der Wechselkurse im EWS zu erhöhen. Im Dezember 1990 wird eine Konferenz stattfinden, die die institutionellen Regelungen für die künftige gemeinsame Währungspolitik ausarbeiten und den Text für die Ergänzung der EG-Verträge vorbereiten soll.

Das Programm zur Vollendung des Binnenmarktes ist zu einem großen Teil in konkrete Gesetzesmaßnahmen umgesetzt worden. Von 282 geplanten Gesetzesmaßnahmen sind rund 200 vom Ministerrat ganz oder teilweise verabschiedet. Von den endgültig verabschiedeten Richtlinien sind eine größere Anzahl von den Mitgliedstaaten in nationales Recht überführt worden. Der weit überwiegende Teil der bisher verabschiedeten EG-Rechtsvorschriften regelt Eigenschaften von Waren und Dienstleistungen. Die Abstimmung des Ministerrats hierüber konnte nach dem Prinzip der qualifizierten Mehrheit erfolgen. Wichtige Entscheidungen beispielsweise über Fragen der Besteuerung, des freien Personenverkehrs, für die Einstimmigkeit der Ministerratsbeschlüsse vorgesehen ist, stehen noch aus. Das Versprechen, bis zum 31. 12. 1992 einen Raum ohne Binnengrenzen zu schaffen, hat deshalb an Glaubwürdigkeit verloren.

Im Gebiet der ehemaligen DDR sind die Vertragswerke der EG und das sekundäre EG-Recht mit Wirkung vom 3. Oktober 1990, von wenigen Ausnahmen abgesehen, voll wirksam geworden. Die rechtlichen, finanziellen und strukturellen Wirkungen dieser Erweiterung des EG-Wirtschaftsraumes werden von der Kommission als gering eingestuft.

Der EFTA (bestehend aus sieben Staaten, einschließlich Liechtenstein) haben die EG Verhandlungen über ein Abkommen zur Definition eines rechtlichen Rahmens für eine engere Zusammenarbeit angeboten. Ein europäischer Wirtschaftsraum aus EG und EFTA soll geschaffen werden, indem vier Wirtschaftsfreiheiten (ohne Niederlassungsfreiheit) verwirklicht werden sollen. Grundlage der Rechtsnormen soll der EG- und nicht der (höhere) EFTA-Standard sein. Bei der rechtlichen Ausgestaltung sollen generell die EG-Vertragswerke Vorbild sein. An künftigen Entscheidungen von Kommission oder Ministerrat oder Parlament soll die EFTA jedoch nicht gleichberechtigt teilnehmen dürfen. Information und Konsultation werden aber angeboten.

Bezüglich mittel- und osteuropäischer Staaten hat die Kommission dem Rat vorgeschlagen, das Mandat für Verhandlungen mit der Tschechoslowakei, Ungarn und Polen über ein Assoziierungsabkommen zu erteilen. Diese Abkommen werden »europäische Abkommen« genannt. Ferner hat die Kommission vorgeschlagen, der Tschechoslowakei, Bulgarien und möglicherweise Rumänien Handelserleichterungen einzuräumen, die sie bereits Polen und Ungarn gemäß dem allgemeinen Präferenzsystem der EG gewährt hatte. Diese Abkommen sind bislang die einzigen konkreten Schritte zur Förderung der Reintegration mitteleuropäischer Länder.

Was das von der Kommission angestrebte Assoziierungsabkommen mit mitteleuropäischen Staaten anbetrifft, so sollen von der EG folgende Punkte angeboten werden:

1. Freiheit des Waren-, Personen-, Dienstleistungs- und Kapitalverkehrs soll garantiert werden, ohne daß die Gemeinschaft Reziprozität hierbei fordert. Schutzklauseln für einige Agrarprodukte und für die Freiheit des Personenverkehrs sollen vorgesehen werden. Für Industriewaren soll völlige Verkehrsfreiheit innerhalb von fünf Jahren erreicht werden.
2. Tschechoslowakei, Ungarn und Polen sollen an allen Gemeinschaftsprogrammen auf dem Gebiet der Forschung, des Umweltschutzes, des Transports usw. so weit wie möglich teilnehmen können.
3. Es sollen finanzielle Hilfen gewährt werden.
4. Die politische und kulturelle Zusammenarbeit soll entwickelt werden.

Der Ministerrat hat hierzu (noch) keine abschließende Stellungnahme abgegeben.

Ferner hat die Kommission der EG dem Ministerrat einen Vorschlag unterbreitet, der Maßnahmen zur Förderung des Transfers von privatem Kapital nach Mitteleuropa enthält. Exportkredite sollen gewährt werden, und der Schutz von Investitionen soll gewährleistet werden. Es soll ein gemeinschaftlicher Versicherungspool gegründet werden, der 40 Prozent der Risiken aus Investitionen in Mitteleuropa absichert. Die UdSSR ist in diese Vorschläge nicht mit einbezogen. Bezüglich der Sowjetunion wird ein langfristiges Kooperationsabkommen auf dem Gebiet der Energie und der Telekommunikation vorgeschlagen.

*Zur Agenda der EFTA*

Auf ihrer Tagung in Göteborg Mitte 1990 haben die Regierungs-Chefs der Länder der europäischen Freihandelszone ihre Positionen für die weiteren Verhandlungen mit der EG über die Schaffung eines Europäischen Wirtschaftsraums (EWR) wie folgt definiert:
Große Teile der EG-Gesetzgebung, die weitgehend identifiziert sind, können im Prinzip und ohne Vorbehalt für die Verhandlungen in den Vertrag zur Schaffung des Europäischen Wirtschaftsraums aufgenommen werden. Eine zufriedenstellende Lösung muß jedoch für die Frage der gemeinsamen Verwaltung und Entwicklung von EWR-Recht gefunden werden, bevor die EFTA-Länder endgültig zur Integration der EG-Gesetzgebung als gemeinsam rechtlicher Basis für den EWR Stellung nehmen können. Um die Homogenität des EWR zu wahren und seine Vorteile zu nutzen, muß ein rechtlicher und institutioneller Rahmen gefunden werden, der für beide Seiten das Recht einräumt, EWR-Initiativen zu ergreifen. Weiterhin soll vorgesehen sein, daß

1. EWR-Regeln gemeinsam ausgearbeitet und gemeinsam beschlossen werden,
2. gleich starke und verläßliche Überwachungs- und Durchsetzungsverfahren im gesamten EWR angewendet sowie
3. eine gemeinsame gerichtliche Instanz mit umfassender und ausschließlicher Zuständigkeit in EWR-Angelegenheiten eingerichtet werden.

Die Schaffung eines in Substanz und Form gemeinsamen Beschlußfassungsmechanismus wird als eine Grundvoraussetzung für die politische Annehmbarkeit und die rechtliche Wirksamkeit eines Abkommens angesehen. Keine Seite sollte sich vor vollendete Tatsachen gestellt sehen. Die EFTA-Regierungs-Chefs bekräftigten weiterhin das Ziel, die Verhandlungen im Laufe des Jahres 1990 abzuschließen und den daraus resultierenden Vertrag am 1. Januar 1993 in Kraft zu setzen. Parallel zu diesen Verhandlungen bemühen sich einzelne EFTA-Staaten, in bilateralen Verhandlungen mit den EG einen besseren Rechtsstatus zu erlangen. Österreich hat einen Antrag auf Aufnahme in die EG gestellt. Regierung und Parlament Schwedens haben kürzlich die Absicht verkündet, einen Antrag auf Beitritt zu den EG zu stellen. In Norwegen war im Herbst 1990 über die Frage eines Antrags auf EG-Mitgliedschaft die Regierungskoalition zerbrochen.

*Zur Agenda mittel- und osteuropäischer Staaten*

Der derzeitige Stand im Transformationsprozeß dieser Länder erlaubt es den Regierungen nicht, in Verhandlungen mit der EG mehr als nur die Rolle von Bittstellern zu spielen. Sie erbitten Zugeständnisse beim Zugang zu den Waren- und Dienstleistungsmärkten der EG und bitten um finanzielles Entgegenkommen, sei es in Form von Schuldenerlaß oder neuen Krediten oder Kreditgarantien. Ferner wird ein Transfer von Know-how erbeten. Sie selbst können derzeit keine Kompensation für Leistungen der EG anbieten. Gleichwertige Rechte bezüglich des Zugangs zu den Waren- und Dienstleistungsmärkten in ihren Ländern wollen sie bislang nicht gewähren und auch keine gleichwertigen Rechte bezüglich der Niederlassungsfreiheit, der Freizügigkeit sowie der Kapitalverkehrsfreiheit. Der Grund hierfür ist einfach: Sie haben diese Rechte ja bei weitem noch nicht für die Bürger ihrer Länder durchsetzen können.

*Zur Reaktion der EG auf die Integrationswünsche von EFTA und RGW-Staaten*

Der Präsident der EG-Kommission, Jacques Delors, hat seinen anfänglichen Enthusiasmus für den EWR weitgehend verloren. Dazu mag beigetragen haben, daß die EFTA eine größere Anzahl von Ausnahmen von den Regeln des Gemeinsamen Marktes verlangt hatte. Im November dieses Jahres hat die EFTA jedoch die Liste der gewünschten Ausnahmen kräftig gekürzt, in der Hoffnung, daß auf diese Weise die Verhandlungen erleichtert würden.

Abträglicher dürfte die Forderung der EFTA auf Teilhabe am EG-Entscheidungsprozeß gewesen sein. Es wird befürchtet, daß die Unabhängigkeit der EG-Institutionen durch das Recht der EFTA zur Mitsprache beschädigt und Entscheidungen verlangsamt werden könnten. Auch der Fahrplan Richtung politische Union wird in Gefahr gesehen.

Vertreter der Europäischen Versammlung haben an die Zustimmung zu einem Vertragsabschluß zwischen EG und EFTA folgende Bedingungen geknüpft:

1. Der Europäische Wirtschaftsraum darf unter keinen Umständen den Prozeß der wirtschaftlichen und politischen Einigung der EG verlangsamen.
2. Die Verhandlungen über den Wirtschaftsraum dürfen möglichen Beitrittsgesuchen von EFTA-Staaten nicht hinderlich sein.
3. Die Verhandlungen dürfen die institutionellen Strukturen der Gemeinschaft nicht gefährden.
4. Die Rechte der Europäischen Versammlung, respektive des Europa-Parlaments müssen respektiert werden.

Spanien, Portugal und Griechenland betrachten die Verhandlungen mit der EFTA mit Mißtrauen. Jede Konzession bezüglich der Teilnahme der EFTA an EG-Entscheidungen lehnen sie strikt ab, es sei denn, EFTA finanziert einen Fonds, aus dem Mittel an die ärmeren europäischen Regionen im EWR gezahlt werden. Die Haltung der EFTA dazu ist, daß sie einen solchen Fonds nur finanzieren werden, wenn sie auch ein Mitspracherecht bei der Verteilung des Geldes erhalten.

Kommen die EG-EFTA-Verhandlungen über den EWR nicht zu einem im Sinne des EFTA-Konzepts erfolgreichen Abschluß, so steigt die Wahrscheinlichkeit, daß einige EFTA-Staaten mit größerer Entschlossenheit eine volle EG-Mitgliedschaft anstreben. Die Prüfung solcher Beitrittsgesuche wird sich längere Zeit hinziehen. Es wird hierbei nicht nur um die Frage gehen, ob der Beitrittkandidat gemäß Präambel des EG-Vertrags entschlossen ist, durch seinen Beitritt Frieden und Freiheit zu wahren und zu festigen, sondern es wird in erster Linie darum gehen, ob der Kandidat beim Ausbau der Gemeinschaft zu einer politischen Union ein pflegeleichter Aktivposten oder ein Bremser sein wird. Unter diesem Gesichtspunkt werden Österreichs Aussichten, in die EG aufgenommen zu werden, ungünstiger beurteilt als die von Schweden und Norwegen.

Unabhängig von der Frage, welche Haltung Beitrittskandidaten als EG-Mitglieder zum Ziel der Gründung einer politischen Union einnehmen werden, gibt es eine Reihe weiterer Probleme, bei deren Analyse die EG wohl zu dem Schluß kommen, 12 Mitgliedstaaten seien genug; es reiche aus, den übrigen europäischen Staaten Angebote zur Zusammenarbeit nach Bedingungen der EG zu unterbreiten.

Vertiefung der Integration bedeutet konkret die Übertragung weiterer souveräner Rechte der Nationalstaaten auf die EG. Dies wirft die Frage auf, ob die EG-Organe besseres, das heißt effizienteres, Recht begeben und das EG-Recht effizienter verwalten als dies die Nationalstaaten tun könnten. Hieran sind Zweifel angebracht. Was die Größe von Beschlußgremien anbetrifft, so ist es eine Erfahrung, daß die Intensität der Suche nach besten Lösungen mit der Größe des Komitees abnimmt. Hinzu kommen die Unterschiede in den nationalen Präferenzen, die Entscheidungen kaum zulassen, bei denen nicht zumindest ein Mitgliedstaat an Wohlfahrt verliert. Bei Beschlüssen nach dem Prinzip der qualifizierten Mehrheit ist ein solches Ergebnis sehr wahrscheinlich. Die Korrektur offensichtlich schädlicher Beschlüsse wird unter diesen Umständen kaum noch möglich sein. Im Grunde haben die Europäischen Gemeinschaften eine Größe erreicht, die über die optimale Größe eines Zusammenschlusses von Staaten mit gemeinsamen legislativen und exekutiven Organen hinausgeht.

Ein Beispiel für diese These bieten die jüngsten Schwierigkeiten, ein Angebot für einen Abbau der Agrarprotektion der EG im Rahmen der Uruguay-Runde zu definieren. Obwohl der Abgabetermin für den EG-Vorschlag seit langem feststand, mußte er wegen Uneinigkeit um mehrere Wochen überschritten werden. In den Verhandlungen mit den GATT-Partnern zeigte sich, daß die Repräsentanten der EG über keinen nennenwerten Spielraum bezüglich Angebotsänderungen verfügen.

Statt einer weiteren Kompetenzverlagerung von den Nationalstaaten auf die EG bietet es sich an, Kompetenzen, die offensichtlich besser bei den Nationalstaaten aufgehoben sind, wieder an diese zurückzudelegieren und im gleichen Zuge die Gemeinschaften für neue Mitglieder zu öffnen und den Wirtschaftsraum zu vergrößern. Daß eine EG-Erweiterung wirtschaftlich vorteilhaft ist, wird kaum erkannt oder scheint nicht als wichtig zu gelten. Ein Markt mit nunmehr 340 Millionen Konsumenten wird von einem Teil der neuen europäischen Elite für ausreichend groß gehalten, um alle Kostenvorteile der Massenproduktion wahrnehmen zu können. Die Ressourcenbasis wird für hinreichend groß gehalten, um im Technologiewettbewerb mit den USA und Japan mithalten zu können. In politischer

Hinsicht hält man die Größe auch für ausreichend, um gegenüber anderen großen Staaten als ein gleichstarker Partner auftreten zu können. Das Denken und Handeln scheint dem Motto zu folgen: Alleine waren wir schwach, gemeinsam sind wir nun stark.

Es ist diese Art von Denken, die in dritten Ländern die Furcht vor einer Festung Europa genährt hat. Nach den Kriterien des Allgemeinen Zoll- und Handelsabkommens waren die Gemeinschaften in der Tat von Beginn an eine Festung, eine Festung in dem Sinne, daß sie den Mitgliedern bessere Marktzugangsbedingungen einräumen, als sie es dritten Ländern gegenüber tun. Sie haben eine Zollunion gebildet, die eine Ausnahme von der Gültigkeit des Meistbegünstigungsprinzips, einem tragenden Prinzip des Allgemeinen Zoll- und Handelsabkommens, darstellt. Die gemeinsame Außenhandelspolitik wurde in den 80er Jahren durch verschiedene Rechtsverordnungen in eine Richtung weiter entwickelt, die es Ministerrat und Kommission erleichtert, unerwünschte Konkurrenz aus Drittländern kurzzuhalten.

Die Gemeinschaften sind auch nach innen weniger freihändlerisch gesinnt, als sie in Deklarationen gerne vorgeben. Prinzipien freien Handels wurden nur für den Bereich der Industriewaren weitgehend durchgesetzt. Bei Agrarwaren, Kohle und Stahl sowie Dienstleistungen wurde gemeinsamen Marktinterventionen der Vorzug gegeben. Im Zuge der Vollendung des Binnenmarktes ist allerdings mehr Freiheit im Waren- und Dienstleistungsverkehr sowie im Kapitalverkehr durchgesetzt worden. Handel und Wirtschaftswachstum ist dies gut bekommen. Es ist jedoch ein Irrtum anzunehmen, daß der EG-Wirtschaftsraum groß genug ist und die zusätzlichen Vorteile einer weltweiten Arbeitsteilung vernachlässigt werden können. Die EG wird im internationalen Wettbewerb um die höchste Produktivität und den höchsten Lebensstandard nur dann in der Spitzengruppe bleiben, wenn sie die EG-Unternehmen dazu zwingt, sowohl auf dem Binnenmarkt als auch auf dem Weltmarkt mit den Besten zu konkurrieren. Bezüglich der Größe des Raumes für Konkurrenz und Arbeitsteilung gilt, daß der maximale auch der optimale ist.

*Gewinne aus der EG-Vertiefung gegenüber einer EG-Erweiterung*

In der Erklärung der Staats- und Regierungs-Chefs anläßlich des jüngsten Treffens in Rom heißt es, daß man bei der künftigen Entwicklung der Gemeinschaften sowohl der Existenz nationaler Identitäten angemessene Beachtung schenken wird, als auch dem Prinzip der Subsidiarität. Das Prinzip der Subsidiarität verlangt zu unterscheiden zwischen Angelegenheiten, welche besser in die Jurisdiktion der Gemeinschaft bzw. der Europäischen Union fallen und solchen, welche besser unter der nationalen Jurisdiktion verbleiben. Welche Angelegenheiten künftig national entschieden werden sollen und welche auf Gemeinschaftsebene, wird allerdings nicht konkretisiert. Die Wohlfahrtstheorie der Ökonomen kann hierauf eine Antwort geben: Die Unionsebene sollte sich auf das Angebot und die Durchsetzung von Regeln beschränken, die den Mißbrauch sowohl staatlicher als auch privater Macht zur Diskriminierung, in welcher Form auch immer, verbieten. Was mit dem Diskriminierungsverbot gemeint ist, wird sehr gut durch Art. 4 des EGKS-Vertrags deutlich gemacht. Hier heißt es: »Untersagt sind Ein- und Ausfuhrzölle oder Abgaben gleicher Wirkung sowie mengenmäßige Beschränkungen des Warenverkehrs, weiterhin Maßnahmen oder Praktiken, die eine Diskriminierung zwischen Erzeugern oder Käufern oder Verbrauchern herbeiführen, insbesondere hinsichtlich der Preis- und Lieferbedingungen und der Beförderungstarife. Ferner sind Maßnahmen oder Praktiken verboten, die den Käufer an der freien Wahl seines Lieferanten hindern oder von den Staaten bewilligte Subventionen oder Beihilfen oder von ihnen auferlegte Sonderlasten, in welcher Form dies auch immer geschieht, und schließlich einschränkende Praktiken, die auf eine Aufteilung oder Ausbeutung der Märkte abzielen.» Betrachtet man die Märkte in der EG daraufhin, ob dieses Diskriminierungsverbot durchgesetzt ist, so stellt man fest, daß für die EG-Organe hier noch ein weites Betätigungsfeld liegt. Beispielsweise müßte den Verfälschungen des Wettbewerbs durch Staatsbetriebe und Subventionen ein Ende gemacht werden. Dieses Feld zu beackern, fällt jedoch offensichtlich sehr schwer, nicht zuletzt deshalb, weil die Mitgliedstaaten nur widerstrebend oder gar nicht ihren Vertragspflichten nachkommen wollen, wenn, wie in den genannten Fällen, Interessen wichtiger Gruppen beeinträchtigt werden könnten.

Würden unter Vertiefung der Integration nur Maßnahmen verstanden, die die Integration der Märkte durch Abbau von Diskriminierungen aller Art erhöhten, so würde sich eine solche Politik gut vereinbaren lassen mit einer regionalen Erweiterung der EG. Wie Wirkungsanalysen zur EG-Integration ergeben haben, war die Marktintegration ganz überwiegend auf den Bereich der Verarbeitenden Industrie beschränkt. Von hier sind die erhofften Wirkungen auf eine Verbesserung der Lebens- und Beschäftigungsbedingungen in der EG ausgegangen. In diesem Bereich gab es auch den stärksten Abbau des gemeinsamen Schutzes gegenüber Drittland-Einfuhren.

Dagegen können im Bereich gemeinsamer Politik positive Impulse für die allgemeinen Lebens und Beschäftigungsbedingungen der Bevölkerung nicht konstatiert werden. Die gemeinsame Stahlpolitik der sechziger und siebziger Jahre, als ein Versuch, Investitionen, Produktion und Handel nicht nur indikativ, sondern auch inzentiv über Preisvorschriften und Subventionen zu lenken, erwies sich als ein Fehlschlag. Die Strukturkrise, die Anfang der achtziger Jahre akut wurde, war die Quittung. Sie wurde versucht, mit Mitteln der Zwangsbewirtschaftung zu begleichen.

Im Bereich des Agrarsektors war die Politik von Anfang an darauf angelegt, inländischen Erzeugern einen Preisvorsprung vor Anbietern aus Drittländern einzuräumen. Dieser Einfuhrschutz wurde laufend verstärkt und auf immer mehr Erzeugnisse ausgedehnt, indem die Zahl der Marktordnungen erhöht, Einfuhrmindestpreise jährlich angehoben und Finanzhilfen ausgeweitet wurden. Steuerzahlern und Konsumenten wurden dabei immer größere Lasten aufgebürdet. So lagen die Preise für Agrarerzeugnisse im Durchschnitt um 25 Prozent höher, als es ohne den EG-Agrarschutz der Fall gewesen wäre. Daraus ergibt sich ein Transfer von den westdeutschen Konsumenten an den Agrarsektor in Höhe von rund 12 Milliarden DM. Die Steuerzahler werden mit rund 20 Milliarden DM aus dem Etat der Landwirtschaftsministerien des Bundes und der Länder sowie des EG-Agrarhaushalts belastet.

Große Preisdifferenzen zwischen Anbietern aus der Bundesrepublik Deutschland und den billigsten EG-Anbietern sind noch in den Wirtschaftsbereichen festzustellen, in denen bislang entgegen den Intensionen der Vertragswerke eine Liberalisierung nicht in Gang gebracht wurde. Die Kohle- und Energiewirtschaft, Versicherungs- und Transportwesen sind hier an erster Stelle zu nennen.

Die Zahl gemeinsamer Politiken hat sich im Laufe der Jahre erhöht. Regionalpolitik, sektorale Strukturpolitik, Technologiepolitik kamen zur Agrar- und Kohle- und Stahlpolitik hinzu. Mit der Einheitlichen Europäischen Akte wurden die entsprechenden Kompetenzen in den europäischen Vertragswerken verankert. Diese Politiken sollen zusammen mit der gemeinsamen Sozialpolitik das Programm zur Vollendung des Binnenmarktes flankieren. Letztlich verändern diese Politikmaßnahmen die Ergebnisse des Marktes. Prosperierende Unternehmen und Regionen werden besteuert, und die Einnahmen werden dazu verwendet, den zurückgebliebenen Sektoren und Regionen Geld zur Verfügung zu stellen. Produktivitäts- und Einkommensgefälle sollen mit dieser Finanzhilfe ausgeglichen werden. Ob dies tatsächlich mit staatlichen Hilfen aus Brüsseler Kassen gelingt, ist eine Frage, die im Verteilungskampf kaum gehört wird. Die Erhöhung der Mittel und ihre Verteilung auf Unternehmen, Regionen und Sektoren ist ein Prozeß, der schwierig ist und dessen Ergebnis ein labiles Gleichgewicht darstellt. Durch Neuankömmlinge kann es leicht in Gefahr gebracht werden. In diesem Zusammenhang ist darauf hinzuweisen, daß die Erweiterung des EG-Wirtschaftsraums um das Gebiet der ehemaligen DDR nur deshalb so glatt vonstatten ging, weil die Bundesregierung zusicherte, daß die beschlossene Verteilung der Struktur- und Technologiefonds auf Mitgliedstaaten davon unberührt bleiben würde. Die Mittel, die gleichwohl der ehemaligen DDR aus Brüssel zufließen, sind zusätzliche Mittel. Sie entstammen nicht den vorhandenen Fonds, sondern überwiegend aus den größeren Beitragszahlungen Deutschlands.

Hinter der ausgeprägten Abneigung, die EG zu erweitern, verbirgt sich also nicht zuletzt auch die Angst, bei der Neuverteilung des Haushaltes der EG künftig schlechter abzuschneiden.

Wie sieht nun die Nutzen-Bilanz für die Politikintegration in der EG per Saldo aus? Mit großer Vorsicht formuliert läßt sich sagen, daß ein Nachweis nicht erbracht werden kann, daß die Lebens- und Beschäftigungsbedingungen im gesamten Wirtschaftsraum durch die bisherigen Gemeinschaftspolitiken (= gemeinsame Wirtschaftslenkung) verbessert werden konnten. Aufgrund theoretischer Deduktionen spricht viel für die Vermutung, daß diese Gemeinschaftspolitiken die Lebens- und Beschäftigungsbedingungen verschlechtert haben. Ein empirischer Nachweis für diese Vermutung ist im Fall der Agrar- und Stahlpolitik verschiedentlich erbracht worden.

Was nun den Nutzen der geplanten neuen Gemeinschaftspolitik, der Währungspolitik, anbetrifft, so ist dazu folgendes Urteil zu treffen: Die bisher betriebene Währungspolitik im Rahmen des Europäischen Währungssystems (EWS) hatte auf die Teilnehmerländer sehr unterschiedliche Wirkungen. Für die Bundesrepublik Deutschland war die Wirkung, gemessen an dem im Stabilitäts- und Wachstumsgesetz verankerten Ziel, überwiegend negativ. Es wurden Anreize gegeben, mehr Kapital zu exportieren und damit auch mehr Ressourcen in Form von Waren und Dienstleistungen zu exportieren, als es sonst, das heißt, als es ohne festen Wechselkurs der Fall gewesen wäre. Die Produktionsstruktur der deutschen Wirtschaft wurde verzerrt, sie wurde exportlastig.

In den übrigen am EWS beteiligten Ländern konnten Konsum, Investitionen und Staatsausgaben über das Niveau hinaus erhöht werden, das mit den langfristigen heimischen Angebotsmöglichkeiten vereinbar ist.

Hinsichtlich der künftigen Währungsunion ist anzunehmen, daß der über die Kapital und Gütermärkte in Gang gebrachte Ressourcentransfer von Deutschland in die übrige EG ganz oder teilweise ersetzt wird durch einen Transfer über die öffentlichen Haushalte. Der Delors-Plan sieht ausdrücklich vor, daß die internationalen Transfers über die Brüsseler Haushalte erhöht werden. Ob eine europäische Zentralbank-Institution geschaffen wird, die wirklich unabhängig ist, der es verboten sein wird, Staatsdefizite zu finanzieren und die eine Politik stabilen Geldes betreiben wird, ist eine Hoffnung. Mehr noch nicht.

Die im Dezember 1990 begonnene Konferenz der Regierungsvertreter über die Ergänzung der Europäischen Vertragswerke soll auch Vorschläge über eine gemeinsame Außen- und Sicherheitspolitik der EG erarbeiten. Der gleiche Auftrag war schon einmal den Außenministern der Mitgliedstaaten der Europäischen Gemeinschaft für Kohle und Stahl im Jahr 1953 erteilt worden. Diese hatten Vorschläge erarbeitet, die als Muster benutzt werden können. Allerdings war die Verabschiedung des Vertrags zur Gründung einer Europäischen Verteidigungsgemeinschaft seinerzeit im französischen Parlament gescheitert, obwohl die zunehmenden Spannungen im Ost-West-Verhältnis eine gute Begründung für eine gemeinsame Außen- und Sicherheitspolitik lieferten. Heute, mit zunehmendem Abbau der Bedrohungen aus dem Osten, scheint der Aufbau einer gemeinsamen Außen- und Sicherheitspolitik weit weniger dringlich zu sein. Vorbereitungen zu einer EG-Sicherheitspolitik, wie sie im Dezember begonnen worden sind, erscheinen nicht nur unzeitgemäß, sondern auch gefährlich. Sie müssen den Kreisen in der Sowjetunion Wasser auf die Mühle lenken, die von Berufs wegen gegen eine Konversion des sowjetischen Militärkomplexes hin zur zivilen Produktion und gegen eine allmähliche Auflösung der Sowjetunion sowie der Pax Sowjetica sind. Darüber hinaus ist von deutscher Seite zu bedenken, daß die transatlantischen Beziehungen zu den Vereinigten Staaten, die auf wirtschaftlichem Gebiet ohnehin zunehmenden Belastungen ausgesetzt sind, nicht auch noch durch europäische Alleingänge auf dem Gebiet der Sicherheit belastet werden.

### *Schlußbemerkung*

Im Hinblick auf das oberste Ziel der europäischen Integration, nämlich die Lebens- und Beschäftigungsbedingungen zu verbessern, bietet eine Erweiterung des Wirtschaftsraums um die EFTA-Staaten und um mittel- und osteuropäische Länder die bei weitem größten Chancen. Dies erfordert eine Überprüfung der gemeinsamen Politikmaßnahmen in der EG mit dem Ziel, Maßnahmen, die nicht den Wohlstand im Vertragsgebiet erhöhen, abzuschaffen. Eine Ausweitung des Wirtschaftsraums um die mittel- und osteuropäischen Länder fiele dann auch leichter. Ein großes Potential an Wohlfahrtsgewinnen könnte erschlossen werden. Damit es ausgeschöpft werden kann, reicht es nicht, diesen Ländern den Zugang zu den EG-Märkten zu erleichtern. Es muß ihnen bei der Transformation von der zentral verwalteten Wirtschaft hin zu einer Marktwirtschaft unter die Arme gegriffen werden. Freilich ist dies leicht gesagt und, wie das Beispiel der Integration der beiden deutschen Volkswirtschaften zeigt, schwer getan.

Die Wahl, unbeteiligt der Transformation Mittel- und Osteuropas zuzuschauen, besteht nicht. Gelingt es nicht, die Volkswirtschaften auf einen Wachstumspfad zu bringen, werden Wanderungsströme ausgelöst, die vor allem Deutschland, aber auch die übrigen europäischen Staaten zu Beteiligten der Umwandlungsprozesse in Mittel- und Osteuropa machen werden. Damit weniger Menschen aus Mittel- und Osteuropa abwandern, müssen diese Länder eine rentable Produktion für den heimischen Markt und darüber hinaus für den Weltmarkt aufbauen. Nur so können sie die Einkommens- und Beschäftigungschancen ihrer Bevölkerung verbessern. Dies ist nicht ohne Transfer von Wissen und Kapital möglich.

Ob die Produktivitäts- und Einkommensunterschiede in Europa stärker durch Handel oder stärker durch Wanderung von Arbeitskräften angeglichen werden, ist im Hinblick auf die Verteilungswirkungen dieses Prozesses auf Arbeit und Kapital annähernd gleich. Die Preise für Finanzkapital und Humankapital in Deutschland werden steigen. Anders ausgedrückt: Manager, Ingenieure, Facharbeiter und Sparer werden künftig mehr für ihre Leistungen erhalten.

*Udo Müller*

# Wettbewerb in der Triade - zwischen Konflikt und Kooperation auf globaler Ebene

## 1. Globalisierung der Probleme

Die ökonomischen und ökologischen Probleme spitzen sich weltweit zu; die Bedrohungen erweisen sich zunehmend als erdumspannend. Für die Behandlung eines wettbewerblichen Themas der Triade - Japan, Europa, Nordamerika - werden diese globalen Aspekte immer bedeutender. So gesehen drängen sich die Fragen auf, welche Rolle die Triade bei diesen Entwicklungen gespielt hat, und welche Beiträge die Triade im Verbund mit der sogenannten Dritten und Vierten Welt sowie mit den Ländern Osteuropas und der übrigen Welt leisten kann, um die widersinnige Zerstörung der biologischen Grundlagen der eigenen Fortentwicklung zu stoppen. Abbildung 1 soll die zentrale Stellung der Triade in der derzeitigen Weltwirtschaft verdeutlichen.

Drei ganz elementare Tendenzen gilt es herauszuarbeiten. *Erstens*: Innerhalb der Triade dominiert der rivalisierende Wettbewerb; zugleich verstärken sich Abschottungstendenzen gegenüber der übrigen Welt. *Zweitens*: In Osteuropa vollziehen sich schwierige Wandlungen in Richtung Marktwirtschaft, nachdem jahrzehntelange zentralverwaltungswirtschaftliche Drangsalierung der wirtschaftlichen Freiheit zu ökonomischen Niedergängen verbunden mit einem unbeschreiblichen ökologischen Desaster geführt hat. *Drittens*: Viel zu wenig beachtet, jedoch von globaler Bedeutung, sind weitere ökonomische und ökologische Katastrophen, nämlich die in der Dritten und Vierten Welt; sie sind - wie auch in Osteuropa - systembedingt, aber in diesen Fällen spielt der Weltmarkt mit seinen Regulierungen und wettbewerblichen Abriegelungen sowie den weitgehend von ihm ausgeschlossenen

Entwicklungsländern eine maßgebliche Rolle. Von einem Ring weltweiter Vernetzung in fairem Wettbewerb kann keine Rede sein. Europa kann es sich nicht leisten, über den Prozeß seines Zusammenwachsens Veränderungen oder gar Gefahren in anderen Weltregionen zu übersehen. Es wäre kurzsichtig, würde man leugnen, daß die Abholzung der Regenwälder, das globale Drogenproblem, (noch) regional begrenzte Kriege oder die Bevölkerungsexplosion nicht auch mit der Verarmung der Staaten der Dritten und Vierten Welt zu tun haben. Etwa eine Milliarde Menschen, so schätzen die Vereinten Nationen, vegetieren weltweit unterhalb der Armutsgrenze. Dic Kluft zwischen Armen und Reichen wird ständig größer. Diesen Prozeß durch weitsichtige und umfassende Hilfe zu stoppen, liegt im wohlverstandenen Interesse der Triade-Länder. Oder sollte gewartet werden, bis die Wohlstandsinseln im Norden der Erdhalbkugel durch *gigantische Wanderungswellen und Umweltkatastrophen* weggespült werden ?

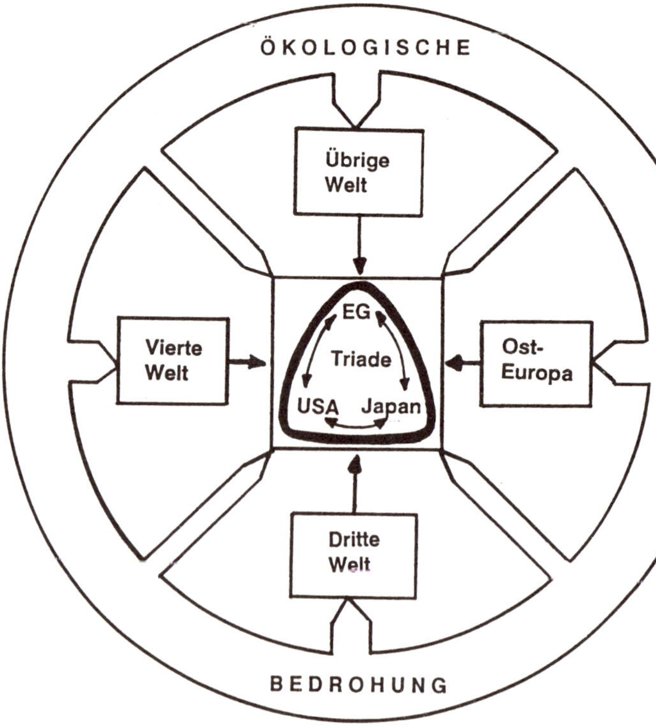


Abbildung 1: Die Triade im weltwirtschaftlichen Kontext

Noch vor einer Generation wurde weitgehend die Ansicht vertreten, vor einer Zukunft des Überflusses zu stehen. Die Frage, warum die Menschheit heute in diese prekäre Lage kommen konnte, hat der 1986 mit dem Nobelpreis für Wirtschaftswissenschaften ausgezeichnete Nationalökonom *Theodore W. Schultz* zu beantworten versucht. Er kritisiert, daß besonders seit dem Ende des zweiten Weltkrieges die Investitionen in »physisches Kapital« wie Fabriken, Dämme, Straßen die notwendigen Anlagen in »menschliches Kapital« weit überstiegen hätten. Nicht in das Lebendige, sondern in »Blech und Beton« ist investiert worden. Die so grob skizzierte Triade-Problematik wird im folgenden etwas genauer untersucht; der Gedankengang folgt den zentralen Begriffen der Abbildung 2. Einige Überlegungen zu einem neuen internationalen Ordnungsrahmen schließen sich an.

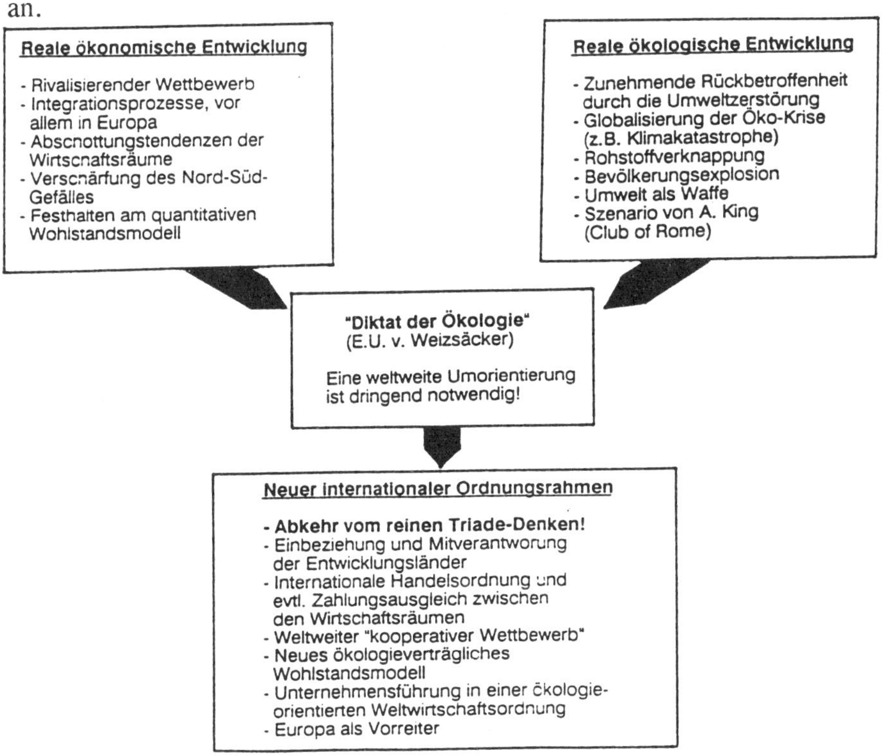


Abbildung 2: Die realen ökonomischen und die realen ökologischen Entwicklungen verschmelzen im »Diktat der Ökologie« (E.U.v.Weizsäcker)

# 2. Reale ökonomische Entwicklung

## 2.1. Wettbewerb, Integration und Abschottung

International tätige Unternehmen müssen aus wettbewerblichen Erwägungen den Triade-Schlüsselmärkten Europa, USA und Japan große Aufmerksamkeit schenken; schließlich werden in diesen Regionen über 50 Prozent des Welt-Bruttosozialprodukts erwirtschaftet. Die Kaufkraft der 600 Millionen Triade-Einwohner (ausgedrückt durch das verfügbare Pro-Kopf-Einkommen) übertrifft die der rund 4,5 Mrd. Einwohner der Entwicklungsländer um ein zehnfaches. Die zunehmende Bedeutung kapitalintensiver Produktion, die rasante Verkürzung der Produktlebenszyklen, die Vereinheitlichung der Konsumnachfrage in den Industrieländern und der sich verschärfende Wettbewerb zwingen multinationale Unternehmen dazu, globale Strategien auf den Schlüsselmärkten zu verfolgen. *Ohmae* ist der Meinung, daß es diesen Unternehmen gelingen muß, sich in den Triade-Märkten als echte Insider zu etablieren.[1] Um in diesem Sinne die »Macht der Triade« zu erschließen, müssen viele Unternehmen alternative Wege wie Zusammenschlüsse, Joint Ventures oder andere Kooperationsformen gehen. Die jeweiligen Stärken der Unternehmen in den Triade-Ländern, die es zu verknüpfen gilt, zeigen sich allerdings in verschiedenen Forschungsschwerpunkten: Die Amerikaner sind in der Biotechnologie, in der Genforschung und bei bestimmten Halbleiterspezialitäten führend. Die japanischen Stärken liegen vor allem in der Optik-, Keramik- und Stahlindustrie sowie in der Massenfertigung hochintegrierter Schaltkreise. Europäische Unternehmen besitzen in der chemischen und pharmazeutischen Industrie sowie im Maschinenbau einen Vorsprung.

Die *Informationstechnologie* stellt bei der Bewältigung ökologischer Krisen ohne Zweifel eine wichtige Querschnittstechnologie dar. Mit ihrer Hilfe ist es nicht nur möglich, das System der Überwachung und Beobachtung der Umwelt dichter zu knüpfen und effizienter zu gestalten. Sie eröffnet auch die Chance, die vorhandenen gesamtwirtschaftlichen Produktionsstrukturen so umzugestalten, daß die Schadstoffbelastung von

---

1 Vgl. K. Ohmae, Die Macht der Triade - Die neue Form weltweiten Wettbewerbs, Wiesbaden 1985.

Luft, Wasser und Boden minimiert wird. Zugleich bietet diese Technologie das Potential zum Aufbau rohstoff- und energiesparender sowie recyclingfähiger Produktionssysteme und damit für einen umweltverträglichen Umbau der gesamten Produktionstechnik.

Wie können die Entwicklungsländer in eine qualitative Wachstumsdynamik der Triade integriert werden, ohne als Hoflieferanten der Industrieländer für knappe Naturgüter dazu verdammt zu werden, eigenen Grund und Boden unfruchtbar zu machen, nur um das täglich Brot auf den Tisch zu bekommen? In diesem Zusammenhang ist eine von *Ohmae* entwickelte Konzeption (vgl. Abbildung 3) interessant, nach der jedes Triade-Unternehmen starke wirtschaftliche Kontakte zu den unmittelbar südlich seines Zentrums gelegenen Entwicklungsländern ausbauen soll. Ein japanisches Triade-Unternehmen müsse überwiegend in den USA, Europa und Südostasien operieren, so daß mit Japan als Zentrum aus der Triade ein *Tetraeder* entsteht. Analog schließe ein amerikanisches Triade-Unternehmen die USA, Japan, Europa und Lateinamerika und ein europäisches Triade-Unternehmen Europa, USA, Japan und Afrika und/oder den Mittleren Osten ein.

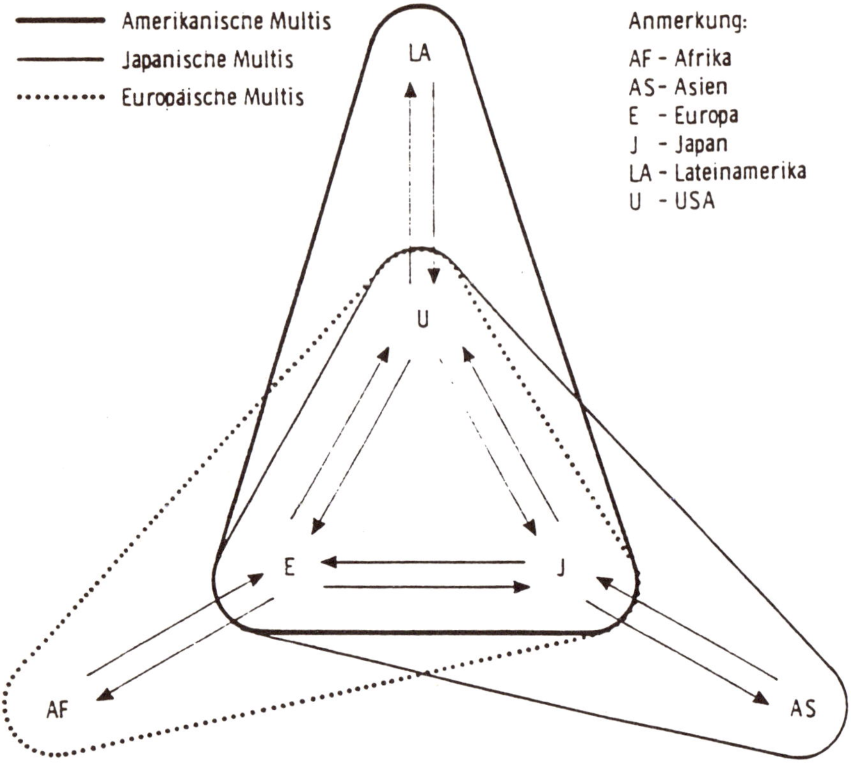


Abbildung 3: Von der Triade zum Tetraeder

Quelle: Ohmae, Kenichi; Macht der Triade. Die neue Form des weltweiten Wettbewerbs, Wiesbaden 1985, S.144

Diese Gesamtstruktur muß natürlich nicht für jedes einzelne Unternehmen gelten. Für viele europäische Unternehmen ist Lateinamerika weitaus wichtiger als Afrika; für britische Firmen sind die Commonwealth-Staaten (z.B. Indien) von größerer Bedeutung, und viele amerikanische Unternehmen pflegen enge Geschäftsbeziehungen zum Mittleren Osten. *Ohmae* entwickelte sein Konzept für die Zwecke eines Triade-Unternehmens, aber nicht aus der Sicht eines Entwicklungslandes. Seine Fragestellung lautet : Wie können Entwicklungsländer in das Strategiemuster eines Triade-Unternehmens eingepaßt werden, um Marktanteile zu sichern - und nicht: Wie können Entwicklungsländer unterstützt werden, um Hungersnöte und Öko-Katatrophen zu vermeiden, die letztendlich auch uns in den Industriestaaten stark betreffen? *Ohmae* hat 1984 die Überlebensstrategien weltweit vernetzter Unternehmen analysiert. Diese Gedanken eines Praktikers sind noch vor dem Hintergrund der damals durch die allgegenwärtigen, akzelerativ-technologischen Entwicklungen ausgelösten weltweiten Wettbewerbsstrukturen angestellt worden. Mitte der achtziger Jahre schienen die Auswirkungen der zweiten Ölkrise überwunden worden zu sein; die westlichen Industrienationen haben Hochkonjunktur gehabt, und multinationale Unternehmen sind in den drei Märkten USA, Japan und EG präsent gewesen. Doch die Situation hat sich in letzter Zeit entscheidend geändert : Heute besteht der südostasiatische Wirtschaftsraum, der den dynamischsten Markt weltweit darstellt, nicht mehr nur aus Japan. *Japan* bildet zwar weiterhin den Motor der Entwicklung, dennoch haben die »vier kleinen *Tiger*« (Hongkong, Singapur, Taiwan und Südkorea) und letzter Zeit auch die »vier kleinen *Drachen*« (Malaysia, Thailand, Philippinen und Indonesien) zum Sprung angesetzt. Während in den letzten 25 Jahren die Wirtschaft in den USA durchschnittlich um 2,6%, in Japan um 6,6% wuchs, lag der Anstieg in den »Tigerländern« sogar über 8%. Weiterhin hat sich die allgemeine politische Lage vollständig verändert. Der Warschauer Pakt ist in Auflösung begriffen, Deutschland wiedervereinigt und die Marktwirtschaft setzt ihren Siegeszug in Richtung Osten fort; Perestroika und Glasnost haben dies ermöglicht. Der nordamerikanische Binnenmarkt stellt zwar weiterhin einen der drei bedeutendsten Märkte weltweit dar, doch geht die Ära der »Pax Americana« dem Ende entgegen. Am Anfang dieses Jahrhunderts lösten die USA Großbritannien als führende Wirtschaftsmacht ab (Übergang von der Kohle zum Öl und vom Pfund zum Dollar als internationale Rechnungseinheit). Heute leitet die technische Revolution der Perfektionierung und Miniaturisierung von Mikrochips den Wechsel zu Gunsten der Japaner ein. Die amerikanische Wirtschaft ist in einer Rezession. Der Staat kämpft mit seinem gewaltigen Haushaltsdefizit, und der Dollar hat einen historischen Tiefststand erreicht. Die USA sind das weltweit größte Schuldnerland. Die Entwicklungsländer, die sich insbesondere seit der zweiten Erdölkrise in einer verzweifelten Schuldnerposition befinden, sind so gesehen erst nach den USA einzureihen. Ihre Volkswirtschaften sind zum Teil nicht einmal mehr in der Lage, die Zinsen für die steigenden Auslandsschulden aufzubringen. Überlagert wird diese extrem dynamische und komplexe Entwicklung von dem Erkennen des möglichen globalen ökologischen Kollaps. Bei Politikern setzt sich langsam die Erkenntnis durch, daß die wirtschaftliche Entwicklung, wie sie in der zurückliegenden Zeit betrieben wurde, in dieser Form nicht zum Wohlstand der Weltbevölkerung führt, sondern das Aussterben der Spezies Mensch nur beschleunigt. Die Wettbewerbssituation gestaltet sich seit den 80er Jahren zunehmend schwieriger und komplexer - auch für Europa. Die europäischen Nationen versuchen, ihrer Bedeutung entsprechend, den Anforderungen im wirtschaftlichen, politischen, aber auch im ökologischen Bereich durch verstärkte Integration gerecht zu werden. Am Ende des Jahres 1992 soll die Vollendung des Binnenmarktes erreicht sein. Die Idee eines geeinten Europas kann bereits am Hof Karl des Großen nachgewiesen werden. Damals dachte man noch an ein imperiales Europa unter der Hegemonie eines Herrscherhauses; jedoch wandelte sich die Vorstellung im Ablauf der Geschichte. Vor vier Jahrzehnten wurde der Anfangspunkt einer Kette von Ereignissen gesetzt, an deren vorläufigem Ende am 1. Januar 1993 der *Europäische Binnenmarkt* und nach dem Willen der Staats- und Regierungschefs 1994 der Beginn der ersten Stufe der Wirtschafts- und Währungsunion stehen soll. Jede Integration - insbesondere eine Zollunion - führt zu Abschließungsseffekten gegenüber Dritten. Im Fall der EG wurde dies durch die Nord- und Süderweiterung, durch den Zollabbau mit den EFTA- Ländern und durch Zollsenkungsrunden im Rahmen des GATT gemildert. Dennoch wurden bzw. werden im Außenverhältnis von den einzelnen Ländern, besonders von Frankreich, nicht-tarifäre Handelshemmnisse angewandt. Die EG duldet also Protektionismus. Ein Haupthemmnis bildet der Markt für moderne Dienstleistungen, der die Bereiche Verkehrswesen, Telekommunikation, die Finanzdienste, den Kapitalmarkt, das Versicherungswesen und die Dienste der freiberuflich Tätigen umfaßt. In diesem zukunftsträchtigen Sektor ist die Liberalisierung bzw. Harmonisierung besonders schwierig, da diese Bereiche in allen Mitgliedsländern stark reguliert sind. Eine Integration der nationalen Regulierungssysteme wird notwendig.

Als Anfang der achtziger Jahre die Integration des Tertiären Sektors innerhalb der EG vorangetrieben wurde, setzte sich weltweit der Ruf nach mehr Markt und weniger Staat durch. Diese Forderung, sowie die durch die zweite Ölkrise ausgelöste Schuldenfrage bei den Entwicklungsländern, der damals starke Dollarkurs und die dynamische Entwicklung des Pazifischen Beckens mit Japan an der Spitze übten einen starken Druck auf die Mitgliedsländer der EG aus, den Binnenmarkt zu vollenden. Es hängt viel für die Zukunft Europas davon ab, ob der Binnenmarkt und die Europäische Union die in sie gesetzten Erwartungen erfüllen können, zumal es schon heute nicht mehr allein um die Gemeinschaft der Zwölf geht. Viele andere Staaten stehen vor der Tür und begehren Einlaß. Selbst ein *Europa bis zum Ural* mit annähernd 800 Millionen Menschen ist bei der heute herrschenden politischen Konstellation vorstellbar. Um so wichtiger ist es, die Chancen und Risiken im einzelnen darzustellen. Der bekannte Cecchini - Bericht errechnete Kostenvorteile in einer Höhe von mehr als 450 Milliarden DM für die Gemeinschaft. Allein in der Bundesrepublik würden sich die Einsparungen für den Verbraucher im Kredit- und Versicherungswesen auf ca. 9 Milliarden DM belaufen. Das Wirtschaftswachstum der EG steigt demzufolge um ca. 4,5%, die Verbraucherpreise würden um rund 6,1% fallen, und für die ca. 16 Millionen Arbeitslosen würden mittelfristig zwischen 1,8 und 5,1 Millionen neue Arbeitsplätze entstehen. Dem Staat erbringe die Öffnung seines Auftragswesens - laut Cecchini-Bericht - eine Ersparnis von ca. 2,2% des Bruttoinlandsproduktes. Diese Einschätzung wird jedoch von vielen Kritikern als übertrieben optimistisch eingestuft.

Entgegen dieser optimistischen Sichtweise sind die *Abschottungen der Triade* gegenüber den Ländern der Dritten und Vierten Welt eindeutig negativ einzustufen. Die EG, die USA und Japan haben in den bisherigen Zollsenkungsrunden des GATT weitgehend dafür gesorgt, daß die Früchte des internationalen Handels insbesondere ihnen selbst zugute kommen. Während 1980 noch 46% aller EG-Importe aus Entwicklungsländern kamen, sind es heute nur noch 30%. Die Importzölle der Triade auf Produkte aus Entwicklungsländern sind höher als die Zölle für Lieferungen innerhalb der Triade. Verarbeitete Waren aus den Entwicklungsländern werden beim Import in die Triade höher belastet als unbearbeitete Rohstoffe. Für Agrarerzeugnisse und Textilien ist Freihandel ohnehin nicht die weltweit gültige Maxime. Zu diesen Beschränkungen des Handels mit den Entwicklungsländern kommt eine Vielzahl von nicht-tarifären Handelshemmnissen (z.B. als freiwillig hingestellte Selbstbeschränkungsabkommen, Subventionen, technische Vorschriften, veterinär-polizeiliche Anordnungen, Grenzkontrollen usw.).

## 2.2. Festhalten am quantitativen Wohlstandsmodell - Verschärfung des Nord - Süd - Gefälles

### *2.2.1. Verschwendungswohlstand und exponentielles Wachstum*

Seit der Studie des Club of Rome »Grenzen des Wachstums« gibt es eine Diskussion um das wirtschaftspolitische Ziel des Wirtschaftswachstums. Inzwischen ist es weitgehend Konsens, daß dauerhaftes rein quantitatives Wachstum nicht möglich ist. Stattdessen wird von vielen das Leitbild des »qualitativen Wachstums« vertreten.[2] Abgesehen von den oft sehr vagen Vorstellungen, wie die Leerformel vom qualitativen Wachstum aufgefüllt werden soll, ist in der Praxis der Industrieländer trotz des gestiegenen Umweltbewußtseins der »*Verschwendungswohlstand*« (E.U. von Weizsäcker) die Regel. Das Wohlstandsniveau der Triade-Länder wird nach wie vor mit einem immensen Energie- und Ressourcenverbrauch und hohen Emissions- und Abfallbelastungen erkauft. Die Umweltschutzerfolge der letzten Jahre und Jahrzehnte wirken sich global nur wenig aus.

Ein Wohlstandsmodell, das einen so hohen Naturverbrauch erfordert, ist nur für Minderheiten und hier auch nur für eine begrenzte Zeit praktizierbar. Die Menschen der nördlichen Erdhalbkugel verbrauchen rund zehnmal soviel Rohstoffe und Energie pro Kopf wie die auf der Südhalbkugel lebende Mehrheit der Weltbevölkerung. Eine Übertragung des Verschwendungswohlstandes auf alle Menschen ist nicht möglich, denn ein ökologischer Kollaps in kürzester Zeit wäre die Folge. E.U. von Weizsäcker fordert daher ein »neues Wohlstandsmodell«, das zu einer Abkopplung des Naturverbrauchs von der Bedürfnisbefriedigung führt; materieller Konsum soll danach einen geringeren Stellenwert einnehmen als heute.[3]

Gibt es Indizien für eine solche Trendumkehr ? Sicherlich sind beachtliche, wenngleich auch nur punktuelle Erfolge im Umweltschutz zu verzeichnen. Eine globale Veränderung des Lebensstils ist aber noch nicht zu erkennen. Weiterhin gilt in der politischen Praxis das reale Sozialprodukt pro Kopf als Wohlstandsindikator und das Wachstum des Sozialprodukts als wichtige Erfolgskennziffer, obwohl immer wieder auf die völlig unzu-

2 Vgl. H.-Ch. Binswanger et al., Arbeit ohne Umweltzerstörung, Frankfurt 1983, Kapitel 4 und 5.

3 Vgl. E.U.v. Weizsäcker, Erdpolitik, Darmstadt 1989, Kapitel 18.

reichende Aussagekraft dieses Indikators hinsichtlich qualitativer Aussagen hingewiesen wird.[4] Gerade auch für die Entwicklungspolitik gelten Wachstumsraten als zentrale Größe - ein Indiz dafür, daß es noch immer weitgehend um einen Export des triadischen Wohlstandsmodells in die Länder der »Dritten Welt« geht und diese Länder auch willens sind, diesen Lebensstil zu kopieren.

Was *exponentielles Wachstum* bedeutet, ist für Menschen intuitiv nur schwer erfaßbar, da das Bewußtsein zu einer linearen Fortschreibung von Prozessen neigt. Deshalb kommt es immer wieder zu eklatanten Fehleinschätzungen von Entwicklungen.[5] Eine Größe wächst exponentiell, wenn sie mit stets gleichen positiven Wachstumsraten wächst. Wenn etwa die Volkswirtschaft der Bundesrepublik Deutschland real um 5% p.a. wächst, was sich viele im Hinblick auf die Arbeitslosigkeit und den Finanzierungsbedarf der Wiedervereinigung wünschen, so verdoppelt sich unser reales BSP nach rund 14 Jahren. Nach 140 Jahren ist es dann rund $2^{10}$-mal so groß wie am Anfang (Vertausendfachung). Wenn dieser Trend weltweit anhielte - man bedenke den Nachholbedarf der sog. Entwicklungsländer - würde dann die Menschheit am Wachstum ersticken ? Erleidet die Weltwirtschaft schon in den vor uns liegenden Jahrzehnten einen Infarkt durch eine Hypertrophierung der Ökonomie, durch Abfallchaos und Umweltschädigung - Milliarden Jahre, bevor die Welt durch das Entropiewachstum ihrem »natürlichen Tod« entgegengeht ? Es wird immer wieder betont, daß Wachstum nicht notwendigerweise das Wachstum von Quantitäten, sondern von Werten beinhaltet. Deshalb kann es durchaus zu einem exponentiellen Anstieg von Werten kommen, ohne daß gleichzeitig Ressourcenverbrauch und Umweltbelastung in gleicher Weise zunehmen (Entkopplung).[6]

Das *Fazit* lautet: Das Festhalten am (wenn auch »qualitativ geläutertem«) Wachstumsdenken ist ein Symptom für das Festhalten der Triade-

---

4 Vgl. zum Beispiel C. Leipert, Sozialproduktskritik, Nettowohlfahrtsmaß und umweltbezogene Rechnungslegung, in: Zeitschrift für Umweltpolitik, Nr.3/1986, S.281 ff.

5 Vgl. H.v. Ditfurth, Unfähig zu zählen, in: Natur 2/85, S.54 ff.

6 Vgl. W. Eichhorn, Das Magische Neuneck. Umwelt und Sicherheit in der Volkswirtschaft, Frankfurt 1990, Kapitel 6. Eichhorn versteht diese Entkopplung als wichtigen Aspekt des »qualitativen Wachstums«.

Länder am quantitativen Wohlstandsmodell. Eine Umweltpolitik, die weitgehend auf die Lösung punktueller ökologischer Probleme gerichtet ist, reicht als neues Leitbild nicht aus.

### *2.2.2. Differenzierung der Entwicklungsländer*

Die Entwicklungsländer sind in wirtschaftlicher wie sozialer Hinsicht keine einheitliche Staatengruppe. Begriffe wie »Dritte Welt«, »Nord-Süd-Gegensatz« verschleiern die Entwicklungsunterschiede innerhalb dieser Ländergruppe. So hält die Weltbank (wie auch die OECD) die Einkommenshöhe pro Kopf für einen geeigneten Indikator und gelangt so zu den folgenden Kategorien für die Entwicklungländer:

1. Länder mit niedrigem Einkommen (BSP pro Kopf (1986) bis 420 US-Dollar; Beispiel: China, Indien, Äthiopien);
2. Länder mit mittlerem Einkommen:
   a) untere Einkommenskategorie (BSP pro Kopf (1986) 420-1600 US-Dollar; Beispiel: Indonesien, Nigeria, Ägypten, Thailand);
   b) obere Einkommenskategorie (BSP pro Kopf (1986) 1600-7500 US-Dollar; Beispiel: Brasilien, Argentinien, Südkorea, Hongkong, Jugoslawien, Griechenland, Polen);
3. Erdölexporteure mit hohem Einkommen (arab. Staaten, Libyen).

Die Schwellenländer sind in etwa der Gruppe 2b) zuzuordnen, sie stehen von der wirtschaftlichen Entwicklung her an der Schwelle zu den Industrieländern. Vor allem sind dies die ost-und südostasiatischen Länder wie die vier Tiger Südkorea, Taiwan, Hongkong, Singapur, im Ansatz Malaysia und Thailand. Für diese Länder war die vergangene Dekade keineswegs ein verlorenes Jahrzehnt.

Der Bewertungsmaßstab der Weltbank wird mittlerweile stark angezweifelt. So zieht die Entwicklungsabteilung der Vereinten Nationen (UNDP) nicht nur das BSP/Kopf heran, sondern berücksichtigt auch ein Bündel sozialer Faktoren. Im »Human Development Report 1990« dienen daher die Lebensbedingungen der Menschen als Maßstab für den Entwicklungsstand. Als meßbare Indikatoren wurden deshalb die Lebenserwartung, die reale Kaufkraft und die Analphabetenrate einbezogen. Die neuen Indikatoren führten zu einer veränderten Rangfolge: fast alle Ölförderländer rutschen im Vergleich zu der am BSP orientierten Rangliste der Weltbank nach hinten. Saudi-Arabien, Kuwait und die Vereinigten Emirate, bei denen sich bisher der Reichtum in den Händen weniger konzentrierte, gehören zu den Ländern, die an Image einbüßen; China, Chile, Costa Rica und Indien steigen in der Rangliste. Auch die Spitzengruppe wird nicht verschont. Die USA fallen aufgrund der hohen Analphabetenrate von Platz 1 auf Platz 18 zurück.

In Konsequenz dieser neuen Rangfolge müßten sich künftig auch die Zahlungsmodalitäten ändern. So wird in der o.a. Gruppe 1 Hilfe als Zuschuß geleistet, während in der Gruppe 2 und den Schwellenländern ein Zinssatz von 0,75% bzw. 2% berechnet wird. Insgesamt gesehen erscheint der Weltbank-Indikator als stark verbesserungsbedürftig. Welche Bedeutung dem UNDP-Bericht zukommt, wird sich erst in den nächsten Jahren zeigen. So arbeitet die UNDP weiterhin an Verbesserungen (Berücksichtigung qualitativer Faktoren wie politische Freiheit, persönliche Sicherheit, Umweltbedingungen).

### *2.2.3. Verschuldung: noch ein verlorenes Jahrzehnt ?*

Gegen Ende der 80er Jahre wurde deutlich, daß für viele Entwicklungsländer - mit Ausnahme der südostasiatischen Entwicklungsländer - die vergangene Dekade ein verlorenes Jahrzehnt war. Die Jahrzehnte nach dem Krieg einschließlich der durch die Ölkrisen erschütterten 70er Jahre waren noch durch anhaltendes Wachstum gekennzeichnet, aber im vergangenen Jahrzehnt traten vielerorts große soziale, politische und wirtschaftliche Schwierigkeiten zu Tage. Einige wichtige statistische Daten zu den Wachstumsdifferenzen und zur Verschuldung sind in Abbildung 4 zusammengefaßt. Während die ostasiatischen Entwicklungsländer und die Industrieländer hohe Wachstumsraten zu verzeichnen haben, weisen die Wachstumsraten der Krisenländer negative Vorzeichen auf (vgl. Abbildung 4a). Das von der Inflationsrate bereinigte Pro-Kopf-Realeinkommen der subsaharischen Entwicklungsländer liegt 1988 mehr als 16% unter dem Stand von 1981, bei den lateinamerikanischen Entwicklungsländern knapp 5%, bei hochverschuldeten Entwicklungsländern etwa 7%. Im Gegensatz dazu ist das Pro-Kopf-Realeinkommen der südostasiatischen Länder um nahezu 60% gewachsen !

a) Wachstumsraten des Pro-Kopf-Realeinkommens in Prozenten

| Region | 1981-86 | 1987 | 1988 | 1981-88 |
|---|---|---|---|---|
| subsaharisches Afrika | -2,4 | -4,5 | -0,4 | -16,3 |
| Lateinamerika und Karibik | -0,7 | -0,6 | -0,6 | -4,7 |
| Ost-Asien | +6,7 | +7,0 | +7,9 | +59,4 |
| hoch-verschuldete Länder | -1,2 | -0,6 | -0,6 | -7,1 |

b) Auslandsverschuldung der Entwicklungsländer insgesamt und ausgewählter Regionen in Mrd. US$

| Region | 1982 | 1984 | 1986 | 1988 | 1990 |
|---|---|---|---|---|---|
| Afrika | 121,4 | 133,0 | 171.3 | 199,8 | 206,0 |
| Lateinamerika und Karibik | 331,2 | 358,2 | 383.6 | 402,7 | 417,5 |
| Gesamt-Verschuldung | 826,6 | 918,3 | 1086.7 | 1197,2 | 1246,3 |
| Gesamt-Schuldendienst | 135,8 | 136,1 | 144.8 | 170,0 | 175,8 |

c) Dritte und vierte Welt: Langfristige Verschuldung, Finanzströme, Entwicklungshilfe und Waffenimporte in Mrd. US$

| Jahr | Gesamt-versch. | Schulden-dienst[1] | Tilgung | Zins-zahlung | Netto-transfer[2] | OEH[3] | Waffen-importe |
|---|---|---|---|---|---|---|---|
| 1984 | 686,7 | 101,8 | 48,6 | 53,2 | -10.2 | 28,7 | 41,9 |
| 1986 | 893,9 | 116,4 | 61,5 | 54,9 | -28.7 | 36,7 | 32,6 |
| 1988 | 993,2 | 142,4 | 75,4 | 67,0 | -50.1 | 48,1 | 30,8 |

[1] Schuldendienst ist Gesamt, sowie als Tilgung und Zinszahlung aufgeführt
[2] Nettotransfer ist die Differenz von Neukreditaufnahme und Schuldendienst
[3] Offizielle Entwicklungshilfe von westlichen Ländern

d) Wesentliche Entwicklungshilfe-Kennziffern für acht Länder 1988 in Prozenten

| Land | OEH/BSP[1] | Mil/BIP[2] | OEH/Mil[3] |
|---|---|---|---|
| Kanada | 0,49 | 2,0 | 23,7 |
| Frankreich | 0,72 | 3,8 | 19,0 |
| BRD | 0,39 | 2,9 | 13,6 |
| Italien | 0,39 | 2,5 | 15,6 |
| Japan | 0,32 | 1,0 | 32,0 |
| Großbritannien | 0,32 | 4,3 | 7,6 |
| USA | 0,21 | 6,1 | 3,4 |
| USSR | 0,30 | 11,5 | 2,6 |

[1] Offizielle Entwicklungshilfe als Anteil des Bruttosozialprodukts
[2] Verteidigungsausgaben als Anteil des Bruttoinlandsprodukts
[3] Offizielle Entwicklungshilfe im Verhältnis zu Verteidigungsausgaben

Abbildung 4: Verschärfung des Nord - Süd - Gefälles im Zahlenspiegel

Quelle: SIPRI Yearbook 1990, zusammengestellt nach den Tabellen, S. 204, 203, 205 und 209. Die SIPRI-Tabellen basieren auf Quellen der Weltbank, des internationalen Währungsfonds und der OECD.

Die eskalierende Schuldenkrise der subsaharischen, lateinamerikanischen und karibischen Entwicklungsländer, die in den letzten Jahren zu den wichtigsten Themen der Weltpolitik avanciert ist, stellt eine Ursache für die ökologischen Probleme dar. Aus der Tabelle der Abbildung 4b erkennt man, daß die Schulden der lateinamerikanischen und karibischen Länder von 331 Mrd. US-$ im Jahre 1982 auf 417,5 Mrd. US-$ im Jahre 1990 angestiegen sind, während sie sich im gleichen Zeitraum in den afrikanischen Ländern von 121 Mrd. US-$ auf 206 Mrd. US-$ nahezu verdoppelt haben. Werden die ärmsten Entwicklungsländer, namentlich in Afrika, ihrem Schicksal überlassen ? Afrika verzeichnet die höchste Kindersterblichkeit und niedrigste Alphabetisierungsrate, die durchschnittliche Lebenserwartung beträgt 51 Jahre; fast ein Viertel der Bevölkerung ist unterernährt. Kein schwarzafrikanisches Land hat ein erfolgreiches Staats- und Wirtschaftssystem hervorgebracht (ausgenommen Botswana, Mauritius, Simbabwe, Namibia). Daher ist die Misere zu einem Großteil hausgemacht: Politikversagen, administrative Inkompetenz, wirtschaftliches Mißmanagement, Korruption und Nepotismus verhindern eine erfolgreiche Strukturanpassungs- und Stabilisierungspolitik. Die subsaharischen Staaten leben vom Export ihrer Rohstoffe und Agrarprodukte auf der Basis wirtschaftlicher Monostrukturen, die wenig Flexibilität zulassen. Die Weltmarktpreise für Holz, Kakao, Kaffee und Erdnüsse haben ihren Tiefststand erreicht; ehemals reiche Länder wie Gabun, Elfenbeinküste und Nigeria haben Schuldenberge angehäuft. Nicht nur in Afrika, sondern auch in Südamerika werden Konsumgüter und Nahrungsmittel, die eigentlich zu Hause benötigt werden, zur Begleichung der Schulden exportiert. Die Regierungen der Entwicklungsländer kürzen Ausgabenprogramme für Gesundheit, Infrastruktur, Beschäftigung und Linderung der Armut, um die Belastungen des wachsenden Schuldenberges tragen zu können

Einen erheblichen Anteil an der Notlage haben aber auch die Militärausgaben der Entwicklungsländer: In vielen der hochverschuldeten Entwicklungsländer zahlen die heute demokratischen Regierungen den Preis für die hohen Verteidigungsausgaben der ehemaligen Militärregime (Argentinien, Brasilien, Philippinen). Die Waffenimporte haben sich im Zeitraum 1970 bis 1980 ihrem Volumen nach verdoppelt, ihrem Wert nach vervierfacht. Der Präsident der Weltbank Conable schätzt, daß ein Drittel der Schulden der Entwicklungsländer durch die Waffenimporte verursacht wird. Seit 1985 zeichnet sich allerdings eine Verringerung der

Militärausgaben ab. Zugleich haben viele Entwicklungsländer bedeutende Fortschritte in Richtung Demokratie getan. Insbesondere lateinamerikanische und afrikanische Entwicklungsländer erleben eine Perestroika. Gleichwohl bleibt der Schuldendienst der Entwicklungsländer immer weiter hinter der Gesamtverschuldung zurück, die mittlerweile auf über 1200 Mrd. US-$ angestiegen ist. Bedenklich ist dabei weniger die Höhe der Verschuldung - auch die USA ist hochverschuldet - als vielmehr die Unfähigkeit, diese Schulden jemals wieder zurückzuzahlen. Trotz oder gerade wegen des gescheiterten »Baker-Plans« und seines wenig erfolgversprechenden Nachfolgers »Brady-Plan« wurde und wird das Schuldenproblem zunehmend »verstaatlicht«: auf die öffentliche Hand entfällt jetzt fast die Hälfte der Kredite an die Entwicklungländer.

1981 ist in Paris im Rahmen des Unctad-Wirtschaftshilfe-Proramms SNDA (Substantial New Programme of Action) beschlossen worden, den am wenigsten entwickelten Ländern (Least Developed Countries, LDC) 0,15% des BSP der Industrieländer als Entwicklungshilfe zukommen zu lassen. Keines der 31 LDC-Länder hat sich aber aus diesem Status herausarbeiten können. Im Gegenteil: Die Zahl der LDC-Länder ist auf 42 angewachsen, und die Länder sind noch ärmer geworden. In den internationalen Wirtschaftsbeziehungen spielen sie nur noch eine marginale Rolle, ihr Anteil am Welthandel ist in den letzten 20 Jahren ständig geschrumpft. Die Roßkuren von IWF und Weltbank, die ihre Kredite an Bedingungen knüpfen (Konditionalität), schlagen bei ihnen nicht an. Eine Unctad-Studie hat keine positiven Unterschiede in den Volkswirtschaften der zwölf LDC, die sich dem Prozeß unterwarfen, im Vergleich zu den übrigen feststellen können. Im Gegenteil: Gerade bei den zwölf wird über die fatalen sozialen Folgen dieser Politik geklagt. Die Konditionalität von IWF- und Weltbankgeldern hat schon zu oft zu gewaltigen Preiserhöhungen und sozialen Unruhen geführt. Die von den Industrieländern geforderte, an sich sinnvolle »grüne Konditionalität« ist vor allem deshalb problematisch, weil auch sie den Druck auf die Entwicklungsländer weiter verschärft und als Einmischung in die inneren Angelegenheiten betrachtet wird.[7]

7 So wehrten sich acht Amazonasstaaten im März 1989 gegen den zunehmenden wirtschaftlichen Druck, mit dem das Ausland die Vernichtung der Regenwälder verhindern wollte. Die internationale Kritik wurde als Einmischung in die inneren Angelegenheiten abgewiesen und der Raubbau mit wirtschaftlicher Notwendigkeit begründet. Im April 1989 genehmigte die indonesische Regierung dem weltgrößten Papierta-

Derzeit beträgt die weltweite Entwicklungshilfe jährlich etwa 48 Mrd. US-$. Die Tabelle in Abbildung 4d zeigt für das Jahr 1988 die Länder, die den größten Beitrag in der Entwicklungshilfe (OEH) leisteten. Spalte 1 verdeutlicht den immer noch sehr niedrigen prozentualen Anteil der Entwicklungshilfe am Bruttosozialprodukt (Ziel der UN: 0,7%; der Anteil von Frankreich wäre ohne seine überseeischen Gebiete nur 0,5%). Spalte 2 zeigt den Anteil der Militärausgaben am Bruttoinlandsprodukt (BIP) und Spalte 3 im direkten Vergleich den Anteil der Entwicklungshilfe an den Militärausgaben. Es ist offensichtlich, daß die Entwicklungshilfe künftig durch das Umlenken der Verteidigungsausgaben in die Ausgaben für Entwicklungshilfe gesteigert werden kann. Das Stockholmer Institut für Friedensforschung (SIPRI) schätzt, daß mit einer 10%igen Verringerung p.a. der Militärausgaben in den USA, Japan und der EG eine Verdoppelung der derzeitigen Entwicklungshilfeausgaben möglich wäre. Eine 1%ige Verringerung der Militärausgaben in der UdSSR und in den USA würde es beiden Ländern erlauben, ihre Entwicklungshilfe um 31% bzw. 29% zu steigern.

Untersucht man Daten zur langfristigen Verschuldung, Kapitalflüsse, offizielle Entwicklungshilfen und Rüstungsimporte, so stellt man fest, daß die Kapitalabflüsse aus den Entwicklungsländern mittlerweile die Kapitalzuflüsse überschreiten (vgl. Abbildung 4c). 1988 war ein Nettotransfer von über 50 Mrd. US-Dollar in Richtung der Industrieländer zu verzeichnen. Im Zeitraum von 1983 bis 1987 zahlten die lateinamerikanischen Entwicklungsländer 90 Mrd. US-Dollar mehr an die Industrieländer als sie erhielten. Es ergibt sich damit eine paradoxe Situation: Die Ärmsten subventionieren die Reichsten. Doch diese paradoxe Situation wird andauern, weil sich die Haushaltsdefizite der USA aufgrund der aktuellen Entwicklungen drastisch erhöhen werden und weil neben der weiteren Verschlechterung des globalen ökonomischen Klimas auch die fortschreitende Zerstörung der natürlichen Umwelt die Weltwirtschaft belasten wird.

---

schentuch- und Toilettenpapier-Hersteller *Scott Paper Company*, in den kommenden 35 Jahren 800.000 Hektar Regenwald abzuholzen.

# 3. Die reale ökologische Entwicklung

## 3.1 Rückbetroffenheit durch Umweltzerstörung und Bevölkerungsexplosion

Die Weltgesellschaft erkennt zunehmend, daß die von ihr ausgelösten Umweltprobleme auf sie selbst zurückwirken. Diese *Rückbetroffenheit* zeigt sich insbesondere bei Umweltzerstörungen im erdumspannenden Maßstab:

1) Die *Plünderung nicht-regenerierbarer Ressourcen* erhöht ständig die Abhängigkeit von dringend benötigten Substituten, die jedoch erst noch gefunden werden müssen. Die Rückbetroffenheit äußert sich im Streß der ständig geringer werdenden Zeit, die noch zum Entdecken von Ersatzenergien verfügbar ist. Da dieser Ressourcenverbrauch zusätzlich durch ein weltwirtschaftliches Preisgefüge gekennzeichnet ist, das ökologisch nicht die »Wahrheit« sagt, weil die relativen Preise der Ressourcen zu niedrig sind, wird die innovatorische Suche nach Möglichkeiten der Nutzung regenerierbarer Ressourcen gedämpft. Im zeitlichen Prozeß wird dann die Abhängigkeit von Substituten noch mehr verstärkt.

2) Die *weltweite Vernichtung der Wälder* - insbesondere der tropischen Regenwälder, die die letzten auf der Erde erhaltenen naturbelassenen Wälder mit kontinentalem Ausmaß sind - stört empfindlich das Fließgleichgewicht des atmosphärischen $CO_2$-Gehalts.[8] Die aus der Waldvernichtung resultierende *Verstärkung des Treibhauseffektes* bedroht den Wasser- und Klimahaushalt der Erde; die mit der Vernichtung verbundene irreversible *Ausrottung von Pflanzen- und Tierarten* verringert die Artenvielfalt (biologische Varietät) als wichtige Vorraussetzung weiterer biologischer Evolution.

---

8 Die Störung resultiert aus dem Zufluß von $CO_2$ infolge vermehrter Verbrennung sowie vor allem wegen der Verringerung der Kapazität der Wälder als Kohlenstoffspeicher. Die Waldzerstörung trägt heute bereits mehr zum $CO_2$-Anstieg in der Atmosphäre bei als alle anderen Verbrennungsprozesse auf dieser Erde.

3) Die weltweite und fortschreitende *Umweltvergifung* (Boden, Wasser, Atem-Luft) führt zu vielfacher Rückbetroffenheit in Gestalt von unabsehbar vielen und hochgradigen Gefährdungen der menschlichen Gesundheit (Überlastung des Immunsystems, Tumorerkrankungen, Herz- und Kreislauferkrankungen sowie Erkrankungen der Atemwege und der Haut u.a.m.).

4) Das *Ozonloch* ist die Folge irreversibler zerstörerischer Eingriffe in die Atmosphäre. Die Rückbetroffenheit äußert sich in dem zu erwartenden Anstieg von Hautkrebsfällen und den kaum prognostizierbaren Schäden für die Pflanzen- und Tierwelt (z.B. Absterben von Plankton).

5) Als Folge der *Reaktorunglücksfälle* (wie in Tschernobyl) und *Chemieunfälle* (wie in Bhopal) sind die Menschen rückbetroffen, weil viele zu massenhafter *Umweltflucht* verurteilt sind. Im Umkreis von Tschernobyl wurden bislang insgesamt 160.000 Menschen evakuiert. Weitere 200.000 Menschen sollen bis 1995 ihre Gemeinden in der Ukraine und in Belorussland verlassen. Die Giftgaskatastrophe in Bhopal kostete 2.500 Menschen das Leben, verletzt wurden 100.000. Sie machte 250.000 Menschen zu Umweltflüchtlingen. Hauptproblem der heutigen Massenumweltflucht ist jedoch die fortschreitende *Verödung* von ganzen Regionen, vor allem des Sahel-Gürtels, aber auch des Andenraumes und West- und Zentralasiens: Weltweit befinden sich ca. 35 Prozent der Landfläche in verschiedenen Stadien der Wüstenbildung. Die Zahl der gegenwärtig vor Umweltschäden flüchtenden Menschen wird auf eine halbe Milliarde geschätzt.

Zu diesen fünf angesprochenen Umweltproblemen kommt ein wichtiger Faktor, der auch im Verhältnis der Triade-Länder zu denen der »Dritten Welt« eine bedeutende Rolle spielt: Die immer stärkere Belastung der Erde durch das exponentielle Wachstum der Erdbevölkerung. Neueste Prognosen gehen von 6 Mrd. Erdbewohnern bereits im Jahre 1998 aus und von 8,5 Mrd. im Jahre 2025.[9] Viele künftige Probleme sind Teile dieses

9 Vgl. R. Donnerbauer, Energieversorgung steht im Spannungsfeld von Energieversorgung und Umweltschutz, VDI Nachrichten, 14.12.1990, S.32.

großen Gesamtproblems - ob es sich dabei um die Ernährung der Weltbevölkerung, die Welt-Energieversorgungslage oder auch mögliche Klimaveränderungen handelt. Abbildung 5 zeigt, wie unverantwortlich wir derzeit mit den natürlichen Ressourcen umgehen. Sie veranschaulicht die Bevölkerungsexplosion im Zeitablauf von Jahrtausenden (mit einer allerdings unsicheren Prognose). Das kleine Rechteck symbolisiert den Zeitraum, in dem eine bestimmte Anzahl von Menschen die Mineralölvorräte verbraucht.

Diese Bevölkerungsexplosion und die fünf skizzierten globalen Umweltkrisen (mit all den einbegriffenen positiven und negativen Rückkopplun-

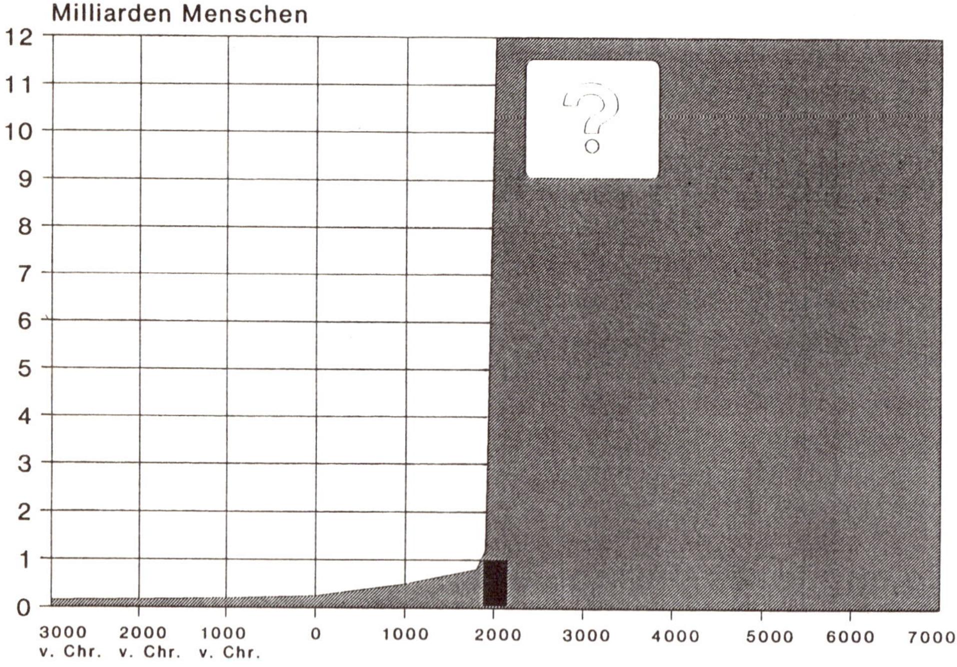


Abbildung 5: Bevölkerungsexplosion und Verbrauch der Mineralölvorräte

Quelle: Darstellung mit Daten aus: IG Metall: Auto, Verkehr und Umwelt, S.42

gen) fordern die Industrieländer der Triade in ihrer Verantwortung unübersehbar heraus; der ökologisch verursachte soziale Sprengstoff ist enorm: Es drohen extreme internationale *Verteilungskämpfe*; völkerwanderungsartige Migrationen sind wahrscheinlich, wenn Menschen vor ansteigenden Meeren fliehen oder ihr Heil in fruchtbareren Gebieten suchen.

Um die Problematik noch mehr zu konkretisieren, seien als bedrohliche *globale* Symptome z.B. die folgenden Sachverhalte genannt:[10]

- Pro Sekunde werden etwa 1000 Tonnen Erdreich abgeschwemmt und abgetragen.
- Pro Sekunde werden Waldbestände der Erde im Umfang von 3000 - 5000 Quadratmetern vernichtet (auf ein Jahr umgerechnet ist das beinahe die Fläche der Bundesrepublik).
- Pro Sekunde werden rund 1000 Tonnen Treibhausgase in die Luft emittiert.
- Täglich werden 10-50 Tier- oder Pflanzenarten ausgerottet.
- Die Meere und Ozeane werden als Giftmüllkippe mißbraucht (eine hochgradig giftige Zeitbombe entstand mit der Versenkung vieler Tonnen radioaktiver Sonderabfälle).
- Rund 1 Milliarde Menschen leben in absoluter Armut.
- Rund 40 Millionen Menschen sterben jährlich an Hunger, davon 40.000 Kinder täglich.

Für Ökosysteme nicht minder bedrohlich ist das Ausmaß der *lokalen* Schäden, für die ebenfalls einige Beispiele angegeben werden:

- Die Umweltschäden Osteuropa sind z.T. lebensbedrohlich.
- Für die Bundesrepublik Deutschland sind nach einer Zusammenstellung von L.Wicke pro Jahr Umweltschäden in Höhe von ca. 103 Mrd. DM anzusetzen;[11] die Studie des UPI-Institutes Heidelberg beziffert die Schäden sogar auf 475 Mrd. DM jährlich.[12] In

10 Vgl. E.U.v. Weizsäcker, Erdpolitik, Darmstadt 1989, S.7.

11 Vgl. L. Wicke, Die ökologischen Milliarden, München 1986.

12 Vgl. UPI-Institut Heidelberg, Gesellschaftliche Kosten der Umweltbelastung in der BRD 1989, Bericht Nr.20, 1991.

diesem Betrag sind Verschmutzung der Meere, Treibhauseffekt, Ozonloch, Krankheiten durch Lärm und Abgase von Müllverbrennungsanlagen noch nicht erfaßt, weil es hier keine verläßlichen Daten gibt. Daher wurde auch das Gebiet der neuen Bundesländer ausgeklammert.

- Es gibt einzelne Umwelt-Skandale, wie etwa die Dioxinverseuchung der Ilsenburger Kupferhütte, die Bodenverseuchungen bei Bitterfeld, Wismut u.a.m.

### 3.2. Der fünffache »Triade-Sprengsatz« der Ökologie-Ökonomie-Problematik

Die Liste globaler und lokaler Beispiele läßt sich leider fast beliebig verlängern. Als alarmierender Befund kann festgehalten werden, daß die weltweite Umweltkrise zunehmend expandiert; damit werden die wechselseitigen Abhängigkeiten und Bedrohungen noch stärker und erfordern grenzenüberschreitendes Denken und Handeln. Insbesondere fünf Sachverhalte dürften künftig im Innenverhältnis der Triade und für die Beziehungen der Triade zu den anderen Regionen immer wichtiger werden:

1) *Nationale Grenzen (Blockgrenzen):*
Früher waren menschliche Eingriffe in die natürliche Umwelt meist räumlich, also auf die »Wirtschaftsblöcke« begrenzt. Heute hat ökologisches Fehlverhalten globale Auswirkungen, die sich nicht auf lokale Verursacher beschränken. Internationales kollektives Handeln ist wegen nationaler Egoismen und fehlender Sanktionsmöglichkeiten sehr schwer möglich.

*Beispiele*: Zerstörung des Tropischen Regenwaldes, Verstärkung des natürlichen Treibhauseffekts durch $CO_2$-Emission, radioaktive Verseuchung (Tschernobyl, Atomwaffentests etc.).

2) *Zeitliche Grenzen:*
Viele Eingriffe und Schädigungen von Ökosystemen sind nicht mehr rückgängig zu machen. Die Folgen menschlichen Handelns können wegen des unüberschaubaren Zeithorizonts nicht mehr rational abgeschätzt werden.

Die Möglichkeit, aus Fehlern zu lernen, ist wegen der enormen time-lags und der Irreversibilität der Eingriffe oft nicht mehr gegeben.

*Beispiele:* Artentod, Verbrauch nicht-regenerierbarer Ressourcen, Klimaveränderungen, Lagerung radioaktiver Abfälle.

3) *Umweltmedien-Grenzen:*
Eine isolierte Betrachtung z.B. der Luftverschmutzung ist nicht möglich. Schadstoffe werden aus der Luft ausgewaschen und verlagern sich in den Boden und in die Gewässer. Auch technologischer Umweltschutz verschiebt oft ein Problem von einem Medium zu einem anderen. Wegen der Vernetzung der ökologischen Teilsysteme ist kaum abschätzbar, welche Folgewirkungen ein Eingriff auf andere Umweltmedien haben wird.

*Beispiel:* Filter verhindern z.B. die Emission von Luftschadstoffen; die »Entsorgung« von Filterstäuben auf Sonderabfalldeponien wird allerdings zu einer Gefahr für den Boden und das Grundwasser. Besonders gravierend ist der Sonderabfallexport nach einer Umdeklaration als »Wirtschaftsgut«, das z.B. als Baumaterial in Entwicklungsländern verwendet wird.

4) *Disziplinäre Grenzen:*
Die Biosphäre zeichnet sich durch eine hochgradige Vernetzung ihrer Teilbereiche aus. Zwischen ökonomischen, ökologischen, politischen u.a. Prozessen bestehen enge Wechselwirkungen. Deshalb wird ein rein disziplinäres Vorgehen der sachlichen Problematik nicht gerecht.

*Beispiel:* Die Ökonomie muß sich mit der Ökologie verständigen können und nicht nur eine »Ökonomisierung der Umweltprobleme« betreiben. Dazu ist eine Überwindung der Disziplingrenze und die Etablierung einer (metadisziplinären) Brückensprache notwendig. Diese Brückensprache ist auch der Bezugspunkt der internationalen Verständigung über Umweltfragen.

5) *Wissenschaftstheoretische Grenzen:*
Bei allen ideologischen, ethischen und kulturellen Unterschieden gilt: Der Mensch einschließlich seiner kognitiven und intellektuellen Fähigkeiten ist in die ökologischen und evolutionären Zusammenhänge eingebunden und von diesen abhängig. Aus dieser Überlegung entstand die Idee, die evolu-

tionären bzw. biologischen Voraussetzungen des (wissenschaftlichen) Denkens zu untersuchen.

*Beispiel:* Das Werturteilsfreiheitspostulat ist wegen dieser Zusammenhänge kaum noch zu rechtfertigen. Vielmehr müssen auch Aussagen über die Rationalität von Maßstäben und Zielen getroffen werden.

*Kurze Zusammenfassung*: Für eine angemessene theoretische Beurteilung der Triade-Problematik und für darauf aufbauendes wirtschaftspolitisches Handeln ist ein globales, langfristiges, vernetztes, interdisziplinäres und wertbewußtes Vorgehen erforderlich.

## 3.3. Umwelt als Waffe und das Szenario von King

Dieses Fazit macht deutlich, daß lineares Wachtstumsdenken und blinder Fortschrittsglaube in neue Technologien heute immer weniger Maßstab für die Entwicklungsländer sein kann. Erinnert man sich an das Auftreten der Entwicklungsländer beim ersten internationalen Umwelttreffen in Stockholm 1972, so ist zu ermessen, wie sehr der Lebensstil der Industrieländer seinen Modellcharakter verloren hat. Damals lehnten sie Stagnationsmodelle wie die »Grenzen des Wachstums« und Empfehlungen, anstelle des Wachstums ein Gleichgewicht anzustreben, strikt ab und verwahrten sich gegen die Zumutung, den entwickelten Ländern als grüne Hinterhöfe zu dienen und bekannten sich zum Wirtschaftswachstum. Doch die Schuldenproblematik hat die Industrieländer und Entwicklungsländer eines Besseren belehrt. Das Wachstum der Entwicklungsländer reicht nicht einmal mehr zur Bezahlung der Zinsen aus. Die Entwicklungsländer sind entgegen ihren Erwartungen noch abhängiger, die Industrieländer noch mächtiger geworden.

Angesichts der Globalisierung der Umweltkrise verschieben sich - noch homöopathisch - die Machtverhältnisse zwischen den Entwicklungs- und Industrieländern - bis hin zum »Klimakrieg«: So wurde vor einigen Wochen in London auf die gefährlichen Rückwirkungen des technischen Fortschritts hingewiesen und so versucht, der umweltschädigenden Produktion in den Entwicklungsländern Einhalt zu gebieten. Doch plötzlich sahen sich die Industrieländer in der Defensivposition: Einige Entwicklungsländer drohten etwa, die Produktion von FCKW erheblich zu steigern, wenn sich die Industrieländer weigern sollten, für den erbetenen Verzicht zu zahlen. Der Süden hat längst den Preis des Fortschritts erkannt und nutzt dies, um den Norden dafür in die Verantwortung zu nehmen. Man braucht nicht unbedingt Atomwaffen, um andere Länder zu »erpressen«. Die Umwelt als Waffe tut es auch.

Alexander King, Präsident des Club of Rome, sieht für die Zukunft schwarz: Sein Szenario ist beschrieben durch

- Völker, die sich um Trinkwasser und Sauerstoff schlagen,
- Massenarmut, die gewaltige Wanderungsbewegungen auslöst (vgl. Problem Umweltflüchtlinge Tschernobyl, Bhopal, Andenraum, Sahel-Zone, West- und Zentralasien),
- chinesische Kohlekraftwerke, die die Luft verpesten, die gerade von den Europäern gereinigt wurde,
- Diktatoren, die mit Atombomben ganze Regionen zu verändern drohen.

Will man ein solches Szenario nicht Wirklichkeit werden lassen, ist es an der Zeit, die vorhandenen Lösungskonzepte in die Tat umzusetzen.

## 4. Das Diktat der Ökologie

Eine realistische Konsequenz und Herausforderung der erörterten realen ökonomischen und ökologischen Entwicklungen liefert E.U.v. Weizsäcker in seinem Buch »Erdpolitik«.[13] Weizsäcker sieht die Menschheit im Übergang aus dem Jahrhundert der Ökonomie mit kurzfristigem und naturgefährdendem Denken und Handeln in ein Jahrhundert der Umwelt: »Was ich befürchte, ist, daß der Sieg der heutigen Form der Ökonomie der Erde und den auf ihr und von ihr lebenden Menschen einen nicht wiedergutzumachenden Schaden zufügt, und dies weitestgehend unabhängig von allen Ungerechtigkeiten und Nöten, die durch die herrschende Ökonomie oder trotz derselben eintreten« (S. 6). Unter der Überschrift »Die ausgeraubte Natur« fährt er fort: »Es ist nun meine These, daß die schönen Tage des

---

13 E.U.v. Weizsäcker, a.a.O., Die im folgenden angegebenen Seitenzahlen beziehen sich auf dieses Buch.

naiven ökonomischen Konsenses gezählt sind« (S. 7). Diese These bringt er etwas später so »auf den Begriff«:

*»Sämtliche Politikbereiche, von der Außen- und Entwicklungspolitik bis zur Forschungs- und Technologiepolitik, werden unter diesem Eindruck stehen. Religion und Kultur, Bildung, Recht und Wirtschaft (ja: Wirtschaft) werden im Jahrhundert der Umwelt vom ökologischen Diktat bestimmt sein«* (S. 10).[14]

Dieses Diktat zu akzeptieren erfordert in der Tat ein umfassendes Umdenken in Kultur und Wirtschaft und muß als internationale und erdumspannende Aufgabe verstanden werden.

## 5. Neuer internationaler Ordnungsrahmen

### 5.1. Abkehr vom Triadedenken

Die Darstellung der realen ökonomischen und ökologischen Entwicklungen hat gezeigt, daß an der bisherigen globalen Wirtschafts- und Sozialpolitik aufgrund der daraus resultierenden schwerwiegenden Nachteile für Mensch und Natur nicht festgehalten werden kann. Nur über die Rückbesinnung auf die Gesetzmäßigkeiten und Strukturen der Ökologie läßt sich der Kollaps des »Raumschiffs Erde« langfristig verhindern. E.U.v. Weizsäcker folgend, ist somit eine weltweite Umorientierung bezüglich des Ziel- und Wertesystems dringend notwendig, um dem »Diktat der Ökologie« gerecht werden zu können. Die Realisation dieser Umorientierung ist aber mit den gegenwärtig gültigen Strukturen des Welthandels unmöglich - die Forderung *nach Schaffung eines neuen internationalen Ordnungsrahmens* stellt daher die Basis aller weitergehenden Überlegungen dar. Es ist evident, daß im Rahmen dieses neuen Ordnungsrahmens auch am derzeitigen *Triadedenken nicht festgehalten werden kann.* Die nachfolgenden vier Thesen sollen die Notwendigkeit der Abkehr vom reinen Triadedenken unterstreichen:

---

14 Im Orginal nicht kursiv gedruckt.

*These I*

Bei der zur Zeit gegebenen globalen Verteilung der ökonomischen und politischen Macht wird das weltweite *Kreativitätspotential* der Natur einschließlich des Menschen zu Lasten der Dritten und Vierten Welt ausgebeutet und zerstört und somit nicht optimal angenommen.

Die *mangelhafte Kooperation* zwischen der Triade und der Dritten und Vierten Welt zeigt sich vor allem in der ungleichen Rollenverteilung. Während die Triade vor allem Rohstoffe aus den Entwicklungsländern aufnimmt, importieren diese (häufig illegal) z.B. Rüstungstechnologie, als Wirtschaftsgut deklarierten Giftmüll oder Pharmaprodukte (näheres hierzu im Unterpunkt 5.2.).

*These II*

Es erfolgen permanent *Eingriffe in komplexe Systeme,* obwohl die Wirkungszusammenhänge nicht oder nur unvollständig bekannt sind. Die Konsequenz dieses Vorgehens ist daher zum Zeitpunkt des Eingriffs unbekannt und kann zu einer gefährlichen und ungewollten Rückbetroffenheit auf den Menschen führen. Exemplarisch ist hier der Eingriff in das komplexe Ökosystem des Tropischen Regenwalds zu nennen. Obwohl wir nur rudimentäre Kenntnis der Artendiversität von Tieren und Pflanzen haben, obwohl wir nur randweise die Koevolution, d.h. die Beziehungen und Wechselwirkungen zwischen Pflanzen und Tieren kennen und obwohl uns die Einflüsse auf das Evolutionspotential und die globale Klimastabilität wenig bekannt sind, wird der tropische Regenwald irreversibel zerstört. Trotz des nur rudimentären Verständnisses ist unser Handeln oft so, als ob wir die letzte Generation auf dem Globus wären!

*These III*

Das globale Ziel muß darin bestehen, die Volkswirtschaften der Welt zu einem *industriellen Ökosystem* auszubauen, wobei die Grenzen der globalen Regenerationsfähigkeit beachtet werden müssen. Hieraus folgt, daß das Wohlfahrtsmodell der Triade nicht auf die übrige Welt, also auch nicht auf die Entwicklungsländer, übertragbar ist. Als ersten Schritt zu einem industriellen Ökosystem ist das derzeitige Triade-Dritte-Welt-Ausbeutungsverhältnis zu einer Kooperation auszubauen, um sich daran anschließend zu einer Koevolution als angestrebten Optimalzustand entwickeln zu können.

*These IV*
Beim Aufbau des weltweiten industriellen Ökosystems fällt Europa historisch, geographisch und ökologisch auch aufgrund des Know-hows und der finanziellen Potenz eine besondere Rolle zu. Wettbewerblich bringt das für die europäischen Unternehmen besondere Chancen aber auch besondere Anstrengungen und ein Höchstmaß an ethisch-ökologischer Verantwortung.

These I folgend, bedeutet dies in ökologischer Hinsicht vor allem eine *Abkehr von der anthropozentrischen Sichtweise.* Unter dem ökonomischen Gesichtspunkt ist der *Abschied von der triade-zentristischen Sicht* zu fordern. Gemäß der Thesen II-IV ist der *Aufbau industrieller Ökosysteme* anzustreben, die nach dem Muster aller lebensfähiger Ökosysteme funktionieren (Effizienzregeln, Organisationsprinzipien, Strategien usw.), wobei hierbei ganz besonders die Problematik der These II beachtet werden muß. Letztendlich sollte idealtypischerweise ein *Ring der weltweiten Vernetzung* (vgl. Abbildung 6) im fairen Wettbewerb als Antwort auf das Diktat der Ökologie erreicht werden!

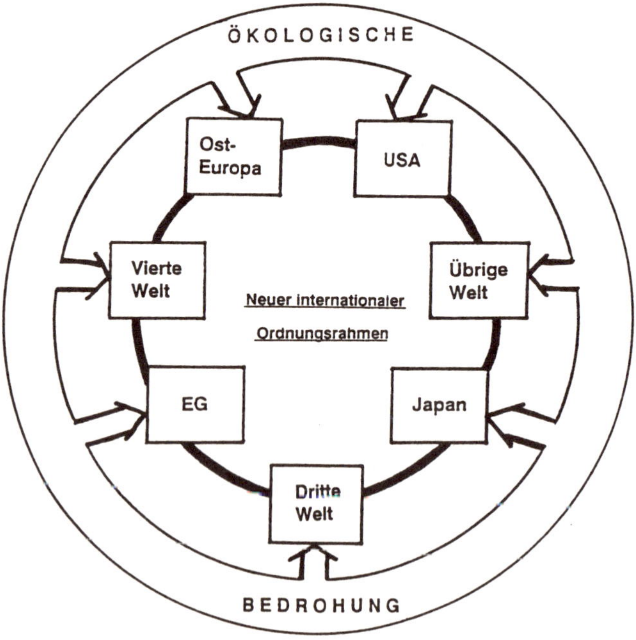


Abbildung 6: Ring weltweiter Vernetzung

## 5.2. Einbeziehung und Mitverantwortung der Entwicklungsländer

In den vergangenen Dezennien der Ausbeutung und Bevormundung der Länder der Dritten und Vierten Welt durch die Triade hat eine finanzielle Unterstützung, auch durch Gelder der Weltbank in Verbindung mit Auflagen des IWF, häufig zu großen Preiserhöhungen für Grundnahrungsmittel und sozialen Aufständen in den Entwicklungsländern geführt.[15] Hieraus entwickelte sich eine tiefe Skepsis gegenüber allen wirtschaftlichen Unterstützungsmaßnahmen der Triade, die diese Finanzhilfe häufig nur aus wirtschaftlichem Egoismus und langfristigem Profitstreben gewährt hat. Zum einen wurden Projekte finanziert, die Rohstoffe förderten, die letztendlich wieder in die Industrieländer exportiert wurden, zum anderen gingen die Gelder für solche international ausgeschriebenen Projekte sofort wieder an Unternehmen der Triade zurück (so wurden 1987 64 Prozent aller Weltbankgelder für Güter und Dienstleistungen außerhalb des Projektlandes ausgegeben).[16]

Um diese Skepsis abzubauen und neues Vertrauen gegenüber der Politik der Industrieländer zu entwickeln, müssen die Länder der Dritten und Vierten Welt *beim Aufbau eines industriellen Ökosystems mit einbezogen* werden und in zu treffenden Entscheidungen *eine paritätische Verantwortung übernehmen.*

Nur so ist gewährleistet, daß die Unterschiedlichkeit in den Subsystemen Triade und Entwicklungsländer im Rahmen des Aufbaus des industriellen Ökosystems optimal genutzt werden kann. Gefordert ist hier *eine Suche nach komparativen Wettbewerbsvorteilen und Entwicklungschancen der Entwicklungsländer, die in einer fairen Weltwirtschaftsordnung genutzt werden können.* Leider sind wir hiervon noch weit entfernt, wie die derzeitigen Handelsbeziehungen zwischen Industrie- und Entwicklungsländern demonstrieren: Waffen, wie z.B. Giftgas und Raketen sowie Pharmaprodukte, die bei uns verboten sind, werden ebenso von der Triade exportiert, wie risikoreiche Großtechnologien (siehe AKW) oder Giftmüll. Speziell am Beispiel des Giftmüllexports, der heute ähnliche Gewinnspannen wie der Drogenhandel ermöglicht, läßt sich das zweifelhafte und rücksichtslose Verhalten der Triade veranschaulichen. Zur

15 Vgl. E.U.v. Weizsäcker, a.a.O., S. 208.

16 Vgl. Bund für Umwelt u. Naturschutz Deutschland e.V. [Hrsg.], Wie Weltbankmacht die Welt krank macht, Köln 1988, S. 141.

Ausnutzung komparativer Kostenvorteile bei der Entsorgung von Sonderabfällen erfolgen Giftmüllexporte nicht nur nach Großbritannien, Frankreich oder Belgien, sondern auch und vor allem in die Entwicklungsländer. Nach Mischung mit anderen Materialien besteht die Möglichkeit, den in der BR Deutschland nicht beseitigungsfähigen Sondermüll als Wirtschaftsgut zu deklarieren und so die Überwachungs- und Ausfuhrbestimmungen des Abfallgesetzes zu umgehen und den Export zu ermöglichen (nach geltendem Recht ist der Export von Sondermüll in der EG illegal). Heizwertreiche Sonderabfälle werden z.B. als Brennstoff, mit Schwermetallen belasteter Klärschlamm als Dünger exportiert. Zwischen 1986 und 1988 lag die Gesamtmenge der Sonderabfälle, die die Entwicklungsländer erhielten, bei mehr als 3 Millionen Tonnen; derzeit beschäftigen sich etwa 150 Unternehmen damit, Giftmüllagerstätten in den Entwicklungsländern auszumachen, wobei als Vermittler hierbei häufig Briefkastenfirmen außerhalb der EG auftreten.

Diese Fakten zeigen sehr eindringlich, daß vor allem die Triade (und nicht die Entwicklungsländer) die Ressourcen der Erde ausbeutet, die Umwelt verschmutzt und die weltweite Kooperation gefährdet. Neben der Suche nach komparativen Vorteilen in den einzelnen Subsystemen des industriellen Ökosystems ist zur *Sicherstellung eines fairen Wettbewerbs die Entschuldung der Entwicklungsländer* notwendig, damit der Zwang zur Devisenbeschaffung und damit die Vernachlässigung der eigenen Versorgung abgebaut wird. Ein genereller Schuldenerlaß, zumindest für die »least developped countries« (LDC), ist heute nicht mehr ganz so schwierig, weil die Gläubiger überwiegend Regierungen und internationale Organisationen mit Regierungseinfluß (z.B. Weltbank) sind. Je nach Möglichkeit ist der Schuldenerlaß an eine *»grüne Konditionalität«* zu knüpfen, wie es beispielsweise der *»Dept-For-Nature-Swap«* vorsieht.[17] Demzufolge werden nur dann Kredite erlassen, wenn gleichzeitig ein Stück Natur geschützt wird. Diese Maßnahmen müssen schließlich eingebettet sein in einen Prozeß der zunehmenden *Demokratisierung* in den Entwicklungsländern einerseits sowie eine strikte *Verhinderung des »Ökologischen Kolonialismus«* durch die Triade andererseits.

---

17 Vgl. E.U.v. Weizsäcker, a.a.O., S. 125-126.

## 5.3. Internationale Handelsordnung und Zahlungsausgleich zwischen den Wirtschaftsräumen

Im Rahmen einer internationalen Handelsordnung als Grundlage der Schaffung eines fairen Wettbewerbs im Sinne der Nutzung komparativer Vorteile ist als Sofortmaßnahme die *strikte Einhaltung der GATT-Vereinbarungen und eine schrittweise umweltfreundliche Interpretation* im Rahmen des GATT (z.B. auf Grundlage des § 6 GATT) unabdingbar. Die *globale Reduzierung tarifärer und nicht-tarifärer Handelshemmnisse*, wie z.B. die Diskriminierungsmaßnahmen gegen Produkte aus den Entwicklungsländern ist hierbei ebenso zu fordern, wie der *Abbau protektionistischer GATT-Bestimmungen*, so daß eine globale Weiterentwicklung in Richtung »mehr Wettbewerb« angestrebt werden kann. Hierzu gehört auch eine *Preisstabilisierung der benötigten Produkte und Rohstoffe* auf einem angemessenen Niveau, um den ökonomischen Erfolg der Entwicklungsländer langfristig zu sichern. Damit ökologische Grundsätze im Rahmen der internationalen Handelsordnung adäquat berücksichtigt werden, sind *ökologische Mindeststandards* für das Wirtschaften in allen Regionen der Welt zu fordern, um so das *»Umwelt- und Sozial-Dumping« zu verhindern.* Im Rahmen dieser Mindestkriterien könnte ein *internationaler Fonds* (in Anlehnung des 1988 auf der Atmosphären-Konferenz in Toronto angeregten Fonds zur Bekämpfung des Treibhauseffekts) für den präventiven Umweltschutz und zur Umweltsanierung ins Leben gerufen werden.

Eingebunden in eine liberale Handelsordnung sollte ein *internationales föderatives System* sein, was Wettbewerbsparität zwischen den einzelnen Ländern garantiert. Hierzu gehört dann auch ein *Finanzausgleich zwischen den Wirtschaftsregionen,* damit extrem unterschiedliche Entwicklungschancen berücksichtigt und ausgeglichen werden können. Der Finanzausgleich müßte durch eine *massive Aufstockung der Entwicklungshilfe* vollzogen werden. Hier ist aber zu beachten, daß die verantwortungsvoll gehandhabte Entwicklungshilfe nicht länger kurzfristige Interessen verfolgt, sondern sich an langfristigen Entwicklungszielen (Bildung, Gesundheit, Sozialhilfe, Infrastruktur, Umweltschutz) orientieren muß.

Schließlich ist aus ökologischen Gründen eine *nachhaltige Nutzung des ökonomischen Kapitals der Entwicklungsländer* (Boden, Wald, Wasser,

Fischreichtum) notwendig, um eine langfristig sinnvolle Entwicklung der Länder der Dritten und Vierten Welt zu ermöglichen und auch ethisch zu vertreten.

Die oft geforderte *Stabilisierung der Rohstoffpreise* - und dies möglichst auf höherem Niveau - wäre jedoch nicht nur für die Entwicklungsländer, sondern auch für den Norden aus langer Sicht von Vorteil: So hat Japan nicht zuletzt aufgrund höherer Energiepreise seine Energieintensität (Verbrauch an Energie je BSP-Einheit) zwischen 1973 und 1985 um 31% von 18,9 auf 13,1 Megajoule pro konstantem Dollar des BSP verringert, während Kanada - mit niedrigeren Energiepreisen - nur eine Verbesserung von 38,3 auf 36,0 geschafft hat und damit noch einen nahezu dreimal so hohen Energieeinsatz für einen Dollar seines BSP benötigt wie Japan. Der »japanische Weg« der Beschränkung des Energieverbrauchs durch künstliche Verteuerung hat die Technologieentwicklung gefördert, die intelligenz-intensive Industrie erlebte ein beispielloses Wachstum zu Lasten der Grundstoff- und Schwerindustrie. Allerdings wurde die Erhöhung der Energieproduktivität auch dadurch erreicht, daß schmutz- und energieintensive Fabrikationen auch in Entwicklungsländer wie Brasilien, Indonesien und Malaysia ausgelagert wurden, die heute einen großen Teil der ökologischen Lasten Japans tragen. Ähnliche Entwicklungen gelten auch für Westeuropa, Nordamerika und die Sowjetunion, die - in dieser Reihenfolge - relativ hohe bis relativ geringe Energiepreise hatten und gleichsam ein relativ hohes bis geringes Wirtschaftswachstum aufzuweisen hatten.

Heute sind die endlichen Ressourcen noch durch ein Preisgefüge gekennzeichnet, das ökologisch nicht die Wahrheit sagt. Eine Verteuerung nicht regenerativer Energiequellen (vor allem über eine Ökosteuer aber auch durch Stabilisierung der Weltmarktpreise für importierte Rohstoffe) würde die Entwicklung umweltschonender Techniken und regenerativer Energiequellen in den Industrieländern vorantreiben. Die Verteuerung der Rohstoffe bildet damit den Ausgangspunkt von Effizienzrevolutionen, die über die Aufdeckung innovatorischer Potentiale die Überlebenschancen aller Völker auf lange Sicht erhöhen.

## 5.4. Weltweiter kooperativer Wettbewerb

Ist der Ausdruck »kooperativer Wettbewerb« nicht ein Widerspruch in sich? Kooperation wird meistens als Abwesenheit wettbewerblicher Verhaltensweisen verstanden und umgekehrt.[18] Dieses Denkschema trifft jedoch nicht den Kern: Wettbewerb wird nämlich einseitig als *Rivalitätsbeziehung* interpretiert, während wir unter Wettbewerbsverhalten die Gesamtheit aller Strategien und Verhaltensmuster verstehen, mit denen (Wirtschafts-) Subjekte ihren Eigennutz verwirklichen und dabei die Wettbewerbsmöglichkeiten anderer nicht beschränken. Die Rivalität ist nicht der alleinige oder entscheidende Faktor, der - wie z.B. Darwin annahm - zu immer weiterer Evolution führt. Sowohl in der Natur als auch in ökonomischen Prozessen gibt es eine Vielzahl von Mustern und Strategien, mit denen Subjekte ihre Ziele verfolgen.[19] Neben der Rivalität gibt es zahlreiche Formen der *Rivalitätsvermeidung* (z.B. Nischenbildung), der *Kooperation* und der *Symbiose*. Theoretische und empirische Untersuchungen zeigten, weshalb ausschließliches Rivalitätsverhalten keine allzu erfolgreiche Überlebensregel ist.[20] Gerade aber weil es vielfältige, intelligente und raffinierte Alternativen zur Rivalität gibt, die durchaus als wettbewerblich gelten können, konnte sowohl in der Biosphäre als auch im sozioökonomischen System eine so immense Komplexität entstehen. Entscheidend ist dabei, daß die *Unterschiedlichkeit der Interessen, Fähigkeiten, technologischen und kulturellen Formen kreativ genutzt* wird.

Was bedeutet das Leitbild des »kooperativen Wettbewerbs« und die Nutzung von Unterschiedlichkeiten für den triadischen Wettbewerb auf globaler Ebene? Zunächst ist es wichtig, sich von der Vorstellung zu lösen, daß die Triade-Länder technisch und ökonomisch in jeder Beziehung allen anderen überlegen sind und die Entwicklungsländer diese »Errungenschaften« nur schrittweise zu übernehmen brauchen. Die extremen ökologischen Fehlentwicklungen belegen, daß diese Sicht völlig an der Realität vorbeigeht: Kooperativer Wettbewerb kann für die Länder der

---

18 Vgl. etwa den Aufsatz von M.J.M. Neumann, Krisen, Kurse und Kartelle. Internationale Wirtschaftspolitik zwischen Kooperation und Wettbewerb, in: FAZ, 1.12.90, S.13.

19 Zum Abschied vom Rivalitätsparadigma in der Biologie (»Kampf ums Dasein«) vgl. G. Stanciu/R. Augros, Die neue Biologie, Bern usw. 1988.

20 Vgl. R. Axelrod, Die Evolution der Kooperation, München 1988.

Dritten und Vierten Welt nur bedeuten, daß diese ihre eigenen Fähigkeiten, ihre ökologischen und kulturellen *Besonderheiten* kreativ nutzen und dabei von den Industrieländern durch günstige Rahmenbedingungen unterstützt werden. Die Entdeckung und Verwirklichung von Besonderheiten ist außerdem wichtig für die Ausbildung und Bewahrung von *Identität.*

Ein Beispiel für komparative ökologische und ökonomische Vorteile gegenüber der Triade ist die *Artenvielfalt des Tropischen Regenwaldes.* Die behutsame Nutzung dieser Artendiversität ist bereits heute ökonomisch sinnvoller als das Abholzen zur kurzfristigen Acker- oder Weidelandgewinnung bzw. Holzexport. Eine Studie des amerikanischen Wissenschaftlers *C.M. Peters vom New York Institute for Economic Botanic* über den peruanischen Urwald kommt zu dem Ergebnis, daß die derzeitige Nutzung als Holzlager ökonomisch unsinnig ist. Das eigentliche Potential bestehe in der Nutzung der Forstnebenprodukte, also einer ökologisch angemessenen Nutzung einzelner Pflanzen und Pflanzenteile, die nur unter Wahrung der komplexen ökologischen Gleichgewichte wachsen können. Die ungeheure Artenvielfalt umfaßt auch zahlreiche Heilpflanzen, die in den westlichen Industrieländern nahezu unbekannt sind, aber z.T. über erstaunliche Eigenschaften verfügen. Beispielsweise enthält das »Rosige Immergrün« (Catharanthus roseus) Wirkstoffe, die die Überlebenschancen leukämiekranker Kinder um bis zu 80% erhöhen können. Zahlreiche ähnliche Beispiele zeigen, daß unter pharmakologischen Aspekten hier ein großes Potential besteht, dessen Nutzung ein Wettbewerbsvorteil für ein Entwicklungsland - in diesem Fall: Peru - darstellt.

## 5.5. Ökologieverträgliches Wohlstandsmodell

Es wurde oben ausgeführt, daß der bisher praktizierte Verschwendungswohlstand auf Dauer nicht haltbar und nicht auf alle Menschen ausdehnbar ist. Wie aber kann ein neues ökologieverträgliches Wohlstandsmodell aussehen?[21]

Zunächst ergeben sich Herausforderungen an die *Gestaltung des Ordnungsrahmens.* Historisch gesehen hat sich die ordnungspolitische Konzeption immer als Reaktion auf bestehende Probleme weiterentwickelt. *Das »soziale Versagen« des Manchester-Kapitalismus führte etwa zur*

21 Vgl. im folgenden E.U.v. Weizsäcker, a.a.O.

*Einrichtung einiger Institutionen zur sozialen Sicherung bis hin zum Konzept der »Sozialen Marktwirtschaft«. In ähnlicher Weise muß aufgrund des »ökologischen Versagens« ein Ordnungsrahmen gefunden werden, der zu einer »ökologisch-sozialen Marktwirtschaft« führt.* Zwar handelt es sich dabei zur Zeit noch um eine Leerformel, unter der meistens nur »Marktwirtschaft plus Umweltpolitik« verstanden wird. Es gibt jedoch einige Grundvoraussetzungen für ein neues Wohlstandsmodell, auf die nicht verzichtet werden kann: Ökologisch relevante Informationen müssen ebenso in Preisen codiert werden können wie ökonomisch-technische Tatbestände. *Die Preise müssen also ökonomisch, sozial und ökologisch die Wahrheit sagen,* damit der wettbewerbliche Such- und Entdeckungsprozeß nicht in falsche Bahnen gelenkt wird.

Abgesehen von der mittlerweile kaum noch fruchtbaren Debatte um die Internalisierung externer Effekte gibt es allerdings keine befriedigenden Erklärungsansätze, wie sich die ökologischen Bedingungen des Wirtschaftens im System der relativen Preise niederschlagen können. »Ökologische Knappheiten« können letztendlich nicht berechnet werden. Knappheiten sind immer auf menschliche Präferenzen bezogen; die Bepreisung von »Umweltgütern« suggeriert lediglich die Möglichkeit, Natur mit Hilfe der Marktlogik begreifen und codieren zu können.[22] Zum gegenwärtigen Zeitpunkt kann man daher nur fordern, daß durch entsprechende Rahmenbedingungen, z.B. durch Verschärfung der Umwelthaftung, aber auch durch ökologisch orientierte Reformen des Steuer- und Abgabensystems Signale gesetzt werden, wobei nicht der »richtige Preis der Umwelt« (z.B. die Höhe einer Öko-Steuer), sondern der *Signalcharakter* das Entscheidende ist.

Ein ökologieverträgliches Wohlstandsmodell setzt aber auch beim einzelnen *Konsumenten* an. Sicherlich kann es keine politische Bevormundung geben, welche Präferenzen aus Umweltgründen gut und welche unberechtigt sind (Ökodiktatur). Auch geht es nicht um die totale *Askese*; *E. U. von Weizsäcker* spricht sogar vom »Luxus im Zeitalter der Umwelt«. Aber der Bewußtseins- und Wertewandel muß zu einem geringeren Stellenwert materieller Bedürfnisse und einer Aufwertung kultureller und sozialer Maßstäbe führen. Nicht nur die Menge und Vielfalt der Konsumgüter,

22 Ein kritischer Überblick über den Stand der Umweltökonomie und deren Grenzen findet sich bei G. Maier-Rigaud, Umweltpolitik in der offenen Gesellschaft, Opladen 1988.

sondern vor allem deren intelligente Nutzung und Schonung der Natur sollte Priorität bekommen. Bei allen Entscheidungen, vor allem auch bei Unternehmensentscheidungen ist nach der Ökologieverträglichkeit zu fragen. Die Umweltverträglichkeit entwickelt sich ohnehin zu einem immer stärkeren Wettbewerbsfaktor, der nicht in erster Linie als Restriktion, sondern als Chance gesehen wird, Wettbewerbsvorteile zu erwirtschaften.[23]

Ein weiterer Aspekt des neuen Wohlstandsmodells betrifft den Umgang mit *Technologien* und ihre Weiterentwicklung. Sie müssen beherrschbar, entwicklungsfähig und kulturell wie ökologisch angepaßt sein. *E. U. von Weizsäcker* nennt einige Kriterien, nach denen bereits vorhandene (umweltbelastende) Technologien, Verfahren und Produkte bewertet werden sollten:[24]

- Ist ein Verzicht möglich?
- Ist ein Ersatz eines umweltgefährdenden Stoffes durch andere Materialien möglich ?
- Ist ein Recycling möglich ?
- Ist eine verantwortbare Herstellung an einem anderen Ort möglich, wo die Energiegewinnung und Emissionen weniger bedenklich sind ?

Die weitere Technik- und Produktentwicklung muß an die Bedingungen eines ökologisch verträglichen Wirtschaftsstils angepaßt sein. Auch dafür nennt v.Weizsäcker einige Kriterien:

- Sauberkeit (emissionsarm bzw. -frei);
- Rohstoffeffizienz (Minimierung des Verbrauchs nicht-regenerierbarer Ressourcen, Recyclierfähigkeit, Langlebigkeit);
- Energieproduktivität;
- ökologisch vertretbare Flächennutzung;
- hohe Informationsintensität;
- Fehlerfreundlichkeit (Minimierung der Gefahr von Großkatastrophen und Kettenreaktionen);[25]
- Eignung für Eigenarbeit, Selbstversorgung.

23 Vgl. U. Steger, Umweltmanagement, Wiesbaden 1988.
24 Vgl. E.U.v. Weizsäcker, a.a.O., S.227, S.229 f.
25 Vgl. Ch. Perrow, Normale Katastrophen, Frankfurt/New York 1987.

Andere Autoren kommen zu ähnlichen Schlüssen.[26] Die Grundidee ist, daß Technologien und Verfahren stets Antworten auf bestimmte Probleme sind - Probleme, die die Biosphäre im Laufe ihrer jahrmilliardenlangen Evolution z.T. ebenfalls beschäftigt hat. Die Natur hat dabei eine enorme Vielzahl äußerst effizienter und intelligenter, dabei aber auch ästhetisch ansprechender Lösungen entwickelt, von denen sich menschliche Ingenieure vieles abschauen können.[27]

Ein neues Wohlstandsmodell ist mit diesen Ausführungen noch nicht annährend beschrieben, aber die Andeutung der großen ordnungspolitischen, kulturell-sozialen und technologischen Herausforderungen mögen an dieser Stelle genügen.

## 5.6. Betriebswirtschaftliches Rechnungswesen in einer ökologieorientierten Wirtschaftsordnung

Aus den Ausführungen wurde deutlich, daß für die Sicherung eines menschenwürdigen Überlebens neben der ökologischen Reform auf der makroökonomischen Ebene eine Einbeziehung ökologischer Aspekte in die Praxis der betriebswirtschaftlichen Unternehmensführung unerläßlich ist. Das betriebliche Rechnungswesen bildet die Grundlage der ökonomischen Betriebsführung. Damit die Ökologisierung der Ökonomie von den Unternehmen praktisch umgesetzt werden kann, muß an dieser Stelle der »ökologische Hebel« angesetzt werden.[28] Ökobilanzen und Produktlinienanalysen stellen erste Ansätze dar, die Eindimensionalität der klassischen Betriebswirtschaft zu überwinden. Mit Hilfe dieser Instrumente könnten die »wahren« Preise ermittelt werden, die über die traditionelle Kalkulation hinaus Aspekte wie die Arbeitsbedingungen der Mitarbeiter, Kosten der Umweltzerstörung, etc. erfassen müßten. Durch die umweltgerechte Unternehmensführung würden die Risiken einer Umwelthaftung in Millionenhöhe (Gefährdung des Unternehmens) reduziert.

Jene Unternehmen, die diese Notwendigkeit zuerst erfassen und innovativ im Betrieb umsetzen, sichern für ihr Unternehmen langfristige

26 Vgl. F. Vester, Neuland des Denkens, München 1984.

27 Dieses »Abschauen« ist Ziel der Bionik, einer Disziplin zwischen *Bio*logie und Tech*nik*; vgl. W. Nachtigall, Konstruktionen. Biologie und Technik, Düsseldorf 1986.

28 Vgl. U. Steger, Umweltmanagement, Wiesbaden 1988.

Marktchancen. Eine glaubwürdige Wahrnehmung der ökologischen Verantwortung schafft Vertrauen bei den Mitarbeitern und in der Gesellschaft. Darin besteht ein wichtiges Element für dauerhaften Geschäftserfolg und in letzter Konsequenz für das Überleben der gesamten Gesellschaft.

## 6. Fazit

Eine gute Basis für eine sinnvolle Entwicklungshilfe, für Kooperation und eine spätere Koevolution ist nur dann gegeben, wenn die Industrieländer in ihrem künftigen Handeln von folgenden Fakten ausgehen und diese auch entsprechend berücksichtigen: *Erstens kann konstatiert werden, daß die Armut der größte Umweltfeind ist. Zweitens muß gesehen werden, daß die Umweltkrise jederzeit von den Entwicklungsländern als Waffe mißbraucht werden kann. Drittens ist ins Kalkül zu ziehen, daß alle Menschen dieser Welt die Lebensqualität der Industrieländer anstreben. Als adäquate Mittel zur Problemlösung dienen vor allem:* Schuldenerlaß, Aufstockung der Entwicklungshilfe (Umschichtung Verteidigungsausgaben/Entwicklungshilfe), Stabilisierung der Rohstoffpreise auf höherem Niveau, umweltschonende Technologien (auf Basis regenerativer Energiequellen, die durch Effizienzrevolutionen vorangetrieben werden) und verantwortungsvolle Unternehmensführung. Diese Entwicklung muß selbstverständlich von einer rahmensetzenden Umweltpolitik, die weder unter den Entwicklungen in Osteuropa noch durch den künftigen EG-Binnenmarkt leiden darf, unterstützt werden.

Außenpolitik wird durch die Umweltproblematik immer mehr zur Innenpolitik. Das erfordert weltweit Souveränitätsverzichte, nicht nur für die Industrieländer, sondern auch für die Entwicklungsländer. Doch die Chancen stehen dann gut, wenn sich die Industrieländer auf neue Weltwirtschaftsbeziehungen sowie im Innern auf ein neues Wohlstandsmodell einlassen. Europa könnte dabei die Rolle des intellektuellen und materiellen Inspirators für und beim Aufbau eines weltweiten industriellen Ökosystems übernehmen. Entscheidungen der Regierungen von Entwicklungsländern sind häufig lediglich Reflexe der Politik der Industrieländer. Es ist also ein Verzicht auf missionarisches Sendungsbewußtsein und auf die Ausübung von Druck auf die Entwicklungsländer geboten. Vielmehr ist ein Abbau der Vormachtsideologie anzustreben. Nur so wird eine Entwicklungsstrategie in Richtung Ressourcenschonung Erfolg haben.

Die Vision *Einsteins* von den Menschen, die im Schatten der Atombombe zu Brüdern werden, hat sich nicht erfüllt. Wird die Angst vor der großen Umweltkatastrophe jene Brüderlichkeit hervorbringen, die die Vernunft allein nicht stiften kann?

## Literaturverzeichnis


Axelrod, R., Die Evolution der Kooperation, München 1988.

Binswanger, H.-Ch. et al., Arbeit ohne Umweltzerstörung, Frankfurt 1983.

Bund für Umwelt und Naturschutz e.V. (Hrsg.), Wie Weltbankmacht die Welt krank macht, Köln 1988.

Ditfurth, H.v., Unfähigkeit zu zählen, in: Natur, Nr.2/1985.

Donnerbauer, R., Energieversorgung steht im Spannungsfeld von Bevölkerungswachstum und Umweltschutz, in: VDI Nachrichten, 14.12.1990, S. 32.

Eichhorn, W., Das magische Neuneck. Umwelt und Sicherheit in der Volkswirtschaft, Frankfurt 1990.

Eickhoff, N. , Strukturkrisenbekämpfung durch Innovation und Kooperation, Tübingen 1982.

IG Metall, Auto, Umwelt und Verkehr, Frankfurt am Main, o.J.

Leipert, C., Sozialproduktskritik, Nettowohlfahrtsmaß und umweltbezogene Rechnungslegung, in: Zeitschrift für Umweltpolitik, Nr.3/1986.

Maier-Rigaud, G., Umweltpolitik in der offenen Gesellschaft, Opladen 1988.

Nachtigall, W., Konstruktionen. Biologie und Technik, Düsseldorf 1986.

Neumann, M.J.M., Krisen, Kurse und Kartelle. Internationale Wirtschaftspolitik zwischen Kooperation und Wettbewerb, in: Frankfurter Allgemeine Zeitung, 1.12.1990.

Ohmae, K., Die Macht der Triade - Die neue Form weltweiten Wettbewerbs, Wiesbaden 1985.

Perrow, Ch., Normale Katastrophen, Frankfurt/New York 1987.

Stanciu, G./Augros, R., Die neue Biologie, Bern u.a. 1988.

Steger, U., Umweltmanagement. Erfahrungen und Instrumente einer umweltorientierten Unternehmensstrategie, Wiesbaden 1988.

Stockholmer Institut für Friedensforschung (SIPRI), Yearbook 1990.

UPI-Instiut Heidelberg, Gesellschaftliche Kosten der Umweltbelastung in der BRD 1989, Bericht Nr. 20/1991.

Vester, F., Neuland des Denkens, München 1984.

Weizsäcker, E.U.v., Erdpolitik. Ökologische Realpolitik an der Schwelle zum Jahrhundert der Umwelt, Darmstadt 1989.

Wicke, L., Die ökologischen Milliarden, München 1986.

*Bert Rürup*

# DEUTSCHLAND 2000: Sozio-ökonomische Perspektiven und Konsequenzen

Prognosen sind immer schwierig, insbesondere wenn sie sich auf die (mittlere) Zukunft beziehen, d.h. einen Zeithorizont von etwa 10 Jahren. Politische Schocks (wie z.B. der Golfkrieg, ein möglicher neuer Ost-West-Konflikt als Folge des Scheiterns der politischen und wirtschaftlichen Liberalisierungsversuche in der UdSSR) oder Strukturbrüche (wie die deutsch-deutsche Vereinigung, die von keinem Analytiker bis Ende des Jahres 1989 antizipiert werden konnte) können jede noch so gut begründete Voraussage sehr schnell zu Makulatur werden lassen.

Desungeachtet soll im folgenden eine derartige Voraussage über die mittelfristigen sozio-ökonomischen Entwicklungsperspektiven der Bundesrepublik Deutschland gewagt werden.

Die politischen Rahmendaten hierbei sind, daß der Golfkrieg in ca. 6 Monaten beendet sein wird, er sich nicht zu einem »arabischen Krieg« ausweitet und es zu keinem flächendeckenden »Abfackeln« der kuweitischen Ölfelder kommt.

Eine weitere Annahme ist, daß es trotz Verstimmungen und Irritationen über Stil und Ziel der Politik Gorbatschows nicht zu einem Aufleben des kalten Krieges bzw. einer Neuauflage des Ost-West-Konfliktes kommen wird.

Eine dritte Annahme und Hoffnung ist, daß der seit langem latent schwelende Nord-Süd-Konflikt sich nicht in militanten Aktionen bzw. staatlich lancierten Terroraktionen hoffnungsloser Entwicklungsländer gegenüber den westlichen Industriestaaten entladen wird.

Unter diesen - nicht als pessimistisch zu bezeichnenden - Annahmen eines relativ stabilen weltpolitischen Milieus wird man davon ausgehen können, daß die sozio-ökonomische Entwicklung Deutschlands in der nächsten Dekade von den folgenden drei Megatrends geprägt sein wird, nämlich

1. den Konsequenzen des sich wandelnden gesellschaftlichen Wertesystems,
2. der von der Internationalisierung und Globalisierung der Märkte ausgehenden gesteigerten Dynamik und
3. den Auswirkungen der Informations- und Kommunikationstechniken als den gesellschaftlichen Schlüsseltechnologien für den Rest dieses Jahrhunderts.

## Ad. 1

Neben einem veränderten ökologischen Bewußtsein ist ein Wandel in der Einstellung zur Arbeit und zur Freizeit zu konstatieren. Galten bis in die 60er Jahre hinein »puritanische Tugenden« wie Fleiß, Pünktlichkeit, Gehorsam und Pflichterfüllung in und bei der Arbeit als »Leitmotive«, so stehen heute und verstärkt in der Zukunft emanzipatorische Kategorien wie Initiative, Verantwortung, Selbstverwirklichung, Ungebundenheit und Eigenständigkeit im Vordergrund. Im wirtschaftlichen Leben wird sich dies in einer verstärkten Suche nach neuen Entfaltungsmöglichkeiten, einer hohen Experimentierfreudigkeit, einer steigenden Individualisierung der Nachfrage sowie nach deutlich wachsenden Service-Informationswünschen niederschlagen und ebenso in einer deutlichen Zunahme des »Erlebnis-Konsums«, sei es in Form von »Kauferlebnissen« beim Erwerb oder in Form von »Konsumerlebnissen« beim Verbrauch, Gebrauch oder bei der gesellschaftlichen Demonstration bzw. Präsentation von »Luxuswaren« bzw. Statussymbolen. Aufgrund der bereits derzeitig erkennbaren Verhaltensänderungen ist nämlich eine Polarisierung des Einkaufsverhaltens hinsichtlich sogenannter

- »low-interest-needs« und
- »high-involvement-wants« zu konstatieren.

Für die erste Kategorie sind technische Funktionstüchtigkeit und Preisgünstigkeit des Produktes wie ein möglichst kurzer Zeitaufwand beim Kaufprozeß entscheidend, und Kauf- und Konsumerlebnisse spielen bei diesen Produkten faktisch keine Rolle.

Die beim Erwerb und Konsum dieser »inferioren« Güter und Leistungen des »low-interest-need-Bereichs« ersparten Geld- und Zeitressourcen werden aber reinvestiert zugunsten der Waren und Leistungen der zweiten Kategorie, die eben zur Befriedigung der »high-involvement-wants« dienen, die typisiert sind durch

- Prestigeeffekt beim Konsum oder Gebrauch und durch
- Kauferlebnisse.

Der derzeit nocht recht seltene »Aldi-Kunde im Kaschmir-Sakko« wird in den nächsten Jahren im Einzelhandel sehr oft gesehen werden.

Wichtig ist in diesem Zusammenhang auch, daß die nächsten 10 bis 15 Jahre mit großer Wahrscheinlichkeit die »goldenen Jahre« der Bundesrepublik Deutschland sein werden. Denn in den nächsten 10 bis 15 Jahren werden die geburtenstarken Jahrgänge der »Babyboom-Zeiten« der Jahre vor 1970 Schulen und Universitäten durchlaufen haben, und einer leicht steigenden Erwerbsbevölkerung wird eine in den nächsten 15 Jahren kaum wachsende Anzahl von Rentnern und eine schrumpfende Zahl von Kindern gegenüberstehen. D.h. die Zahl der von der Erwerbsbevölkerung zu ernährenden »unproduktiven« Konsumenten, »die demographische Soziallast«, wird leicht rückläufig sein und ein gesteigerter intergenerativer Umverteilungsbedarf bzw. eine Verschlechterung des Verhältnisses von Beitragszahlern und Leistungsempfängern innerhalb unserer Sozialversicherungssysteme besteht nicht, zumal mit Sicherheit davon auszugehen ist, daß die Erwerbsquote der Frauen weiter ansteigen wird.

»Golden« werden die nächsten Jahre aber auch noch aus folgenden Gründen sein:

- Die Erwerbsbevölkerung der nächsten 10 bis 15 Jahre wird man als die zweite Generation der Nachkriegserben bezeichnen können.
- Die Zahl der Doppelverdienerhaushalte wird zunehmen und über einen relevanten Anteil der Deutschen wird sich eine Woge des

ererbten Geldvermögens »ergießen«. Im letzten Jahr flossen den privaten Haushalten bereits etwa 130 Milliarden DM Erträgnisse aus dem gesamtwirtschaftlichen Geldvermögen zu und allein aus Lebensversicherungen etwa 38 Milliarden DM.

- Die in den »Nachwirtschaftswunder-Jahren«, d.h. in den 60er Jahren, abgeschlossenen Lebensversicherungen werden im nächsten Jahrzehnt fällig. Es wird erwartet, daß in den nächsten 10 Jahren ca. 1000 Mrd. DM an Geldvermögen und - in Preisen von 1988 - 700 Mrd. DM an Immobilienvermögen vererbt werden.

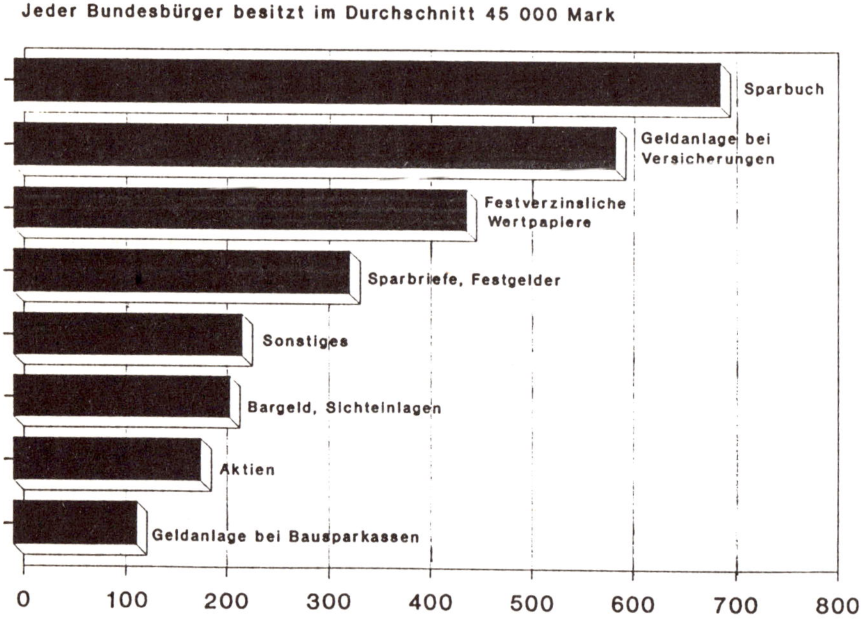


Abbildung 1: Geldvermögen 1989 auf 2805 Milliarden DM gewachsen

Quelle: Bundesverband deutscher Banken

Dies alles wird dazu führen, daß die Konsum- und Anlagemöglichkeiten sehr vieler bundesdeutscher Haushalte im nächsten Jahrzehnt deutlich zunehmen werden.

Das wachsende Mißtrauen gegenüber der Stabilität und Solidarität der gesetzlichen Rentenversicherung dürfte allerdings dazu führen, daß relevante Anteile dieser »Geldwoge« zur Verbesserung der Altersversorgung verwandt werden, insofern werden die nächsten 10 bis 15 Jahre mit einer Wahrscheinlichkeit »platinerne« für die Versicherungen und Banken werden.

Die Idee des Umweltschutzes wird im verstärkten Maße das Bewußtsein nicht nur der jüngeren Generation prägen, eine »Technikfeindlichkeit« ist weniger, wohl eher aber eine Art »Chemiefeindlichkeit« zu erwarten.

Einen beachtlichen gesellschaftspolitischen Sprengsatz könnte - sofern nicht schnellstens die entsprechenden einwanderungspolitischen und infrastrukturpolitischen Maßnahmen ergriffen werden - auch die zu erwartende Einwanderungswelle darstellen.

Die UdSSR ist dabei, sich als Weltmacht und damit als weltpolitischer Ordnungsfaktor zu verabschieden und die zaghaften und konzeptlosen wirtschaftspolitischen Reformmaßnahmen werden die ökonomische Misere in der UdSSR - aber auch die in Polen, Rumänien oder Bulgarien - nicht lösen und damit der Bevölkerung auch keine positive valide Entscheidungsperspektive bieten können. Die Folgen davon werden - da nunmehr alle Grenzen offen sind - mit großer Wahrscheinlichkeit »Westwanderungen« in bislang noch nicht gekannten Größenordnungen sein.

## Ad. 2

Vor dem Hintergrund der deutsch-deutschen Vereinigung, des in den nächsten Jahren realisierten europäischen Binnenmarktes, eines wohl nicht geringer werdenden, sondern eher wachsenden Handelsprotektionismus der Vereinigten Staaten und angesichts eines ungebrochenen Expansionsdrangs der »jungen Tiger« (Singapur, Südkorea, Hong Kong, Taiwan und neuerdings auch Thailand und Vietnam) ist eine weitere Verschärfung der internationalen Konkurrenzsituation sicher voraussagbar.
Diese Intensivierung und Globalisierung der Konkurrenz wird neben

- einer Forcierung des Verdrängungs-
- und Qualitätswettbewerbs
- kürzeren Produktlebenszyklen-kürzeren Innovationszeiten
- zunehmenden Produktvarianten, d.h. breiteren Produktpaletten und Diversifizierungen

- sinkenden Losgrößen
- kurzfristigerer Lieferfähigkeit
- komplexere und höherwertigere Produkte

zur Folge haben.

Der gemeinsame Binnenmarkt und die »Öffung des Ostens« wird auf dem Gebiet Deutschlands neben einer weiteren Stärkung der bisherigen »Wachstumszentren«

- eine Revitalisierung des Ruhrgebiets
- einen Aufstieg Niederbayerns und
- eine gesteigerte Wachstumnsdynamik für Hamburg

mit sich bringen.

Verborgen hinter gesamtwirtschaftlichen Durchschnittswerten hat sich Norditalien (das Gebiet um Mailand) in den letzten Jahren zu der dynamischsten Wachstumszone Westeuropas herausgebildet - das Pro-Kopf-Einkommen dort liegt mittlerweile über dem der Schweiz - und es ist zu erwarten, daß auch in den nächsten 10 Jahren die »erweiterte Lombardei« die europäische Wachstumsregion sein wird.

| Branche | Mögliche Auswirkungen in der gesamten EG | Mögliche Auswirungen in der BR Deutschland |
|---|---|---|
| Industriebereich | | |
| - Fahrzeugbau | + | + |
| - Maschinenbau | o/+ | + |
| - Elektrotechnik | -/+ | + |
| davon: | | |
| Telekommunikation | - | - |
| - Chemie | o/+ | o/+ |
| davon: | | |
| Pharmaindustrie | | |
| - kleine bis | - | - |
| - große Unternehmen | + | + |
| - Textil und Bekleidung | o | o |
| Dienstleistungsbereich | | |
| - Banken | -/+ | |
| - davon Hypothekenbanken und Bausparkassen | | - |
| - Sparkassen und Kreditgenossenschaften | | o |
| - große Geschäftsbanken | | + |
| - Versicherungen | -/+ | -/+ |
| - Straßengüterverkehr | + | -/o |
| Baugewerbe | | |
| - davon ortsgebundene Unternehmen | o | o |
| - große bzw. sprezialisierte Unternehmen | + | + |

Auswirkungen: + positiv, o neutral (oder gering), - negativ

Abbildung 2: Erwartete Auswirkungen des EG-Binnenmarktes auf einzelne Branchen

Quelle: Kröner, H.Fournier, G.: Ökonomische Auswirkungen des Binnenmarktes: Gesamtwirtschaftliche, regionale und sektorale Wirkungen; in: Böhme, H./Peressin, A. (Hrsg.): Sozialraum Europa: Die soziale Dimension des europäischen Binnenmarktes, Frankfurt 1990, S. 49.

Japan wird in Zukunft aufgrund der derzeitigen tiefgreifenden Reinigungskrise seines Finanzsystems - die japanische Geldmaschine, die Immobilienspekulationen und die sehr günstigen Refinanzierungsmöglichkeiten der japanischen Banken ist in Stottern geraten - nicht mehr in dem Maße wie dies in den letzten Jahren der Fall war, als »Käufer von Marblin« auftreten, sondern sich wieder verstärkt seines leistungsfähigen Produktionsapparates bei der »Eroberung von Märkten« bedienen.

**Konkurrenten um Längen abgehängt**

Acht Jahre braucht Nippons Newcomer, um die Top-Ten-Liste der größten Banken zu beherrschen

1981

| Rang | Bank | Land | Aktiva (in Mrd. Dol.) |
|---|---|---|---|
| 1 | Bank Amerika Corp. | USA | 115,5 |
| 2 | Citicorp | USA | 112,7 |
| 3 | Banque Nationale de Paris | FRA | 106,7 |
| 4 | Crédit Agricole | FRA | 97,7 |
| 5 | Crédit Lyonnale | FRA | 93,7 |
| 6 | Barclays Bank | UK | 93,0 |
| 7 | Société Générale | FRA | 86,8 |
| 8 | Dal-Ichi Kangye Bank | JAP | 85,4 |
| 9 | Deutsche Bank | GER | 84,4 |
| 10 | National Westminster Bank | UK | 82,6 |

1989

| Rang | Bank | Land | Aktiva (in Mrd. Dol.) |
|---|---|---|---|
| 1 | Dal-Ichi Kangye Bank | JAP | 405,9 |
| 2 | Mitsul Taiyo Kobe | JAP | 378,7 |
| 3 | Sumitomo Bank | JAP | 370,5 |
| 4 | Fuji Bank | JAP | 364,8 |
| 5 | Mitsubishi Bank | JAP | 362,3 |
| 6 | Sanwa Bank | JAP | 355,9 |
| 7 | Industrial Bank of Japan | JAP | 248,7 |
| 8 | Crédit Agricole | FRA | 241,9 |
| 9 | Banque Nationale de Paris | FRA | 231,4 |
| 10 | Citicorp | USA | 230,6 |

Abbildung 3: Konkurrenten um Längen abgehängt

Quelle: Manager Magazin 9/90

Die Bundesrepublik Deutschland ist ein ausgesprochenes Hochlohnland und hat die weltweit kürzesten Arbeitszeiten und ist gleichzeitig aber im internationalen Wettbewerb überaus leistungsfähig.

| Arbeitskosten in der Verarbeitenden Industrie 1989 [1) ] - in DM - | | | |
|---|---|---|---|
| Land | Arbeitskosten je Stunde insgesamt | davon | |
| | | Direktentgelt | Personalzusatzkosten |
| BR Deutschland | 35,74 | 19,29 | 16,45 |
| Schweiz | 34,45 | 22,89 | 11,56 |
| Schweden | 34,41 | 19,54 | 14,87 |
| Norwegen | 31,98 | 21,21 | 10,77 |
| Japan | 29,68 | 22,92 | 6,76 |
| Niederlande | 29,05 | 16,23 | 12,82 |
| Kanada | 29,00 | 21,48 | 7,52 |
| Dänemark | 28,81 | 23,40 | 5,41 |
| Italien | 28,72 | 14,29 | 14,43 |
| Belgien | 28,40 | 15,51 | 12,89 |
| USA | 27,09 | 19,70 | 7,39 |
| Luxemburg | 26,58 | 17,90 | 8,68 |
| Österreich | 26,56 | 13,62 | 12,94 |
| Australien | 24,61 | 16,97 | 7,64 |
| Großbritannien | 24,14 | 16,88 | 7,26 |
| Frankreich | 24,05 | 12,89 | 11,19 |
| Spanien | 20,11 | 12,61 | 7,50 |
| Irland | 19,50 | 13,59 | 5,51 |
| Griechenland | 10,45 | 6,35 | 4,10 |
| Türkei [2)] | 8,01 | 2,88 | 5,13 |
| Portugal | 6,47 | 3,76 | 2,71 |

1) Weibliche und männliche Arbeiter je geleistete Stunde. Zum Teil vorläufige Zahlen, Umrechnung: Jahresdurchschnitt der amtlichen Devisenkurse

2) Nur Metallbereich

Abbildung 4: Arbeitskosten in der verarbeitenden Industrie 1989

Tarifliche Arbeitszeit in Stunden für Industriearbeiter

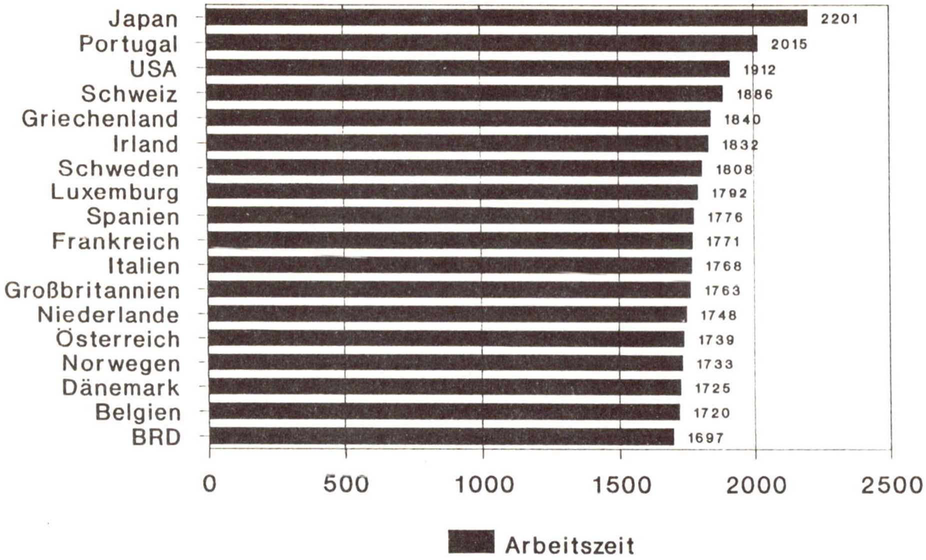


(Stand Ende 1988)

Abbildung 5: Das jährliche Arbeitspensum

Und wenngleich die deutschen Leistungsbilanzüberschüsse mit Sicherheit als Folge rezessiver Tendenzen in wichtigen Abnehmerländern und vor allem infolge der sehr hohen Absorption in den neuen Ländern deutlich zurückgehen werden, ist dies kein Indiz für eine nachlassende internationale Wettbewerbsfähigkeit. Von den fundamentalen Produktionsstrukturen ist Deutschland unverändert »kerngesund«. Ein Kriterium dafür ist der hohe und steigende Exportanteil an forschungsintensiven Waren, einer Produktgruppe bei der Japan von Deutschland 1987 - hinter dem Rücken der Öffentlichkeit - überholt wurde.

Forschungsintensive Waren werden definiert: Spitzentechnologien (= Hochtechnologien) sind Güter, bei denen der F+E Aufwand mehr als 8 % des Umsatzes beträgt. Bei hochwertigen Technologien liegt der F+E Aufwand über dem Durchschnitt des produzierenden Gewerbes. Von den Exporten der Bundesrepublik Deutschland machten in den letzten Jahren die forschungsintensiven Waren ca. 54 % aus; wovon ca. 43 % der hochwertigen Technologie und ca. 11 % dem Hochtechnologiebereich zuzuordnen sind.

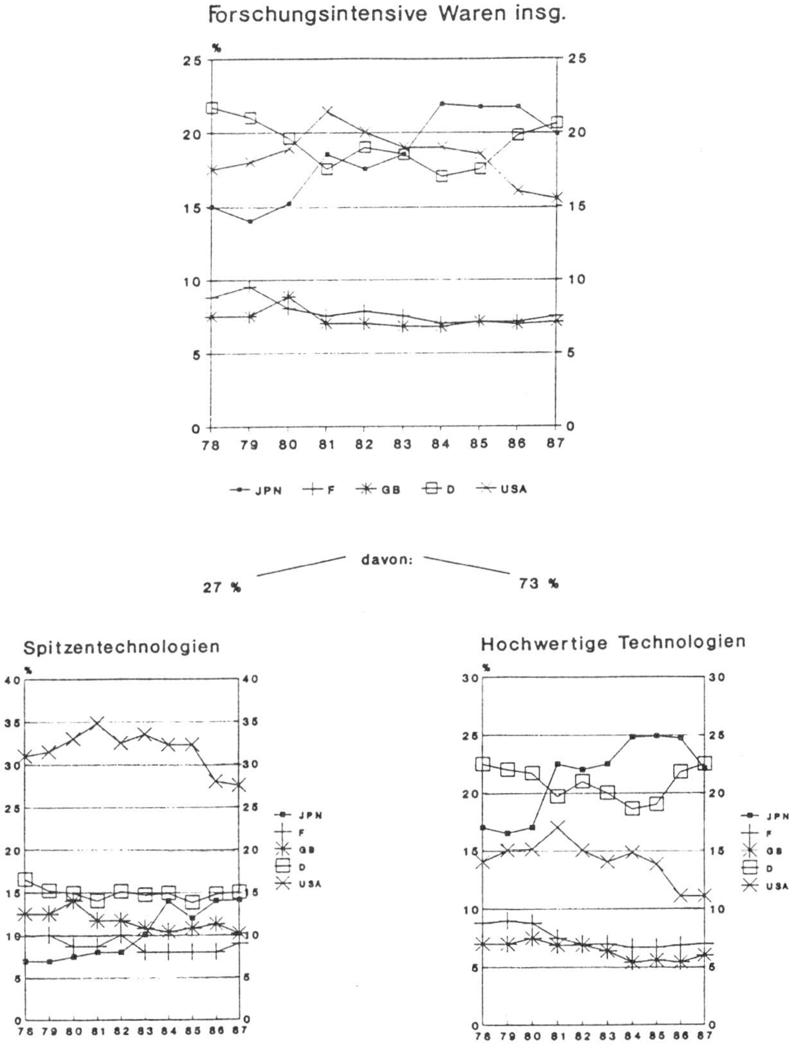


Abbildung 6: Welthandelsanteile

Quelle: ISI/NIW

Ursache dieser wirtschaftlichen Stärke der Bundesrepublik ist eine erfolgreich betriebene hochproduktivitätsorientierte Industriepolitik, sprich Ausfluß des Bemühens um produkt- und prozeßinnovativen technischen Fortschritt. Folge dieser Bemühungen ist es, daß z.B. trotz der deutschen Spitzenposition bei den Arbeitskosten die »Arbeitskosten bezogen auf 1000 Einheiten Bruttosozialprodukt« in keinem Staat der europäischen Gemeinschaft niedriger als in Deutschland sind.

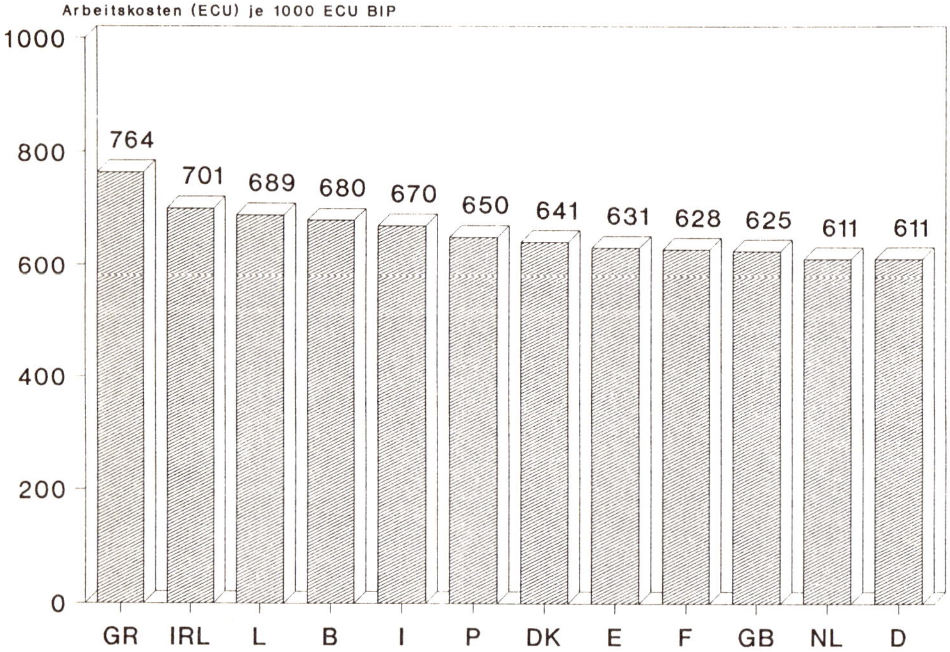


Abbildung 7: Arbeitskosten und Produktivität in den Ländern der EG 1989

Quelle: IAB-Kurzbericht VII/6-WE, 05/89.

Da die industrielle Basis der Bundesrepublik Deutschland derzeit als äußerst »gesund« und leistungsfähig anzusehen ist, kann man mit großer Sicherheit davon ausgehen, daß Deutschland ein eindeutiger Gewinner der wirtschaftlichen europäischen Integrationsbemühungen sein wird.

Als einen »ökonomischen Glücksfall« wird man ferner die deutsch-deutsche Vereinigung ansehen können. Denn die gegenwärtig anlaufende wirtschaftliche Modernisierung und Sanierung der ehemaligen DDR, die für die nächsten 10 Jahre ein Investitionsvolumen von ca. 120 Mrd. pro Jahr erfordern dürfte, bedeutet insbesondere für die westdeutsche Wirtschaft ein nachhaltiges wachstums- und beschäftigungspolitisches Programm. Aus diesem Grunde gehen - trotz des »vereinigungsbedingten« hohen und für die nächsten Jahre hochbleibenden Zinsniveaus sowie - auch und gerade, um den Kapitalmarkt zu entlasten - dringend erforderlicher Steuererhöhungen - derzeit alle Wirtschaftsprognostiker davon aus, daß der Zusammenschluß beider Deutschlands für die nächsten 10 Jahre ein zusätzliches wirtschaftliches Wachstum von ca. 0,7 % p.a. initiieren wird. Ungeachtet dieser Wachstumsimpulse ist mit großer Wahrscheinlichkeit zu befürchten, daß die »fünf neuen Länder« - von einigen wenigen Wachstumspolen (z.B. Leipzig, Jena, Chemnitz) und Wohlstandsinseln - noch viele Jahre das Mezzogiorno Deutschlands bleiben werden.

| Branche | Wahrscheinliche Auswirkungen in der BRD | Wahrscheinliche Auswirkungen in der DDR |
|---|---|---|
| Industriebereich | | |
| - Fahrzeugbau | + | - |
| - Maschinenbau | + | + (*) |
| - Elektrotechnik davon: | + | + (*) |
| Telekommunikation | + | |
| - Chemie davon: | + | + (**) |
| Pharmaindustrie | | |
| - kleine bis | + | - |
| - große Unternehmen | + | - |
| - Textil und Bekleidung | + | - |
| Dienstleistungsbereich | | |
| - Banken | | |
| - davon Hypothekenbanken und Bausparkassen | + | |
| - Sparkassen und Kredit-genossenschaften | o | o/+ |
| - große Geschäftsbanken | + | |
| - Versicherungen | + | |
| - Straßengüterverkehr | + | o/+ |
| Baugewerbe | | |
| - davon ortsgebundene Unternehmen | + | + (***) |
| - große bzw. sprezialisierte Unternehmen | + | o |

Auswirkungen: + positiv, o neutral (oder gering), - negativ

() ungewiß, hängt stark von politischen Entscheidungen ab

* hängt davon ab, ob die Schuldenlast der DDR-Betriebe sozialisiert werden oder nicht

** als Produktionsstätte: hängt davon ab, ob die Altlasten der DDR-Betriebe vom Staat übernommen werden

*** hängt davon ab, ob die DDR- Gemeinden und -Länder schnell genug ihre finanziellen Grundlagen sichern werden

Abbildung 8: Erwartete Auswirkungen der wirtschaftlichen Integration von Bundesrepublik und DDR auf einzelne Branchen

Vor dem Hintergrund einer sicher voraussagbaren

- Verschärfung der internationalen Konkurrenz
- Verkürzung der individuellen Arbeitszeit und
- einer steigenden Kapitalintensität der Produktion wird es aus Gründen der betriebswirtschaftlichen Rationalität hinsichtlich Arbeitsorganisation und Arbeitszeit zu einer verstärkten
- Flexibilisierung von Arbeitszeit und Arbeitsorganisation
- Segmentierung der Belegschaften und
- Externalisierung von Arbeitsplätzen

kommen.

Steigende Kapitalintensität und trendmäßig sich weiter verkürzende individuelle Arbeitszeiten erfordern aus betriebswirtschaftlichen Gründen eine weitgehende Entkoppelung der individuellen Arbeitszeiten von den (sich verlängernden) Betriebslaufzeiten.

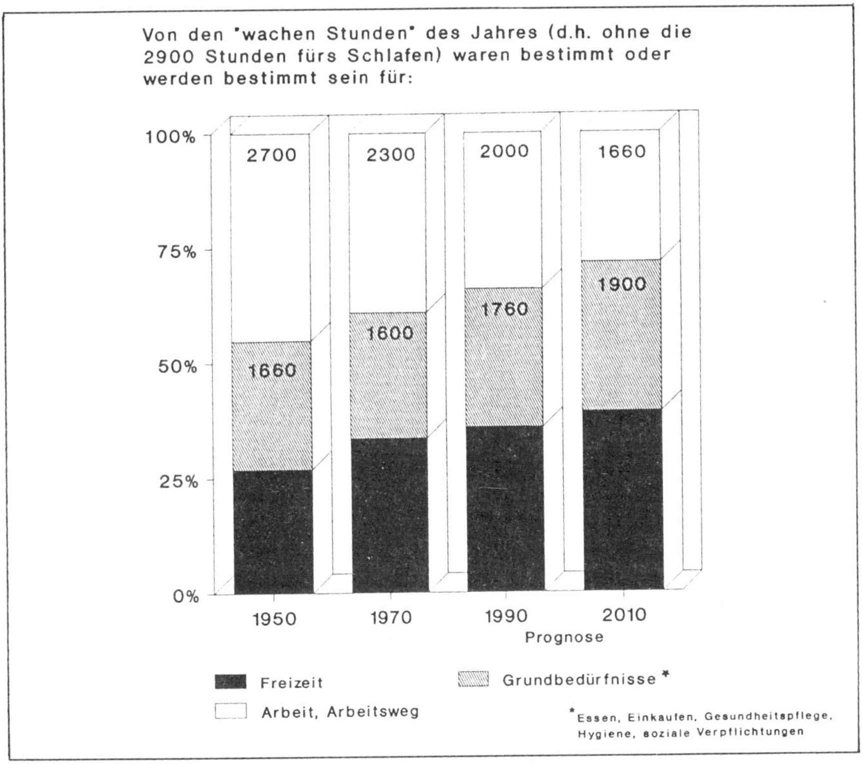


Abbildung 9: Der Weg zur Freizeitgesellschaft

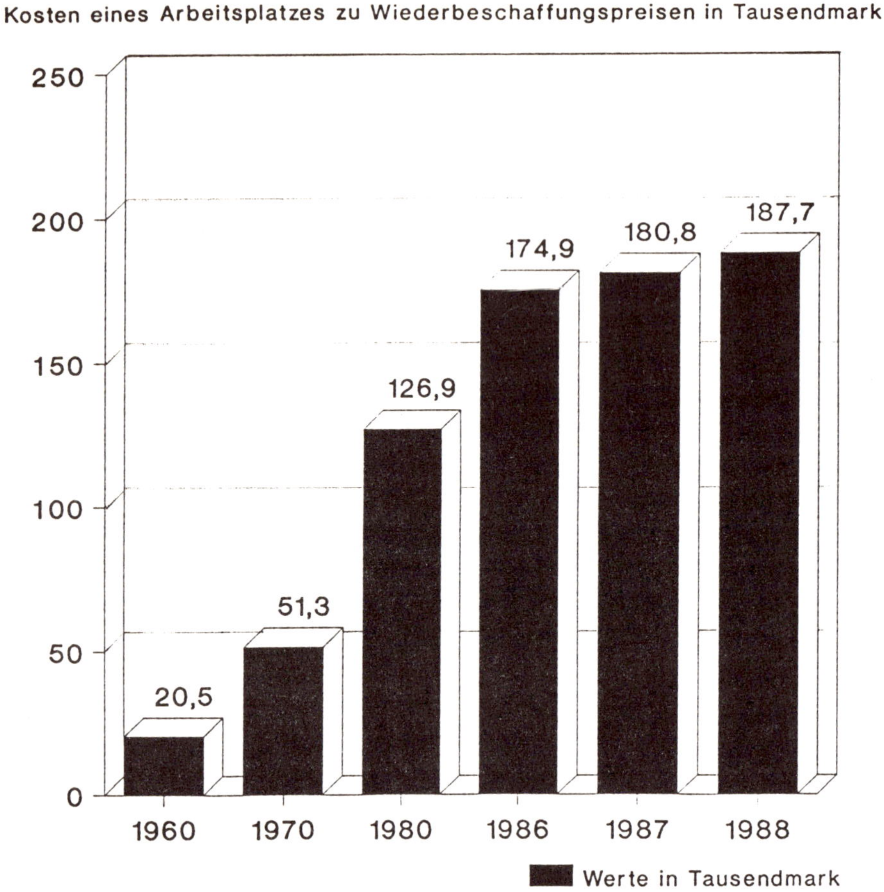


Abbildung 10: Kosten eines Arbeitsplatzes

Das Arbeiten in zwei und drei Schichten wird ebenso zunehmen wie der Einbezug des Samstags in die Betriebslaufzeiten.

Arbeitszeiten wie bei IBM in Stuttgart oder beim »Modell der schwingenden Woche« à la BMW Regensburg wird die Zukunft gehören, da sich nur so - unter der Voraussetzung der Absetzbarkeit der Produkte - Arbeitszeitverkürzung und Kapitalintensivierung unter »einen Hut« bringen lassen können.

Modelle der Schichteinteilung bei BMW in Regensburg:

- zwei Arbeitsplätze für drei Mitarbeiter, die abwechselnd an beiden eingesetzt werden;
- wöchentlich vier Arbeitstage mit je neun Arbeitsstunden (= 36 Stunden-Woche)

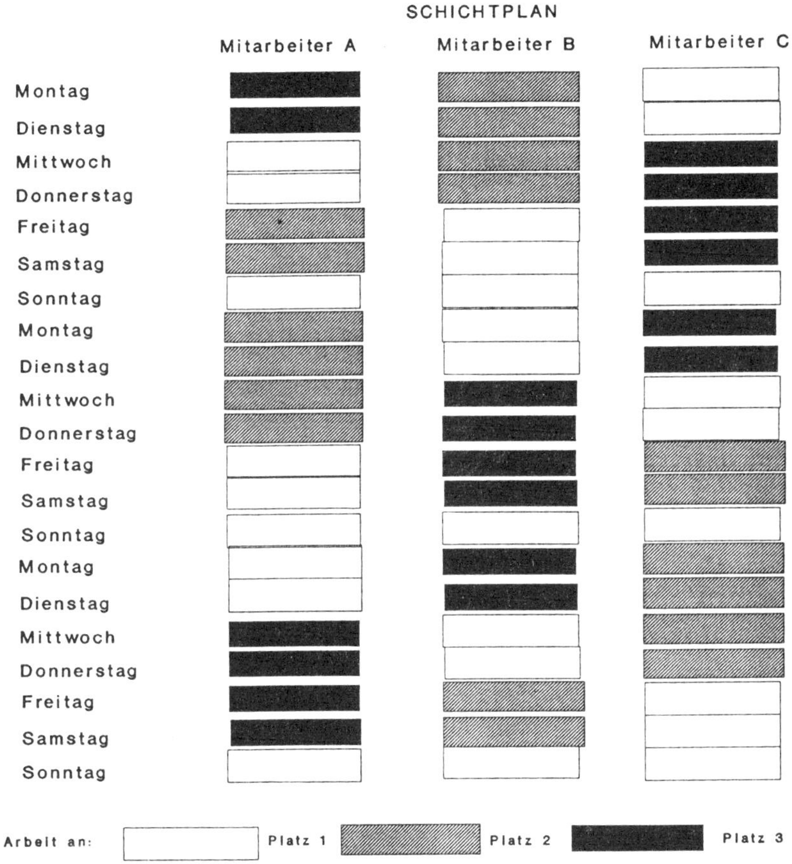


Abbildung 11: »Schwingende Woche«

Quelle: DER SPIEGEL

Ferner wird es - nach japanischem Vorbild - zu einer verstärkten Segmentierung der Betriebsbelegschaften kommen, und man wird in Zukunft die Arbeitnehmer weniger in Arbeiter und Angestellte, also statusbezogen, zu differenzieren haben. Es wird sich hier eine Spaltung zwischen einer fest angestellten, firmenspezifischen Stammbelegschaft und einer zahlenmäßig schwankenden, nach Maßgabe der jeweiligen Beschäftigungslage situativ rekrutierten Randbelegschaft herausbilden.

Um den Kern einer hoch qualifizierten, hoch dotierten und quasi lebenslang angestellten Stammarbeitnehmerschaft wird sich eine fluktuierende, einer Politik des »Heuern und Feuern« ausgesetzte sowie niedriger und enger qualifizierte Randbelegschaft gruppieren, deren Rekrutierung unmittelbar von den Marktchancen des Unternehmens bzw. den Änderungen der jeweiligen ökonomischen Situation abhängt. Diese Randbelegschaften werden die Träger des beschäftigungspolitischen Risikos sein.

Typische Berufsfelder der Stammbelegschaften, die zwischen 15 und 20 % der Gesamtbelegschaften ausmachen dürften - und von denen nicht zuletzt aufgrund der hervorragenden Bezahlung und des Umstandes, daß ihnen sehr gute Karrierechancen eröffnet sind, eine sehr hohe Betriebsloyalität erwartet wird -, sind neben Managern, Konstrukteuren, Technikern, auch und gerade hochqualifizierte Facharbeiter, Verkaufs- und Qualitätskontrollspezialisten sowie viele auf CA-Arbeitsplätzen beschäftigte Arbeitnehmer.

Während bei diesen Stammbelegschaften »Normalarbeitsverhältnisse« (unbefristeter Arbeitsvertrag, kontinuierliche Beschäftigung während 4 oder 5 Tagen pro Woche à 36-40 Stunden) die Regel sind, sind viele Arbeitnehmer der Randbelegschaft in Teilzeitbeschäftigungsverhältnissen oder aufgrund befristeter Arbeitsverhältnisse angestellt (N.B: die jüngsten Tarifverträge sehen im übrigen alle vor, daß die vereinbarten Arbeitszeitverkürzungen nicht für alle Arbeitnehmer gelten; zwischen 12 und 17 % der Belegschaft sind vertragsgemäß davon ausgenommen. Ca. 60 % der in den letzten 2 Jahren geschaffenen gut 2 Millionen zusätzlichen Arbeitsplätze fallen bereits auf derartige »unordentliche« Arbeitsverhältnisse). Generell kann man sagen, daß die Arbeitsbedingungen hinsichtlich Entlohnung, Qualifikation, Arbeitsplatzsicherheit und Status vom Kern zur Peripherie hin abnehmen und sich in diesem Bereich die bereits jetzt erkennbare Erosion des Normalarbeitsverhältnisses verschärfen wird.

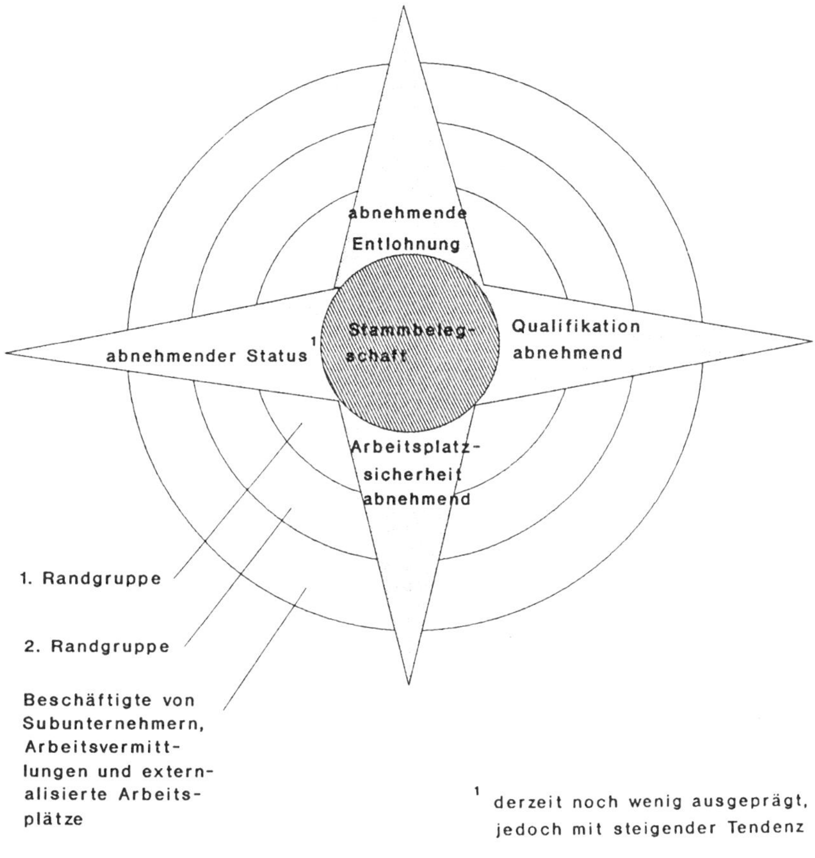


Abbildung 12: Arbeitnehmerdifferenzierung mit abnehmenden Arbeitsbedingungen hinsichtlich Entlohnung, Qualifikation, Anstellungssicherheit und Status

Wichtige Aspekte in diesem Kontext sind neben der Entkoppelung von Arbeits- und Betriebslaufzeiten die Flexibilisierung der Produktion, die Dezentralisierung und die Abflachung von Hierarchien zugunsten kleinerer Einheiten mit bisher nicht für möglich gehaltenen Effizienzsteigerungen.
Die in Japan kreierte Konzeption des Lean-Managements - schlecht übersetzt: »Mager-Management« - wird bald weltweite Verbreitung finden (müssen). Die Idee besteht darin, jeden unnötigen Einsatz von Arbeit und

Ressourcen zu vermeiden und flexibel zu arbeiten. Der Produktionsprozeß soll entschlackt werden: daher »Lean-Management«. Die Effekte sind beachtlich:

Eine durchschnittliche Autofabrik eines europäischen Massenproduzenten wie VW, Fiat oder Renault braucht derzeit mehr als 35 Arbeitsstunden, um einen Wagen zu montieren, eine durchschnittliche amerikanische Fabrik benötigt 25 Stunden; ein japanisches Werk weniger als 17.

Bei Mercedes werden nur um einen bereits montierten Wagen herzurichten fast 20 Arbeitstunden benötigt. In dieser Zeit ist es Toyota möglich, eine Limousine komplett fertigzustellen.

Für den Erfolg dieses Konzepts spielt insbesondere die Kommunikation unter den Mitarbeitern eine entscheidende Rolle: Über gezielte Personalrotationen sollen Fehlplanungen vermieden und ein dichter Informationsaustausch der Abteilung gewährleistet werden. So geben beispielsweise bei Toyota neueingestellte Ingenieure ihren »Einstand« als Fließbandarbeiter, und Führungskräfte werden in Managerpositionen von Zulieferern eingesetzt, um den gegenseitigen Informationsstand zu erhöhen. Kunden und potentielle Käufer werden regelmäßig von Firmenvertretern visitiert, da man glaubt, daß es billiger ist, potentielle Abnehmer selbst nach ihren Wünschen zu fragen, als teure Marktuntersuchungen anzustellen bzw. über Werbekampagnen die potentiellen Verbraucher zu »konditionieren«.

Die durch Wettbewerbsdruck und kapitalintensive Fertigung bedingten Bemühungen werden zu einer deutlich beschleunigten »Externalisierung« von Arbeitsplätzen führen. Diese dritte Flexibilisierungskomponente besteht einmal in einer Verringerung der Produktionstiefe, d.h. der Auslagerung bestimmter Fertigungen bzw. Unternehmensfunktionen auf formal selbständige Subunternehmen. So wird von führenden Automobilherstellern angestrebt, den Eigenfertigungsanteil von derzeit 35 - 40 % auf unter 25 % zu senken. Mit einer derartigen Externalisierung von Arbeitsplätzen bzw. einer Abflachung der Produktionstiefe eröffnet sich ein weites Feld risikobehafteter Chancen für mittelständische Zuliefer- und Servicebetriebe (s.u.).

Eine weitere, in der Bundesrepublik bislang noch recht wenig verbreitete Variante der Externalisierung stellt die »Telearbeit« dar. In dem Maße, in dem zukünftig das Bearbeiten und Verarbeiten von Informationen zunimmt und eine hinreichende telekommunikative Infrastruktur vorhanden ist, wird die Durchführung derartiger Arbeiten »ortsungebunden«

und kann - in aller Regel - von formal Selbständigen zu Hause in der eigenen Wohnung oder von Angestellten in Satelliten- oder Nachbarschaftsbüros oder gar an alternierenden Arbeitsplätzen durchgeführt werden.

Erste Erfahrungen mit dieser Telearbeit liegen bereits im Bereich des Soft-ware-Designing, der Versicherungswirtschaft, der Anlageberatung und Konstruktionsaufgaben sowie bei Buchungs-, Schreib- und Übersetzungsarbeiten vor.

Zum gegenwärtigen Zeitpunkt ist diese »Telearbeit« ambivalent zu bewerten; auf der einen Seite schafft sie neue Berufs- und Beschäftigungschancen insbesondere für bislang benachteiligte Gruppen, wie Behinderte oder Frauen mit Kindern, zudem erhöht sie die Zeitsouveränität der »Arbeitnehmer«. Auf der anderen Seite kann diese neue Form der Selbständigkeit zur Selbstausbeutung und zum Entstehen eines »Selbständigenproletariats« ohne adäquaten Sozialversicherungsschutz führen.

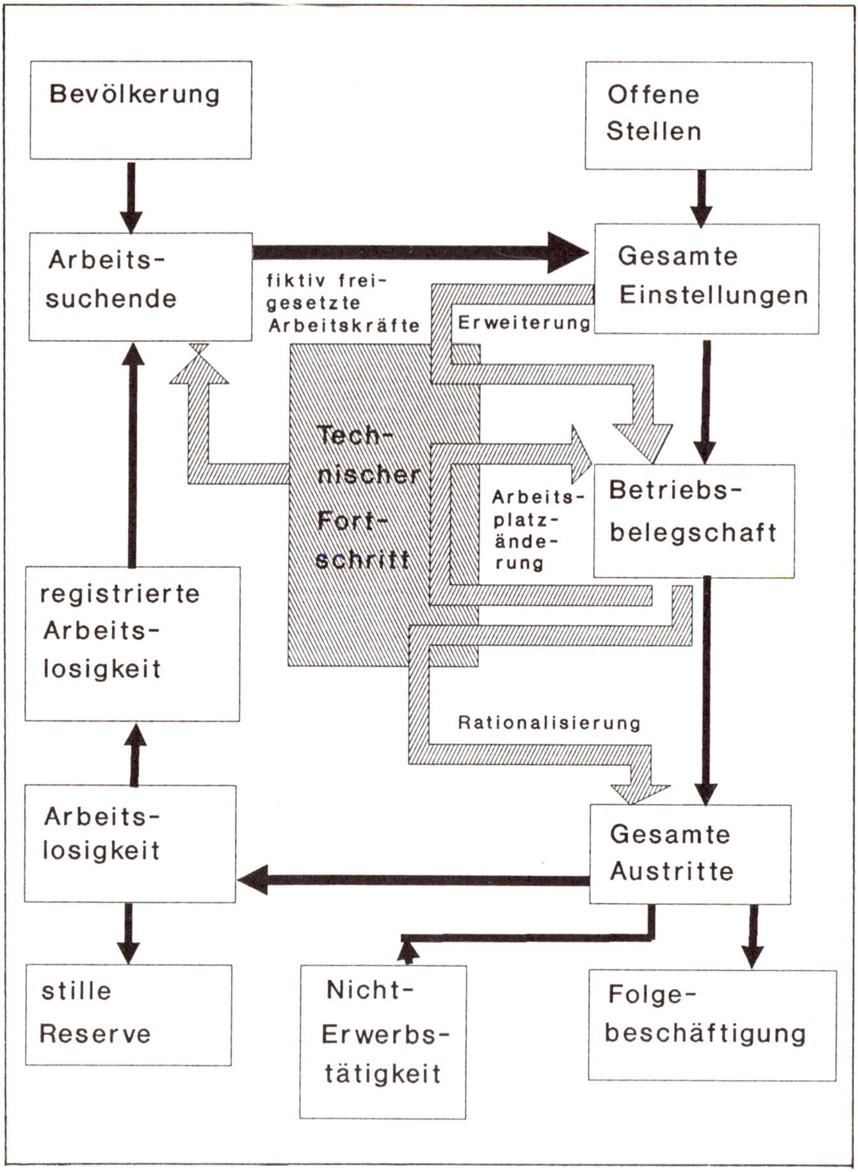


Abbildung 13: Informationstechnik bestimmt den Arbeitsmarkt: Technischer Fortschritt (bislang) kein gesamtwirtschaftlicher Job-Killer.

Im Zusammenhang mit den Rationalisierungsbemühungen bzw. den Anstrengungen hinsichtlich einer forcierten Implementation des technologischen Fortschritts ist es wichtig darauf hinzuweisen, daß die derzeitige (glücklicherweise bei uns leicht zurückgehende) Massenarbeitslosigkeit nur zu einem verschwindend geringen Teil die Folge technologisch bedingter Freisetzungs bzw. Rationalisierungsmaßnahmen ist.
Die Implementation neuer Technologien hat zwar immer

- Freisetzungseffekte aber auch
- Arbeitsplatzmodifikationen und
- die Einrichtung neuer Arbeitsplätze zur Folge.

Es besteht aber eine gewisse »Wahrnehmungsasymmetrie« dergestalt, daß die Freisetzungseffekte eines neuen Fertigungs- oder Verwaltungsverfahrens immer unmittelbar ins Auge springen und um so schärfer gesehen werden, je näher man an die einzelne Kostenstelle herangeht (Beispiel: Kassiererin - Scanner-Systeme). Die regelmäßig auch mit der Implementation verbundenen Kompensationseffekte sowohl bei Anwendern und Herstellern, d.h. die arbeitsplatzschaffenden Effekte werden in aller Regel nicht so scharf gesehen, da sie

- immer in einer anderen Abteilung,
- oft zu einer anderen Zeit und/oder
- vielfach bei einem anderen Unternehmen anfallen.

Die intellektuelle Redlichkeit gebietet es aber, wenn man über die beschäftigungsmäßigen Konsequenzen des technischen Wandels spricht, den zweifellos vorhandenen Freisetzungseffekten diese zwar diffuseren, aber gleichwohl ebenfalls vorhandenen beschäftigungsstimulierenden Wirkungen gegenzurechnen. Bislang - dies wird man bei einer vorsichtigen Abschätzung sagen können - überwogen noch - gesamtwirtschaftlich - die Kompensationseffekte.

Dies besagt nicht, daß es nicht technologisch bedingte Arbeitslose gibt, aber genau wie es diese gibt, gibt es technologisch bedingte zusätzliche Beschäftigte. Hinzu kommt, daß es zwei - zumindest gedanklich zu trennende - Dimensionen des technischen Fortschritts gibt:

Einmal den prozeßinnovativen technischen Fortschritt, der darin besteht, ein altes Produkt oder eine alte Dienstleistung kostengünstiger zu erstellen. Rationalisierungsmaßnahmen stellen in aller Regel Prozeßinnovationen dar.

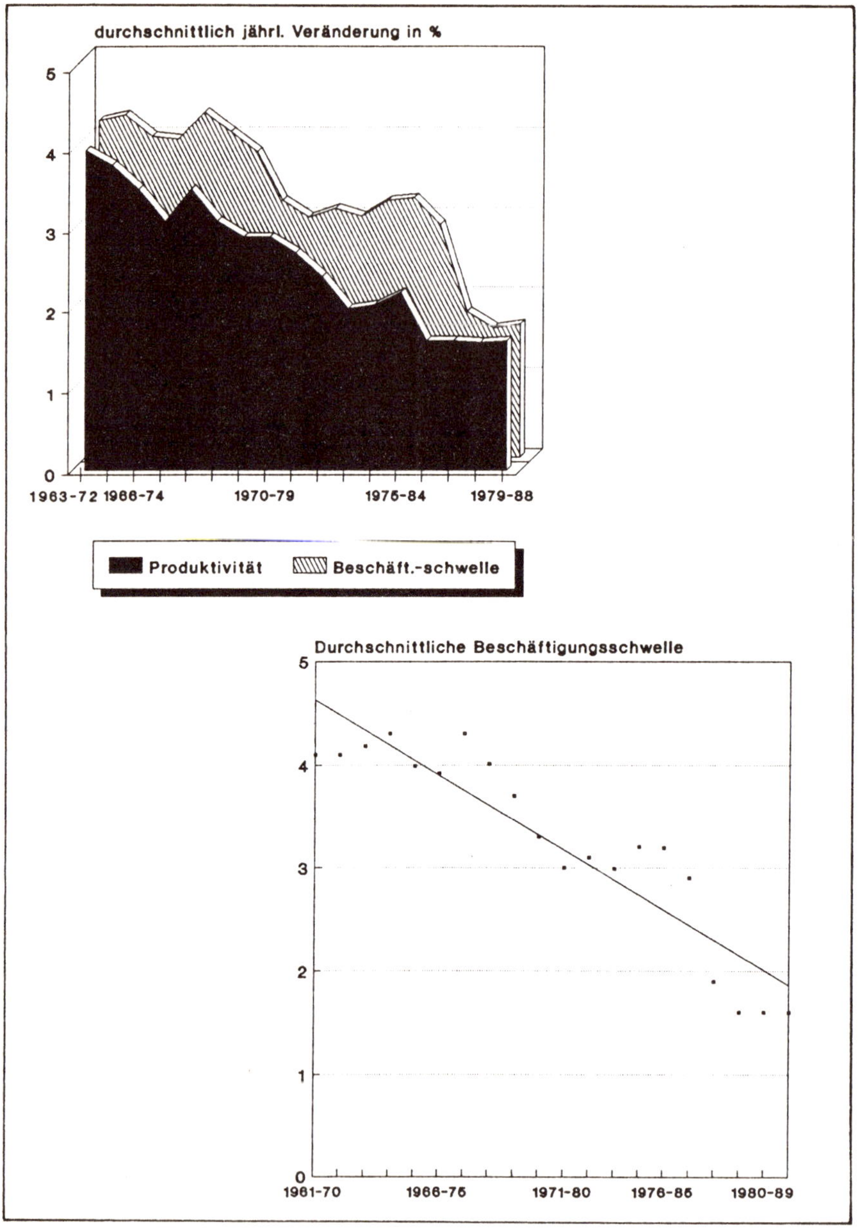


Abbildung 14: Beschäftigungsschwelle - Produktivität

Neben diesen Prozeßinnovationen, denen zweifellos ein beschäftigungspolitisches Gefährdungspotential innewohnt, gibt es den produktinnovativen technischen Fortschritt, d.h. die Kreation neuer Güter und neuer Dienstleistungen. Neue Güter und neue Dienstleistungen sind nun allerdings immer beschäftigungsstimulierend, sie schaffen neue Bedürfnisse und lassen neue Märkte entstehen, und sie wirken somit Sättigungstendenzen auf »alten Märkten« entgegen.

Je höher das produktinnovative Moment des technologischen Wandels ist, desto geringer ist sein beschäftigungsmäßiges Gefährdungspotential.

Ein Beleg dafür, daß bislang bei uns der technische Fortschritt als Prozeßinnovation kein »Jobkiller« war, dokumentiert sich im übrigen darin, daß die »Beschäftigungsschwelle« in den letzten Jahren regelmäßig gesunken ist.

Gesamtwirtschaftlich kann es nämlich immer nur dann zu Freisetzungseffekten aufgrund des technischen Fortschritts kommen, wenn sich die »Produktivitäts-Produktions-Schere« öffnet.

Steigt z.B. die Arbeitsprodukvität als wichtige Kennziffer des technischen Fortschritts um 5 % an und gleichzeitig der Absatz eines Betriebes oder auf gesamtwirtschaftlicher Ebene das Bruttosozialprodukt ebenfalls um 5 %, dann gehen von dieser technologiebedingten Erhöhung der Arbeitsproduktivität keine Freisetzungseffekte aus. Liegt dagegen das Wirtschaftswachstum oder die Umsatzentwicklung unter der Zunahme der Arbeitsproduktivität, dann öffnet sich die Produktivitäts-Produktions-Schere, und es kommt zu Freisetzungen. Ein Blick in die Empirie zeigt, daß wir einen rückläufigen Trend der Produktivitätszuwächse zu konstatieren haben und daß vom Öffnen dieser Produktivitäts-Produktions-Schere keine Rede sein kann. Das Gegenteil ist der Fall. Während in den 50er und 60er Jahren in Anbetracht der damaligen Arbeitsproduktivitätsfortschritte ein Wirtschaftswachstum von 4-5 % erforderlich war, um Freisetzungseffekte zu kompensieren, liegt die »Beschäftigungsschwelle« heute bei ca. 2 %. Ein Wirtschaftswachstum, welches über dieser Marge liegt, führt zu einer wachsenden Beschäftigung.

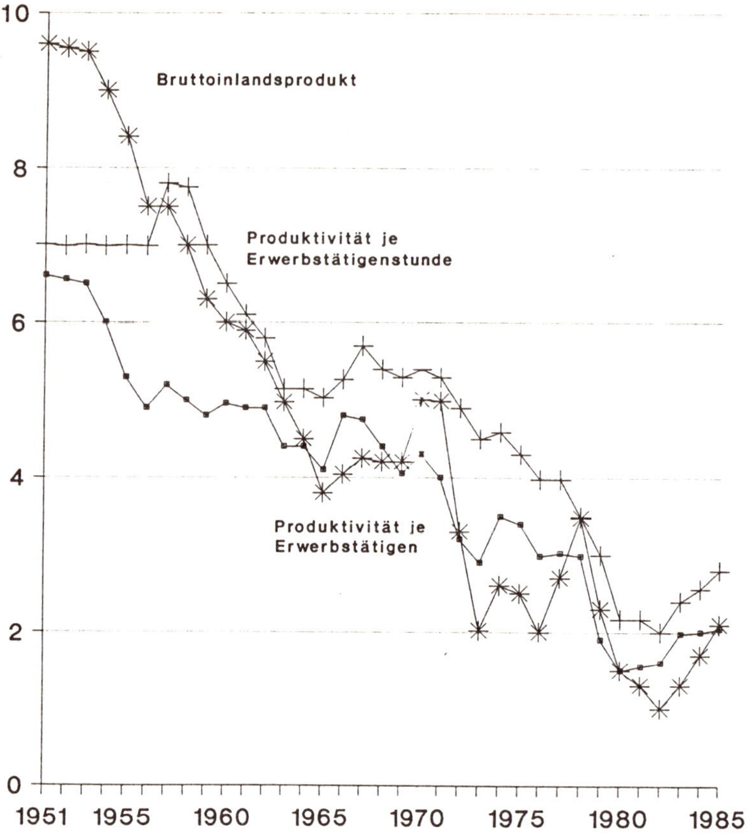


Abbildung 15: Entwicklung des Bruottinlandproduktes und der gesamtwirtschaftlichen Arbeitsproduktivität 1951 - 1987. Gleitende 5-Jahresdurchschnitte der Zuwachsraten in %.

Quelle: IAB - VII/I

Diese Zusammenhänge sind für die arbeitslose Kassiererin oder dcn freigesetzten Drucker ziemlich irrelevant, für eine gesamtwirtschaftliche Analyse gleichwohl wichtig, denn sie zeigen, daß die neuen Technologien nicht nur Arbeitsplätze vernichten, sondern auch welche schaffen. Allerdings werden die geschaffenen Arbeitsplätze Anforderungen an den potentiellen Stelleninhaber aufweisen, denen das Qualifikationsprofil der freigesetzten in aller Regel nicht entspricht.

## Ad. 4

### I. Produkt- und Prozeßinnovationen

Da die bisherigen einschlägigen Voraussagen des Battelle-Instituts ein außerordentlich hohes Maß an Treffsicherheit hatten, spricht vieles dafür, die jüngsten Voraussagen eben dieses Instituts hinsichtlich der wichtigsten technologischen Entwicklungslinien der nächsten 10 Jahre als valide anzusehen:

**Die zehn wichtigsten Schlüsseltechnologien der 90er Jahre**

- o CIM (Computer Integrated Manufacturing) inkl. Robotik
- o Neue Meß- und Analyseverfahren; Sensorik
- o Sprach-, Bild- und Mustererkennung
- o Expertensysteme
- o Telekommunikation (u.a. Nachrichtensatelliten)
- o Bürokommunikationssysteme
- o Bio- Verfahrenstechnik (fermentative und enzymatische Prozesse)
- o Umweltsanierungstechnologien
- o Laseranwendungen
- o Verbundwerkstoffe

Abbildung 16: Die zehn wichtigsten Schlüsseltechnologien der 90er Jahre

Quelle: Battelle Europe

Vor dem Hintergrund dieser technologischen Entwicklungslinien zeichnen sich als »neue« Produkte bzw. Produktinnovationen der 90er Jahre ab:

- leistungsfähige Halbleiter- und Bauelemente und verbesserte Automaten zur Herstellung und zur Prüfung mikroelektronischer Komponenten
- keramische Werkstoffe auch und gerade in Verbindung mit Metallen
- Weiterentwicklung der Sensortechnik und damit weitere Automatisierungschancen
- Anwendung der Lasertechnik insbesondere in der Meß-, Steuer- und Regeltechnik
- Laser als Werkzeuge
- gen- bzw. biotechnologisch inspirierte, kreierte bzw. konstruierte Produkte bzw. Elemente insbesondere für den Bereich der Medizintechnik
- Pflanzenschutzmittel
- Elektrizitätsverteilungs-, Signal- und Überwachungssysteme
- Farb-, Kunststoff- und Fasersynthese
- Bausanierung im allgemeinen und Betonsanierung im besonderen.

Rechnergestützte Produktions- und Verwaltungstechniken, Expertensysteme, Bürokommunikationssysteme, Mustererkennung etc. werden in den nächsten Jahren zu einem flächendeckenden Durchbruch gelangen.
Diese Befunde dürften im Unternehmensbereich dazu führen, daß

- die Bedeutung der Beschäftigten in den eher kleinstrukturierten Dienstleistungsunternehmen relativ zunehmen wird und
- die Entwicklung in den einzelnen Industrie- und Wirtschaftsbereichen sehr differenziert laufen werden, d.h. es werden Konzentrationstendenzen einschließlich Geschäftsübernahme durch Konkurrenten neben Ausgliederungen und Neugründungen stattfinden;
- tendenziell werden Einflußfaktoren an Bedeutung gewinnen, die eher kleine und mittlere Unternehmen begünstigen (Innovationsfähigkeit, Reaktionsgeschwindigkeit). Diesen wirken jedoch von Seiten der Märkte gegenläufige Tendenzen entgegen,

weil die Radien auf den Beschaffungs- und Absatzmärkten erheblich größer werden, als sie zur Zeit schon sind. Die Importquoten nehmen weiter zu. Internationale Kooperationsmuster werden sich entwickeln.

- Neben der Entwicklung der Unternehmen nach Zahl, Größe und Branche ist aber auch die Veränderung der inneren Strukturen der Unternehmen entscheidend. Hier wird die Informationstechnik zusammen mit den veränderten Inhalten der Produktion (mehr Dienstleistungen, mehr Systeme) zu einer nachhaltigen Änderung der Führungssituation führen.

Diese Trends und die Veränderungen des sozio-ökonomischen Umfelds von Unternehmen stellen sich nicht nur als (qualitativ) neuartige Herausforderungen an die Unternehmen dar, sondern bieten, wie schon in der Vergangenheit, auch neue Chancen. Diese können aber viel besser mit flexiblen Systemen genutzt werden und so ist es unstrittig, daß die klassischen - durch Starrheit, standardisierte Vereinheitlichungen, Formalisierungen, Subordination und Binnenorientierung gekennzeichneten Organsiationsstrukturen zunehmend dysfunktional werden. Leider bieten weder die Organisationslehre noch die Unternehmenspraxis ein zukunftsorientiertes Organisationsparadigma geschweige denn ein geschlossenes Zukunftsmodell an.

Angesichts dieses Theoriedefizits können an dieser Stelle nur einige wenige Möglichkeiten aufgezeigt werden, mit denen die Unternehmen auf die o.g. Trends bzw. sich wandelnden Rahmenbedingungen reagieren können bzw. sollten:

*(1) Dezentralisierung und gutes Informationsmanagement*

Eine der herausragenden Folgen moderner Technik liegt in der Möglichkeit zur Dezentralisierung, welche gewissermaßen durch den PC symbolisiert wird. Die Vernetzung, der große Technikschub der kommenden Jahre, wird diese vielen dezentralen Einheiten untereinander fast unbeschränkt kommunikationsfähig machen, dadurch wird die Kontrolle zentraler, die Entscheidungen werden dezentraler und das Wissen sowie die Information breiter gestreut werden. Das Unternehmen sollte diese technische Möglichkeit zur vernetzten Dezentralisierung nutzen, da mehrere selbständig operierende Organisationseinheiten viel mehr unternehmerische Begabung und Verantwortung entfalten können, als dies bei einem zentralistischen Modell der Fall wäre, und damit auf die komplexer werdenden Märkte und die veränderten gesellschaftlichen Werte reagieren. Wesentlich für das Funktionieren eines eher dezentralisierten Unternehmen ist ein reibungsloser Informationsfluß, der sicherstellt, daß zumindest die Firmenziele und -politik dem mittleren Management und deren Mitarbeitern bekannt sind.

Gutes Informationsmanagement gewinnt somit in den Unternehmen immer mehr an Bedeutung,

- da zum einen die Lohn- und Materialkosten in ihren Prozentsätzen der Wertschöpfung an Bedeutung verlieren, während die Intelligenz des Unternehmens gewinnt.
- Zum zweiten schrumpfen die Hierarchien im Unternehmen drastisch durch Eliminierung der Schichten, die nur Informationen gesammelt, aufbereitet und weitergegeben haben.
- Zum dritten erfordert die Internationalisierung des Wettbewerbs, daß das Unternehmen in Zukunft rund um die Uhr erreichbar und ggf. aktionsfähig ist.

Daraus folgen auch Veränderungen in der (zukünftigen) Qualifikationsstruktur. Es wird in vielen Bereichen der Unternehmung und in fast allen Berufen eine informatorische Grundausbildung notwendig sein. Informationsmanagement wird für zukünftige Führungskräfte zur Standardaufgabe. Sie sollten in der Lage sein, neue Nutzungspotentiale der Informations- und Kommunikationstechnologie zu erkennen und zu implementieren. Außerdem müssen sie die - in vielen Unternehmenskulturen vorhandene - Kluft zwischen den Informationstechnologiespezialisten und anderen Mitarbeitern überbrücken.

Die Verbesserung des Informationsflusses im Unternehmen und zu seinem weltweiten Umfeld kann jedoch auch zu einem information overload führen. Bestand früher ein typisches Problem für Führungskräfte darin, Entscheidungen auf einer mangelhaften bzw. unzureichenden Informationsgrundlage zu treffen, werden sie in Zukunft die Schwierigkeit haben, die unzähligen Informationen sinnvoll zu selektieren.

*(2) Überwindung des »Not-invented-here«-Denkens und montagefreundliches und simultanes Konstruieren*

Zu den Strategien der kommenden Jahre zählt sicherlich auch die Überwindung des »Not-invented-here«-Denkens in der Entwicklung und Produktion, besonders der Einsatz extern entwickelter Module. Durch deren Einsatz können (F&E-)Kosten eingespart und die Entwicklungen verkürzt werden. da viele Module von Spezialisten schneller entwickelt werden können bzw. schon entwickelt wurden. So hat sich in der Automobilbranche eine neue Art Zulieferer, die sog. Super-Supplier, herausgebildet. Sie sind einerseits Auftrags- und Entwicklungsnehmer und andererseits Hersteller von ganzen Montagemodulen, in denen vor allem auch Teile anderer Zulieferer integriert sind, und sie übernehmen für die Module die (Funktions-)Garantie.

Die zukünftige Produktionskonstruktion muß sich auch mit den Anforderungen der Produktionsfreundlichkeit (»Design for Manufacturability«) auseinandersetzen. Es gilt immer stärker bei den Konstruktionen auf Fertigungs-Fit zu achten und Schrauben und andere Verbindungselemente weitestgehend zu eliminieren (Montagefreundlichkeit). Am meisten Zeit wird jedoch zukünftig schon in der Produktionsentwicklung durch Simultaneous Engineering eingespart werden. Es wird dabei angestrebt, die Trennung zwischen Konstruktionsabteilung, Fertigungsablauf- und Anlagenplanung aufzuheben, d.h. die Arbeiten nicht hintereinander, sondern gleichzeitig zu leisten, um schneller am Markt zu sein. Das bedeutet neben der informatorischen Vernetzung (als Basis) auch, bereits konstruierte Module wiederholt einzusetzen und technische Zeichnungen nicht bis ins Detail auszuführen.

*(3) Schaffung höherer Flexibilität*

Diese Forderung gilt ganz allgemein. Heute noch übliche starre Muster und uniforme Verhaltensweisen können richtige Antworten in stabilen Situationen sein. Da aber Gesellschaft und Wirtschaft in einem stetigen Wandel begriffen sind, ebenso wie die Lebensstile der Kunden und Mitarbeiter, muß die Unternehmung flexibel darauf reagieren (können). Die Forderung nach höherer Flexibilität betrifft sowohl die gesetzlichen Rahmenbedingungen als auch die Strukturen in den Unternehmen selbst.

Sachlich und zeitlich flexibel sollte die gesamte Faktorkombination, also der Produktionsprozeß, die Anlagen und die Werkzeuge, die Arbeitskräfte, die Arbeitszeiten, die Entgelte für Kapital (Zinsen), Arbeit (Löhne und Gehälter) und öffentliche Leistungen bzw. Infrastruktur (Steuern) sein.

Dazu bedarf es sicherlich in starkem Maße zumindest flexibler Organisationen und nicht zu vergessen auch eine Flexibilität ermöglichende Technologie bzw. Technik.

*(4) Verbesserung der Corporate Identity und Optimierung der Beziehungen zu den Lieferanten.*

Für den Erfolg eines Unternehmens wird zukünftig auch der Mannschaftsgeist der Mitarbeiter einen notwendigen Faktor darstellen, um im Wettbewerb zu bestehen. In der Managementlehre wird dieser Sachverhalt mit Begriffen wie Unternehmenskultur oder Corporate Identity belegt. Damit wird auf zwei deutlich erkennbare Managementdefizite der Vergangenheit reagiert:

- Ein Defizit liegt bzw. lag an der Schnittstelle zwischen den Unternehmen und ihrer Umwelt,
- das zweite im inneren Gefüge der Unternehmen selbst.

Nach außen ist der Erfolg eines Unternehmens nicht nur von der meßbaren Qualität und dem Preis seiner Produkte abhängig, sondern auch vom firmenspezifischen Erscheinungsbild. Dieses kann sympathisch oder weniger sympathisch mit deutlich wahrnehmbaren Eigenschaften und einem spezifischen Stil sein. Dieses Image wird bei den Lieferanten, Kunden, bei den Behörden, den Mitarbeitern und den Mitbewohnern an den Standorten wahrgenommen.

Mit dieser emotionalen Qualität wird es mehr oder weniger erfolgreich beim Vertrieb, aber auch bei der Anwerbung von neuen Mitarbeitern und Führungskräften sein. Sie trägt auch wesentlich zur Motivation der Mitarbeiter bei.

Wesentlichen Einfluß auf den Unternehmenserfolg wird in Zukunft auch die Zusammenarbeit mit Zulieferern haben, gerade bei extern entwickelten Modulen. Dies beinhaltet, daß Informationen und langfristige Zielsetzungen mit ihnen besprochen werden. Außerdem müssen Entwicklungen gemeinsam vorangetrieben und die Mitarbeiter der Zulieferer wie eigenes Personal geschult werden. Damit wird auch das Gefühl von einer langfristigen Beziehung vermittelt. Ein solches Engagement erfordert natürlich andererseits vor Geschäftsaufnahme mit dem Zulieferer, diesen mit der Angebotsabgabe bezüglich seiner qualitativen Fähigkeiten zu testen, seine Produktionsverfahren und seine Kalkulation so weit wie möglich zu überprüfen.

*(5) Förderung eines Intrapreneurings*

Intrapreneuring gilt insbesondere für große, stark bürokratisierte Unternehmen, da in diesen die Entscheidungswege zu lang geworden sind und damit die Absicherung einer Entscheidung nach innen wichtiger wird für den Erfolg eines Managers als eine (mutige) innovatorische Antwort auf die Herausforderung des Marktes. Um die Motivation, die Einsatzfreude, die Eigenverantwortung und damit die Identifikation und Innovation zu fördern, gilt es, diese organisatorischen Fesseln zu lösen. Sei es durch Verkauf an eigene Mitarbeiter mit oder ohne Franchising System, über eine Beteiligung leitender Manager oder nur einer organisatorischen Verselbständigung einer Gruppe oder Einheit.

Nach diesen unternehmensbezogenen Konsequenzen ist es erforderlich, auch einen Blick auf die Arbeitswelt 2000, d.h. die individuellen Auswirkungen zu werfen. Das Beherrschen der Eingabe- und Ausgabetechniken des Computers wird am Ende dieses Jahrtausends zu einer dem Lesen und Schreiben oder Autofahren vergleichbaren Zivilisationstechnik geworden sein. Und es wird kaum noch ein Berufsbild geben, welches nicht gewisse Grundkenntnisse im Umgang mit programmgesteuerten Arbeitsmitteln und höheren Qualifikationen verlangt.

| Tätigkeitsgruppe nach PROGNOS | Bestand 1980 in 1000 | Zunahme/Abnahme in % | Veränderungen 1980/2000 nach der mittleren Variante |
|---|---|---|---|
| **Tätigkeitsgruppen mit Beschäftigungszunahme (mehr als +4% 1980/2000)** | | | |
| Führungsaufgaben, Management | 1116 | + 49% | + 542 |
| Lehren, Ausbilden, Betreuen | 1080 | + 28% | + 290 |
| Sachbezogene Entscheidungen | 796 | + 44% | + 351 |
| Maschinenbedienung, -steuerung | 971 | + 17% | + 161 |
| Physisch/psychisch behandeln, Beraten in Lebensfragen | 1181 | + 19% | + 228 |
| Integrierte Sach-/Antragsbearbeitung | 1258 | + 19% | + 237 |
| Forschung und Entwicklung (F + E) | 581 | + 30% | + 172 |
| Rechtspflege | 311 | + 44% | + 136 |
| Ordnen, Bewachen (Sicherheit) | 960 | + 8% | + 76 |
| Entscheidungsvorbereitung/-assistenz | 306 | + 30% | + 91 |
| Publizieren, Kunst schaffen | 134 | + 26% | + 35 |
| Summe | 8694 | + 27% | + 2328 |
| **Tätigkeitsgruppen mit stagnierender Beschäftigung (+/-4% 1980/2000)** | | | |
| Einkauf/Verkauf technischer Anlagen und Geräte | 331 | + 3% | + 9 |
| Vermitteln, Taxieren, Finanzieren/Versichern, Werben | 260 | + 4% | + 10 |
| Reinigung, Hauswirtschaft, Bewirtung | 1367 | - 1% | - 7 |
| Summe | 1958 | + 1% | + 12 |
| **Tätigkeitsgruppen mit Beschäftigungsabnahme (mehr als -4% 1980/2000)** | | | |
| Transport (Güter/Personen) | 594 | - 9% | - 56 |
| Reperatur | 1446 | - 8% | - 118 |
| Verkaufstätigkeiten allgemeiner Art | 2051 | - 9% | - 178 |
| Kontrolle, Anleitung (Fertigung) | 651 | - 37% | - 244 |
| Lager- und Versandtätigkeiten | 1182 | - 20% | - 240 |
| Primärproduktion | 1584 | - 23% | - 361 |
| Abteilungsspezifische Bürotätigkeiten | 1611 | - 28% | - 456 |
| Handwerkliche Fertigung | 2934 | - 23% | - 673 |
| Maschinelle Fertigung | 2283 | - 30% | - 676 |
| Summe ohne "in Ausbildung" | 14336 | - 21% | - 3002 |
| Gesamtsumme (ohne "in Ausbildung") | 24968 | - 3% | - 662 |

Abbildung 17: Der Wandel der Arbeitslandschaft 1980 - 2000 nach Tätigkeitsbereichen:

Quelle: W. Dostal: mat IAB 2/89

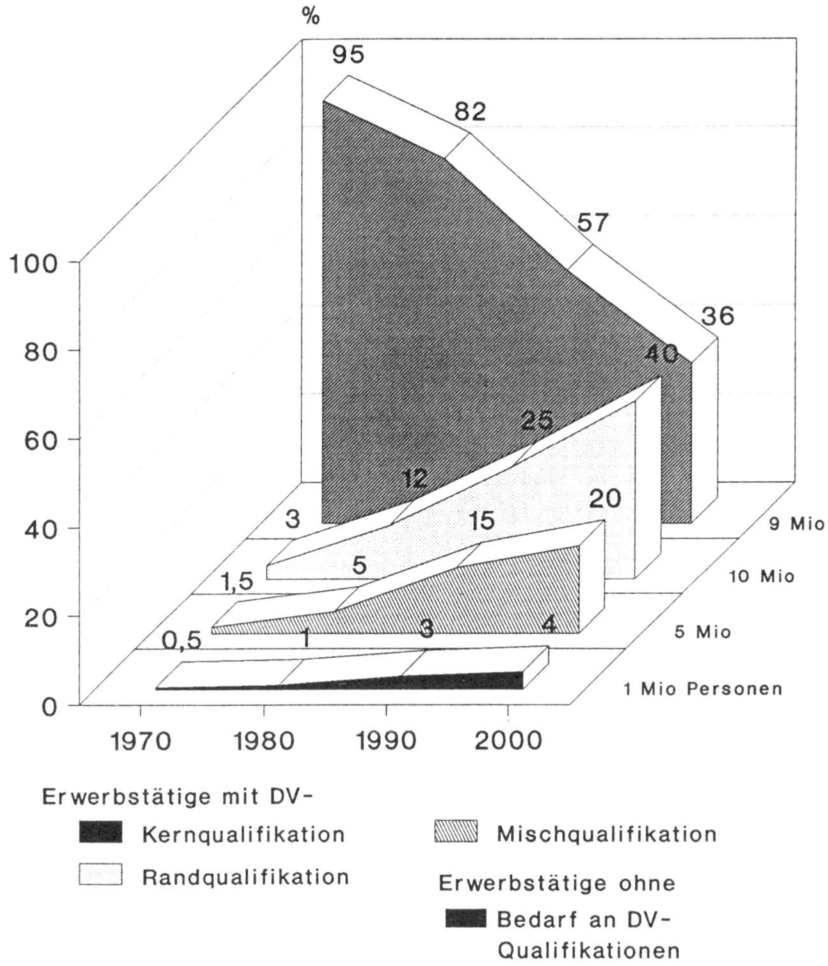


Abbildung 18: Bedarf an DV-Qualifikationen 1970 - 2000

Quelle: W. Dostal: mat IAB 2/89

Ferner ist mit einem deutlichen Anstieg der Qualifikationsanforderungen zu rechnen. So schätzt z.B. die Kultusministerkonferenz bis zum Jahre 2000 einen nahezu verdoppelten Bedarf an Akademikern bei einem Rückgang des Bedarfs an unqualifizierten Arbeitskräften um ca. 40 % im Vergleich zum Status quo.

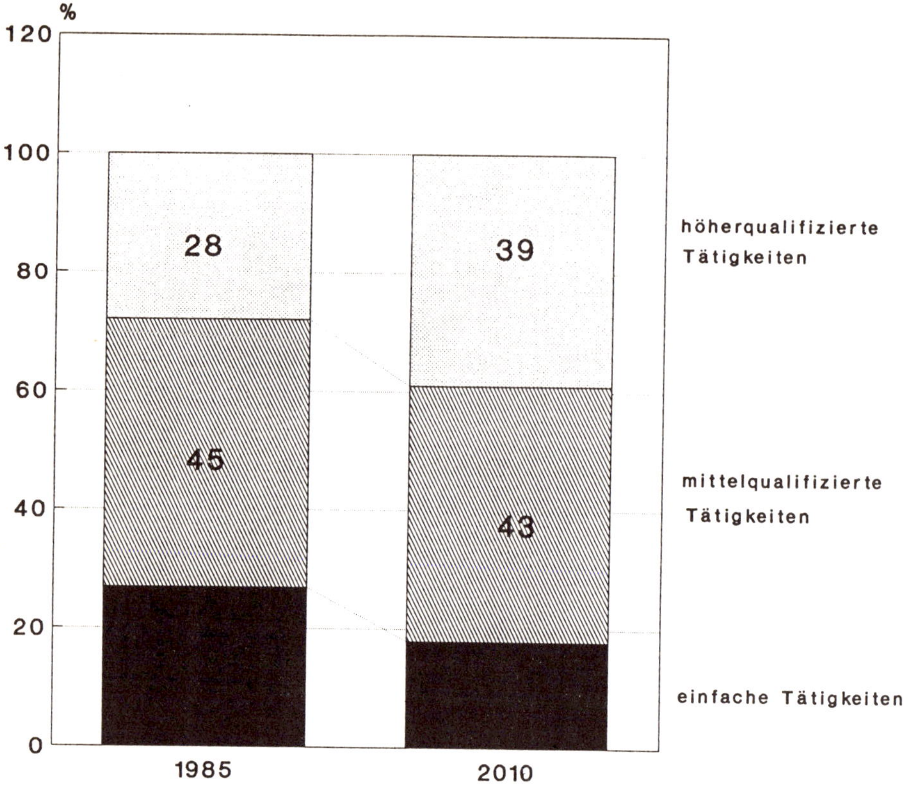


einfache Tätigkeiten - Hilftätigkeiten in Produktion, Reinigung, Bewirtung, Lagerhaltung, Transport, einfache Bürotätigkeiten, Verkaufshilfen u.ä.

mittelqualifizierte Tätigkeiten - Fachtätigkeiten in der Produktion, Maschinen einrichten u.ä., Reparieren, Fachver(ein)käufer, Sachbarbeiter, Assistententätigkeiten in Forschung und Entwicklung, nichtakademische Betreuung u.ä.

höherqualifizierte Tätigkeiten - Führungsaufgaben, Organisation und Management, qualifizierte Forschung und Entwicklung, Betreuung, Beratung, Lehren u.ä.

Abbildung 19: Erwerbstätige nach unterschiedlichen Anforderungsprofilen der Tätigkeiten 1985 und 2010

Quelle: IAB/Prognos Projektion 1988/89 (mittlere Projektionsvariante; aus Prognos AG (P. Hofer/I. Weidig/H. Wolff). Arbeitslandschaft 2010 nach Umfang und Tätigkeitsfeld (BeitrAB 131)

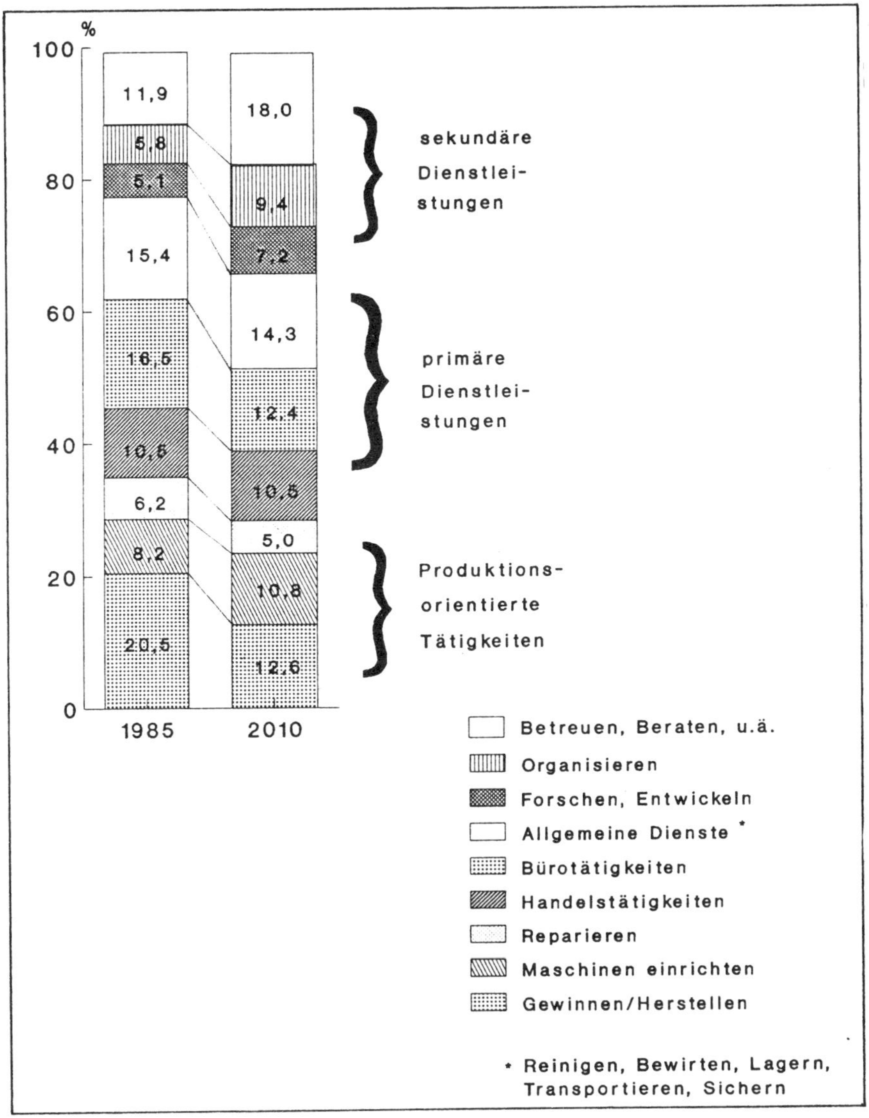


Abbildung 20: Arbeitslandschaft 2010 nach Umfang und Tätigkeitsfeld (BeitrAB 131)

Quelle: IAB/Prognos Projektion 1988/89 (mittlere Projektionsvariante; aus Prognos AG (P. Hofer/I. Weidig/H. Wolff).

Bereits die letzten 20 Jahre waren schon mit einer explosionsartigen Zunahme der Erkenntnisse auf den verschiedensten Gebieten gekennzeichnet, mit der Konsequenz einer sich permanent verkürzenden Halbwertszeit eines Wissensfundus.

Dies hat zur Folge, daß eine - wenn nicht die - Schlüsselqualifikation jedweder Berufskarriere das Beherrschen effizienter (Selbst-)Lerntechniken ist, um sich eben sowohl schnell in neue Aufgaben einarbeiten zu können, aber auch - in Folge des wissenschaftlich-technischen Fortschritts - der sich immer schneller verkürzenden Halbwertszeit des eigenen Wissens Rechnung tragen zu können. Das heißt, nicht eine einmal erworbene Fachkompetenz, sondern die Fähigkeit des Erwerbens »neuer« Kompetenz beziehungsweise die Fähigkeit, sich schnell und effizient zu neuen Problemen sachkundig zu machen, prädestiniert zu Führungspositionen. (In diesem Zusammenhang ist im übrigen auf die neueren Entwicklungen bei den Lerntechniken - Mind Mapping, Distant learning, Suggestopädie oder neurolinguistisches Programmieren - hinzuweisen.) Durch die weltweite Computerisierung bzw. internationale Vernetzung und den damit verbundenen Informationstransfer wird sich dieser Prozeß der Produktion und Verteilung neuen Wissens noch weiter beschleunigen mit der Folge eines neuen Problems insbesondere für wirtschaftliche Führungskräfte, nämlich dem des »information overload«. Bestand nämlich früher ein typisches Problem für Führungskräfte darin, Entscheidungen auf einer mangelhaften bzw. unzureichenden Informationsgrundlage zu treffen, besteht das Problem heute und zunehmend in der Zukunft darin, angesichts eines »Zuviel« an Information (»Zuviel« in dem Sinne, daß das Angebot an Informationen - dieses kann prinzipiell nie groß genug sein - die derzeitig verfügbaren Informationsverarbeitungskapazitäten übersteigt) richtige Entscheidungen zu treffen. Es mag sich paradox anhören, aber vieles spricht dafür, daß infolge des rapiden Wissenszuwachses und dessen immer schnellerer Verbreitung durch den informationstechnologischen Fortschritt die verfügbare Informationsmenge schneller als die Informationsverarbeitungspotentiale wachsen und dadurch die Entscheidungsunsicherheit zunehmen werden. Nicht mehr die Informationsbeschaffung, sondern die Informationsselektion wird für Führungskräfte ein zentrales Problem der Zukunft sein.

Dies wird nach der überwiegenden Ansicht von Arbeitsmarktanalytikern dazu führen, daß Generalistenqualifikationen im Vergleich zu Spezialistenkenntnissen deutlich an Bedeutung gewinnen werden und eine

»ideale« zukunftsorientierte Ausbildung eine Hybridausbildung, d.h. Kompetenz auf zwei Gebieten z.B. Wirtschaftsingenieur, Wirtschaftsinformatiker, Arbeitsrecht/Organisationspsychologie, sein dürfte.

So wird z.B. in Ergänzung zu »harten« Hauptfächern wie Recht, BWL, Maschinenbau etc. komplementär studierten »Nebenfächern« wie Philosophie, Psychologie etc. eine sehr hohe Karriererelevanz beigemessen, da diese Disziplinen als Nebenfach studiert aufgrund ihres allgemeinbildenden Charakters in die Lage versetzen, »über den Tellerrand des eigenen Faches zu sehen«, wichtige, richtige und neue »Querfragen« zu stellen und das Problem der Informationsselektion besser als der »eindimensionale Spezialist« bewältigen zu können. Angesichts der steigenden und sich schneller wandelnden Qualifikationserfordernisse ist im übrigen das Entstehen einer Art »Zweiklassengesellschaft« nicht von der Hand zu weisen, nämlich eine Klasse der Technik- bzw. Fortschrittsgewinner, dies sind diejenigen, die in der Lage sind, sich den geänderten Anforderungen flexibel anzupassen und mithin gute Arbeitseinkommenschancen haben auf der einen Seite und einer Gruppe der »Fortschrittsverlierer«, diejenigen, die mangels Begabung, Herkunft und/oder Motivation eben nicht in der Lage sind, den steigenden Anforderungen der Berufswelt zu entsprechen.

Ein Mangel an Fachkräften, nicht zu besetzende Stellen und entsprechend gute Einkommenschancen für die Qualifizierten bei gleichzeitiger Existenz eines »großen harten Kerns« von Arbeitslosen in einer schlechten materiellen Situation sind dann die wahrscheinliche Folge.

Zum Abschluß sei auf einige wichtige Perspektiven für den Mittelstand hingewiesen:

(1) Es ist falsch anzunehmen, daß der technologische Wandel kleinere und mittlere Firmen vom Markt verdrängen würde. Die Technologien, die hohe Stückzahlen und damit großindustrielle Fertigungen verlangen, sind auf dem Rückzug. Die neuesten Technologien sind sogar mittelstandsfreundlich, da sie weitgehend betriebsgrößen-indifferent sind und mithin in verstärktem Maße auch in mittelständischen Unternehmen, ja sogar Handwerksbetrieben anwendbar bzw. implementierbar sind.

(2) Aus der wachsenden Individualisierung der Kundenwünsche und der technisch und wirtschaftlich effizienten Produktion auch von

Kleinst- und Kleinserien resultieren ganz generell gute Entwicklungsperspektiven für mittelständische Unternehmer.

(3) Wichtiger allerdings erscheint das folgende. Eingangs wurde beschrieben, daß (insbesondere bei den Großunternehmen) ein Trend zur Abflachung der Fertigungstiefe zu beobachten ist. Daraus folgt, daß in dem Maße, in dem dies realisiert wird, insbesondere mittelständische Zulieferer benötigt werden und zwar nicht nur von der Produktionsmenge bzw. von den Vorprodukten her, sondern auch und gerade von der mittelstandsspezifischen Mischung aus Produkt plus Dienstleistung. Vor diesem Hintergrund wird man daher konstatieren dürfen, daß eine Volkswirtschaft dann am zukunftsorientiertesten strukturiert ist, wenn sie über eine gute bzw. ausgewogene Mischung von großen und mittelständischen Unternehmen verfügt, wie dies beispielsweise in Baden-Württemberg oder Süd-Hessen der Fall ist, wo Großbetriebe und mittelständische Unternehmen in hervorragender Weise miteinander kooperieren und konkurrieren. Eine derartige Mischung aus Groß- und Mittelbetrieben produziert gesamtwirtschaftlich positive Synergieeffekte, und ein Grund für die gute internationale Wettbewerbsfähigkeit der Bundesrepublik Deutschland ist diese Mischung von Unternehmen unterschiedlicher Größe, denn eine solche Mischung ist am ehesten in der Lage, schnelle, elastische und spezifische Problemlösungen hervorzubringen.

Wenn man nämlich bedenkt, daß die deutschen mittelständischen Unternehmen die innovativsten der Welt sind, sollte klar werden, daß die - im internationalen Vergleich - recht ausgewogene Betriebsgrößenstruktur der Bundesrepublik Deutschland einen wichtigen, positiven Wettbewerbsfaktor darstellt und man auch und gerade vor dem Hintergrund der Erhaltung bzw. Erhöhung unserer internationalen Wettbewerbsfähigkeit eine derartige ausgewogene Betriebsgrößenstruktur pflegen sollte.

(4) Desungeachtet erfordert die eingangs beschriebene Globalisierung und Intensivierung des Wettbewerbs gewisse Anpassungsstrategien:

1. Auf den Weltmärkten wird man sich als mittelständischer deutscher Unternehmer heute nur noch behaupten können, wenn

man in der Lage ist, durch Individualisierung und intelligente Lösungen (insbesondere in Form von »Paketen« aus Waren und Dienstleistungen) die Arbeitskostenvorteile vor allem der pazifischen Anbieter zu kompensieren. Es ist verfehlt zu glauben, durch verstärkte Automatisation, sprich Prozeßinnovationen Marktpositionen halten oder ausbauen zu können. Wichtig für die deutsche Wirtschaft im allgemeinen und für die mittelständische im besonderen sind Produktinnovationen (ggf. in Kombination mit intelligenten Problemlösungen). Auf diese Weise ist es nämlich am ehesten möglich, aus der unangenehmen price-competition gegenüber den Niedriglohnländern herauszukommen und auch in höherem Maße gegenüber Währungsrisiken gefeit zu sein.
2. In vielen deutschen mittelständischen Unternehmen wird auch heute noch ein (mehr oder weniger modifizierter) »Herr-im-Haus-Standpunkt« gepflegt. Angesichts der immer kürzer werdenden Halbwertzeiten von Produktionstechnologien und ihr steigender Kapitalbedarf sowie die immer kürzeren Produktlebenszyklen ist aber auch eine (internationale) Kooperation das Gebot der Zeit. Das heißt - auch wenn dies manchen deutschen Mittelständlern als »kulturwidrig« erscheinen mag - der technologische Wandel und die Marktperspektiven verlangen eine deutlich positivere Einstellung gegenüber (internationalen) Kooperationen. Und wenn es ein aktuelles mittelständisches Defizit gibt, dann ist es das der Kooperationsbereitschaft. Dieses Defizit gilt es in der nächsten Zeit verstärkt abzubauen, um von den guten ökonomischen Perspektiven und Chancen profitieren zu können.

## Literaturhinweise

Dierkes, M. und Zimmermann, K. (Hrsg.), Wirtschaftsstandort Bundesrepublik Deutschland, Frankfurt/M 1990.

Kantzenbach, E. u. Mayer, O.G. (Hrsg.), Perspektiven der weltwirtschaftlichen Entwicklung und ihre Konsequenzen für die Bundesrepublik Deutschland, Hamburg 1990.

Prognos-AG, Die Arbeitsmärkte im EG-Binnenmarkt bis zum Jahre 2010 - Beiträge der Bundesanstalt für Arbeit 138.1 + 138.2, Nürnberg 1990.

Rothkirch, C. v. und Weidig, I., Die Zukunft der Arbeitslandschaft, Zum Arbeitskräftebedarf nach Umfang und Tätigkeit bis zum Jahre 2000, Nürnberg 1986.

Rürup, B., Wirtschaftliche und gesellschaftliche Perspektiven der Bundesrepublik Deutschland, München 1989.

Rürup, B, Qualifikation von Führungskräften im Wandel, in: Blick durch die Wirtschaft Nr. 34 vom 16.02.1990.

Rürup, B. und DORNBACH, J., Zur zukünftigen Entwicklung des Einzelhandels, in: Blick durch die Wirtschaft vom 20.11.1990.

Ziegler, A., Annahmen über zukünftige Entwicklung, Schönaich 1987.

*Karl Otto Hondrich*

# Gesellschaftliche Trends und unternehmerisches Handeln

## I.

Wie von Rürup ausgeführt, gehört die Soziologie zu den Studienfächern mit »umstrittenem« Karrierewert. Dieses Vorurteil möchte ich entkräften. Wie andere Wissenschaften auch, lenkt die Soziologie ihr Augenmerk auf einen Ausschnitt der Welt: das Soziale; sie versucht, die vielfältigen Prozesse und Regelmäßigkeiten des Zusammenlebens zu begreifen. Sie erschließt dabei auch Zusammenhänge zwischen solchen Tendenzen, die auf den ersten Blick nichts miteinander zu tun haben: zwischen der »kalten« Rationalisierung der Wirtschaftsbetriebe und der »Erwärmung des emotionalen Binnenklimas« in Familien und Paarbeziehungen; zwischen kommerziellem Zweckdenken und der Zwecklosigkeit der Kunst; zwischen Beschwörungen der Gewaltlosigkeit und der Anhäufung der gewaltigsten Vernichtungspotentiale, die die Welt je gehabt hat ...

Der »Zusammenhang des Widersprüchlichen« variiert von Gesellschaft zu Gesellschaft, sieht in den Vereinigten Staaten anders aus als in Mitteleuropa und wieder anders als in Osteuropa und Japan. Und schließlich: Widersprüche entfalten sich neu und verstärken sich in der Weltgesellschaft. In dem Maße, in dem wirtschaftliche und politische Verflechtungen zunehmen, wissenschaftliche und Massenkommunikation sich ausdehnen, wird die Konfrontation unterschiedlicher Kulturen nicht abgemildert, sondern verstärkt. Ich spreche heute allerdings nicht darüber, sondern beschränke mich auf Entwicklungstendenzen in Industriegesellschaften. Auch dabei stehe ich vor dem Problem, aus der Fülle der Trends solche auszuwählen, die ich für besonders wichtig halte, d.h. von denen ich vermute, daß sie eine besondere Wirkkraft auf andere Trends ausüben.

Ich schreibe eine solche Wirksamkeit besonders zwei ökonomischen Entwicklungen zu: der Wohlstands- und der Produktivitätssteigerung. Ich gehe von ökonomischen Entwicklungen aus, nicht nur, weil ich in der Erwartung hergekommen bin, vor Unternehmern zu sprechen, sondern auch, weil ich unter dem Eindruck der rapiden Verwandlung und großen Probleme Osteuropas stehe. Hätte es noch eines Beweises für die Richtigkeit der Marx'schen Grundidee bedurft, daß das Schicksal moderner Gesellschaften von der Wirtschaft und der Organisation ihrer Produktionsverhältnisse bestimmt wird - dort ist er. Primat und Eigensinn der Wirtschaft lassen sich nicht ungestraft politisch brechen.

Was für die Wirtschaft gilt, gilt auch für andere Lebensbereiche: Sie tendieren in modernen Gesellschaften dazu, eine Eigendynamik zu entfalten, zwischen sich und anderen Lebenssphären Grenzen zu ziehen, eine Differenz herzustellen, die es ihnen erlaubt, gegenüber dem Geschehen jenseits der Grenzen relativ indifferent zu bleiben. Politik, Religion, Sport, Familienleben, Wirtschaft, Wissenschaft - sie können sich nicht entfalten ohne relative Autonomie, ohne Leitwerte und Institutionen, die sich in Widerspruch zu denen der jeweils anderen Lebenssphären ausprägen. Diese Unabhängigkeit gesellschaftlicher Lebenskreise möchte ich im Sinn behalten wissen, wenn ich im folgenden ihre gegenseitige Abhängigkeit untersuche. Und noch eins ergibt sich aus dem gerade Gesagten: Wenn ich von Entwicklungstrends in der Wirtschaft ausgehe, um deren Auswirkungen in andere Lebensbereiche und wiederum deren Rückwirkungen auf die Wirtschaft zu verfolgen, dann blende ich damit, gleichsam aus didaktischen Gründen, eigenständige Impulse aus nicht wirtschaftlichen Sphären aus. Es gibt sie aber, davon bin ich überzeugt, und sicher ist es fruchtbar, die Egozentrik des Denkens in ökonomischen Prozessen, der ich mich hier in gewissem Maße auch als Soziologe schuldig mache, bei anderer Gelegenheit entschieden gegen den Strich zu bürsten.

Die beiden Prozesse, von denen ich ausgehe, sind die ungeheure Steigerung der wirtschaftlichen Produktion und Produktivität. In einem ersten Teil spreche ich über die gesellschaftlichen Folgen des Wohlstands; in einem zweiten über die »Koppelprodukte« wirtschaftlicher Produktivitätssteigerung in nichtwirtschaftlichen Bereichen wie Bildung, sozialer Sicherung, Familien und privaten Netzwerken und politischen Institutionen. Produktivitätssteigerung als unternehmerischer Prozeß, der im dritten Teil im Blickfeld liegt, muß sich mit den Daten auseinandersetzen, die in der relativen Eigendynamik außerwirtschaftlicher Prozesse gesetzt werden. Sie kommen als Ansprüche, Motivlagen, Werthaltungen in die Wirtschaft zurück. Wie Unternehmenspolitik sich auf solche Herausforderungen einstellen kann, wird im vierten Teil behandelt.

## II.

Zeichnet man in ein Schaubild die jährlichen realen, also preisbereinigten Steigerungsraten des Pro-Kopf-Volkseinkommens ein, dann ergibt sich eine Kurve, die bis zum Ende des 19. Jahrhunderts kaum merklich, dann bis 1950 eher sanft ansteigt, und danach in die Höhe schnellt; noch viel steiler nach oben gegangen ist in den letzten 40 Jahren das Einkommen pro Haushalt. Das Bruttosozialprodukt der Bundesrepublik Deutschland war 1988 mit 2.122 Milliarden DM sieben mal so hoch wie 1960, als das Wirtschaftswunder ja auch schon ein Jahrzehnt lang mit hohen Steigerungsraten im Gange war. So gesehen kann man in einer langfristigen Perspektive sagen, daß nicht so sehr Kriege und politische Umbrüche, sondern letztlich die um die Jahrhundertmitte einsetzende geschichtlich erstmalige Wohlstandssteigerung die Lebensbedingungen in den westlichen Industriegesellschaften grundlegend revolutioniert hat - in einer ihrer Banalität wegen »verkannten Revolution«[1] (siehe Abbildung 1). Der Befund ist nicht spezifisch für die Bundesrepublik. »La seconde Révolution francaise« nennt der französische Soziologe Henri Mendras die Umwälzungen in den beiden vergangenen Jahrzehnten in Frankreich.[2] Welche sozialen Veränderungen hat die Wohlstandssteigerung bewirkt?

1 Meinhard Miegel, Die verkannte Revolution, Stuttgart 1983.
2 Henri Mendras, La seconde Révolution francaise, Paris 1988.

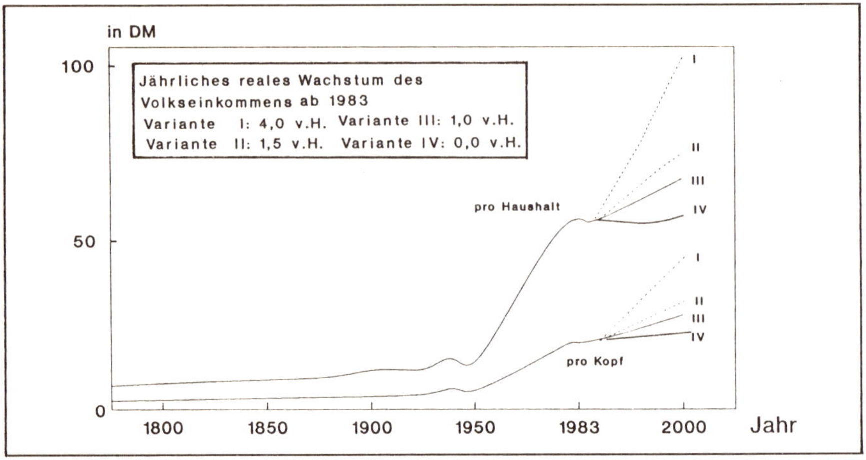


Abbildung 1: Entwicklung des Volkseinkommens pro Kopf Haushalt 1800 bis 2000 (im Geldwert von 1983)

Quelle: Miegel, M., Die verkannte Revolution (1), Stuttgart 1983, S. 77.

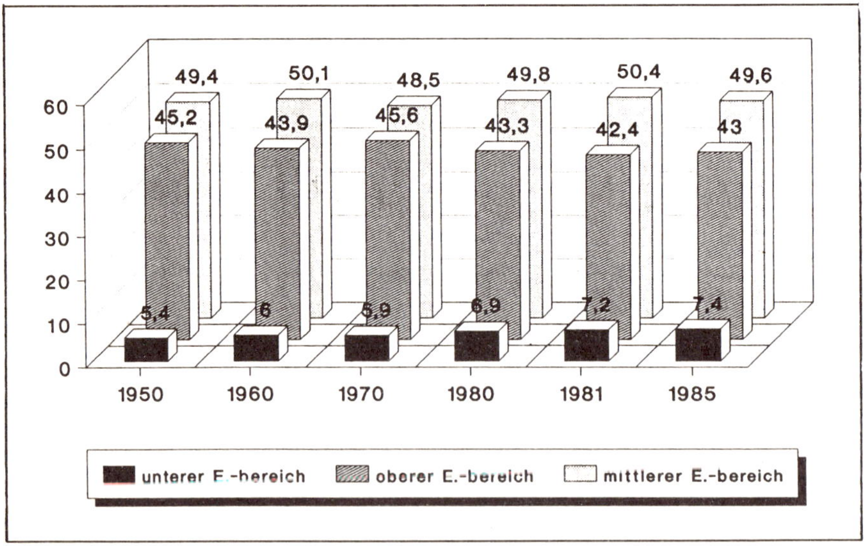


Abbildung 2: Die Ungleichheit der verfügbaren Einkommen der privaten Haushalte in der BR Deutschland.

Quellen: DIW-Wochenbericht, (1973) 25, (1976) 30-31, (1982) 4, (1986) 51-52.

Reden wir zunächst von dem, was sie nicht verändert hat. Sie hat nicht die materielle Ungleichheit angegriffen. Vom gesamten verfügbaren Einkommen der privaten Haushalte in der Bundesrepublik Deutschland entfielen 1985 7,4 Prozent auf die ärmeren Haushalte, genauer auf die 20 Prozent der Haushalte im unteren Einkommensbereich; die 20 Prozent der Haushalte im oberen Einkommensbereich verfügen dagegen über 43 Prozent des Gesamthaushaltseinkommens; die 60 Prozent der Haushalte, die im mittleren Einkommensbereich angesiedelt sind, teilen sich den Rest, nämlich ziemlich genau die Hälfte aller privaten Haushaltseinkommen. Daran hat sich in 35 Jahren nichts geändert. Im Vergleich zu 1950 haben lediglich die wohlhabenden Haushalte 2 Prozent des Gesamteinkommens eingebüßt, während die ärmeren Haushalte 2 Prozent hinzugewonnen haben. Diese Ergebnisse beruhen auf langfristigen, empirisch fundierten Modellrechnungen des Deutschen Instituts für Wirtschaftsforschung[3] (siehe Abbildung 2). In ihnen wird nicht deutlich, was sich an den äußersten Enden, bei den ganz Reichen und ganz Armen, tut. Auf der einen Seite nimmt die Zahl der Millionäre zu. Auf der anderen Seite die der Sozialhilfeempfänger, die von 750 000 in 1970 auf heute über 2 000 000 gestiegen ist. »Die Sozialhilfe wandelte sich von einer wohlfahrtsstaatlichen Leistung, die vor allem von älteren Menschen in Anspruch genommen wurde, zu einer solchen, die am häufigsten von Kindern und jungen Erwachsenen bezogen wird.«[4] Die tatsächliche Armut ist noch größer, als es die Zahl der Sozialhilfeempfänger erscheinen läßt. Viele, die ein Recht darauf haben, nehmen Sozialhilfe nicht in Anspruch, weil sie Regressforderungen gegenüber Verwandten befürchten, oder zu stolz oder zu hilflos sind, um sich der behördlichen Armenversorgung anheim zu geben. Die Armutsforschung, die noch weitere Kriterien hinzuzieht und insbesondere die »verdeckte Armut« berücksichtigt, weist bis 1973 fallende, danach wieder steigende Armutsquoten aus (Abbildung 3). Eine Nachrichtenmeldung aus diesen Tagen setzt dazu noch einen Akzent: Die Zahl der Obdachlosen in

---

3 Vgl. dazu Wolfgang Glatzer, Die materiellen Lebensbedingungen in der Bundesrepublik Deutschland, in: Werner Weidenfeld/Hartmut Zimmermann (Hg.): Deutschland-Handbuch. Eine doppelte Bilanz 1949-1989, Bundeszentrale f. pol. Bildung, Bonn 1989.

4 Vgl. dazu Wolfgang Glatzer, a.a.O., S. 279.

der Bundesrepublik hat die 1-Millionen-Grenze überschritten. *Hartnäckige materielle Ungleichheit, ja steigende Armut bei steigendem gesamtgesellschaftlichem Wohlstand* - das ist die erste Paradoxie, mit der wir es zu tun haben.

**Personenbezogene Armutsquoten 1963-1983 in Prozent**

| Armutstypen | 1963 | 1973 | 1983 |
|---|---|---|---|
| Verdeckte Armut[1] | 2,8 | 1,4 | |
| Bekämpfte Armut[2] | 1,4 | 1,4 | 2,8 |
| Relative Armut[3] 40% - Grenze | 5,3 | 2,6 | 4,4 |
| Relative Armut[3] 50% - Grenze | 14,1 | 8,9 | 10,7 |

[1] Personen außerhalb von Anstalten, deren verfügbares Einkommen unterhalb der haushaltsspezifischen Sozialhilfegrenze liegt, ohne daß sie Sozialhilfe in Anspruch nehmen.
[2] Empfänger von laufender Hilfe zum Lebensunterhalt (HLU) gemäß BSHG außerhalb von Anstalten.
[3] Personen außerhalb von Anstalten, deren verfügbares Einkommen unterhalb 40 bzw. 50 Prozent des gewichteten durchschnittlichen verfügbaren Einkommens liegt.

Abbildung 3: Personenbezogene Armutsquoten 1963 - 1983 in Prozent.

Quelle: Zitiert nach Unterlagen von Richard Hauser, Seminar für Sozialpolitik. Johann Wolfgang Goethe Universität, Frankfurt am Main.

Die Paradoxie erschließt sich uns eher aus den Statistiken als aus der Anschauung des Alltags. Aus dem Straßenbild, aus dem öffentlichen Leben ist Armut so gut wie verschwunden. Sie fristet ihr Dasein eher verschämt. Sie wird eher als Los von einzelnen denn als gesellschaftliches Problem wahrgenommen. Die Armen, wiewohl an Zahl steigend, sind eine Minderheit, die im kollektiven Bewußtsein eine untergeordnete Rolle spielt. Obwohl ihr Anteil steigt, wächst zur gleichen Zeit, wie die Umfragen in allen westlichen Industriegesellschaften zeigen, die große Mehrheit derjenigen, die sich selbst den Mittelschichten (und nicht den Unter- oder Oberschichten) zurechnen. Auch diese Widersprüchlichkeit erklärt sich durch steigenden Massenwohlstand: Wenn es allgemein besser geht, können fast alle am materiellen Fortschritt teilhaben. Die reiche Gesellschaft verfügt auch über genügend Mittel, um ihre Enklaven der Armut zu verstecken. So verliert fortdauernde Ungleichheit ihren Stachel als soziales Problem. In ihrem Selbstbewußtsein sind moderne Industriegesellschaften tatsächlich *Mittelschichtengesellschaften*.

Dieser Eindruck wird verstärkt durch eine Tendenz, die man als *Homogenisierung der Konsummuster* bezeichnen kann. Frühere Symbole des Reichtums sind im Zeichen des Massenkonsums Allgemeingut geworden; so lange ist es noch nicht her, daß Wassertoilette, Zentralheizung, Kühlschrank, Waschmaschine, Telefon, Fernsehen, Automobile und Urlaubsreisen nur den happy few vorbehalten waren. Auch die Unterschiede in der sozialen Sicherung, der Gesundheitsversorgung und der Zugänglichkeit von Bildungs- und Freizeiteinrichtungen sind erheblich zurückgegangen. Die Reichen selbst müssen zum größten Teil auf frühere Insignien des Reichtums und der sozialen Distanzierung: Diener und Chauffeure, Häuser mit Parks, exklusive Unterhaltung etc. verzichten. Dort, wo solche Symbole sich noch halten, sind sie in ihrer praktischen Vorteilshaftigkeit stark reduziert. Die Nobelkarosse im Verkehrsstau wirkt besonders unnütz, Privatflugzeuge bekommen in den Warteschleifen der Flughäfen keine Priorität, gerade auch Villenviertel werden vom Verkehrslärm der Umgehungsstraßen heimgesucht, und in den Yachthäfen des Mittelmeers stinkt es noch mehr als am Strand der Neckermann-Urlauber. Kurz: Überfüllung und Schadenshäufung als Folgen des Massenkonsums wirken im Sinne einer ausgleichenden Gerechtigkeit.

Innerhalb der Homogenisierung gibt es, als Gegenbewegung, eine *Differenzierung der Konsummuster*. Wenn arm und reich sich nicht mehr am Besitz eines Automobils scheiden, dann an der Marke. Wenn nicht mehr an der Marke, dann an der Ausstattung. 1960 kostete das teuerste amerikanische Sedan-Auto ungefähr sieben mal so viel wie das billigste. Heute ist das Verhältnis 95:1. Für Konfektionsanzüge stieg die Preisdifferenzierung im gleichen Zeitraum von 4:1 auf 18:1. Für Flugtarife betrug sie 1960 nur 1,4:1 und kann heute 20:1 betragen, je nachdem, ob man die Strecke New York/Paris und zurück in der Concorde oder im billigsten Charterflugzeug zurücklegt. Die Zahlen beziehen sich auf amerikanische Verhältnisse, für Europa fallen sie sicher nicht viel anders aus. Sie werden von Theodore Caplow, einem scharfsichtigen Beobachter sozialer Wandlungen, mit dem Argument angeführt, daß hohe Preisdifferenzierungen hohe Einkommensdifferenzen gleichsam unschädlich machen, weil sie die Bezieher hoher Einkommen schröpfen, ohne ihnen einen entsprechenden Unterschied im Lebensstil zu gewährleisten.[5] Dem muß man allerdings entgegenhalten, daß das Einebnen der gröberen Unterschiede ein Gespür für feine Distinktionen fördert und diese sozial bedeutsamer macht. Es scheinen aber die Unterscheidungen, die über das Geld getroffen werden, die Menschen heute weniger zu beeindrucken als Unterschiede des Geschmacks, des Einflusses, der Ausstrahlung. In den Worten von Hans Magnus Enzensberger, dem besten Diagnostiker der Gegenwartsgesellschaft: »Die Reichen zeichnen sich nur noch durch einen einzigen gemeinsamen Nenner aus: sie haben mehr Geld. Sie verfügen über kein eigenes Klassenbewußtsein, keinen eigenen Stil, keine eigene Ideologie, kein Prestige außerhalb der ökonomischen Sphäre. Titel und Ränge spielen keine Rolle. Ein Gummihändler gilt so viel wie ein General, ein Koch so viel wie ein Universitätsprofessor, ein Fußballtrainer aus dem zweiten Glied so viel wie ein Minister. An die Stelle des Ruhms ist die Präsenz in den Medien getreten, ein äußerst flüchtiger Vorzug, der kaum geeignet ist, Neid zu erwecken.«[6]

Die Soziologie hat sich dem Bedeutungsverlust der Differenzen zwischen oben und unten angepaßt. Sie handelt kaum noch von Macht, Herrschaft, Hierarchie, von Klassenlagen und sozialer Schichtung. Der Blickfang heute, das ist die horizontale Differenzierung der Gesellschaft, ihre Aufgliederung in Funktionssysteme und Milieus. Das Schlagwort lautet »Pluralisierung der Lebenswelten«. Bezeichnenderweise stammen die ersten qualitativen und quantitativen Untersuchungen über soziale Milieus und Lebensstile aus der kommerziellen Forschung, der daran gelegen ist, ein möglichst differenziertes Bild der Lebensweisen und Leitvorstellungen potentieller Kunden zu zeichnen. Die Vielfalt der Milieus kann sich erst auf der Basis eines Massenwohlstands entfalten, ob man an diesem nun über Markteinkommen, direkte staatliche Transferleistungen oder über »okkultes Geld« (Enzensberger) in einer Aussteiger- oder Nischenexistenz teilhat. Eine der ersten neueren Milieustudien wurde 1979 vom SINUS-Institut für die Bundesrepublik durchgeführt. Sie unterscheidet acht Milieus:

---

5 Theodor Caplow, From status order to income distribution, unveröff. Manuskript 1990.

6 Hans Magnus Enzensberger, Mittelmaß und Wahn, Gesammelte Zerstreuungen, Frankfurt 1988, S. 263.

Einem konservativ gehobenen Milieu werden rund 1/10, einem kleinbürgerlichen Milieu 2/3 der Bevölkerung zugerechnet. Das traditionelle Arbeitermilieu kommt nur noch auf knapp 9 Prozent, ein traditionsloses Arbeitermilieu bleibt noch 2 bis 3 Prozentpunkte darunter; etwa jeder fünfte Bundesbürger wird einem aufstiegsorientierten Milieu, jeder zehnte einem technokratisch-liberalen Milieu zugeordnet. Das hedonistische Milieu kommt auf 6 bis 8, das alternativ-linke Milieu auf 5 Prozent.[7] Ein naturwissenschaftlich geschulter Kopf mag solche Milieubezeichnungen und Prozentzahlen mit großen Vorbehalten aufnehmen; sie weisen jedoch, als ein erster Versuch, eine gewisse Plausibilität auf und können für sich in Anspruch nehmen, in der sozialen Erlebenswelt ihre Entsprechungen zu haben. Als Grunddaten wurden in Surveys ermittelte Wertorientierungen und Alltagsbewußtsein herangezogen, aber auch Daten zum sozialen Status, also Schulbildung, Beruf und Einkommen. Wie Abbildung 4 verdeutlicht, sind die sich überschneidenden Milieus durchaus auch noch dem traditionellen Bild sozialer Schichtung entsprechend auf einer Skala zwischen Oberschicht und Unterschicht einzuordnen. Aber Klassen und Schichtgrenzen erscheinen als eigenartig aufgeweicht und nicht mehr schicksalhaft; neben materiellen Indikatoren scheinen Motivlagen bei der Milieuzuordnung in den Vordergrund zu rücken; und der Platz der Individuen in der Pluralität der Lebenswelten scheint weniger durch Einkommen und traditionell zugeschriebene berufständische, religiöse, ethnische etc. Merkmale vorherbestimmt, als durch individuelle Lebensstilentscheidungen wählbar zu sein. Solche Thesen und Untersuchungen zur Pluralisierung der Lebenswelten enthalten eine Suggestivkraft, sie kommen unseren Vorstellungen einer modernen, durch individuelle Optionen mehr als durch Stände und Klassen gegliederten Gesellllschaft, einer Gesellschaft, in der Chancengleichheit die Fesseln sozialer Herkunft durchschnitten hat, entgegen. Es darf aber nicht übersehen werden, daß soziale Herkunft auch weiterhin ein eminent wichtiger Bestimmungsfaktor sozialen Lebens bleibt: Der Einfluß sozialer Herkunft auf Berufs- und Einkommensstatus wird auch durch das Bildungssystem nur in dem Maße gebrochen, indem

---

7 Vgl. Stefan Hradil, Sozialstrukturanalyse in einer fortgeschrittenen Industriegesellschaft, Opladen 1987, S. 127 ff.

es den Kindern kleiner Leute gelingt, im Bildungssystem nach oben zu klettern; scheiden sie aus dem Bildungssystem früher aus, bleiben sie ihrem Herkunftsstatus verhaftet.[8]

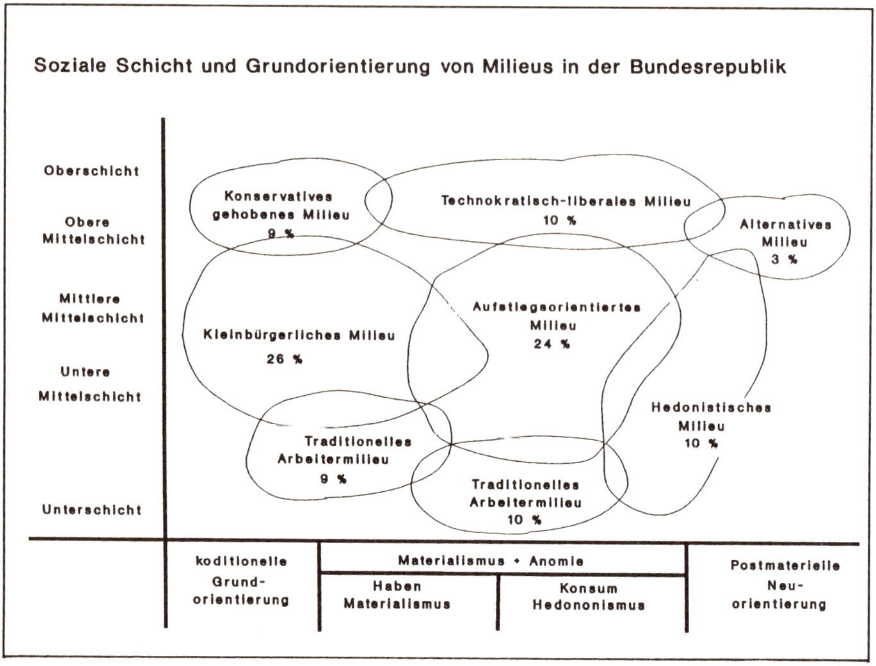


Abbildung 4: Soziale Schichten und Grundorientierung von Milieus in der Bundesrepublik.

Quelle: H. Nowak/U. Becker 1985, S. 14[9]

Pluralisierung sozialer Milieus als gesellschaftliches Strukturmerkmal wird meist in einem Atemzug genannt mit Individualisierung als Vergrößerung der Wahlmöglichkeiten des einzelnen. Die Freiheit, sein Leben so oder so zu gestalten, sich dieser oder jener Lebenswelt zuzuschlagen, er-

8 Walter Müller, Bildung und soziale Mobilität im Ost-West-Vergleich, Vortrag in der ad-hoc Gruppe »Osteuropa« des 25. Deutschen Soziologentages, Frankfurt 1990.

9 Dargestellt ist die Milieustruktur der deutschen Wohnbevölkerung ab 14 Jahren. Die vom obrigen Text geringfügig abweichenden Größenangaben erklären sich aus einer späteren als der oben zugrundeliegenden Quantifizierung, die zudem anderen Zwecken dient.

scheint heute größer als je zuvor. Auf der einen Seite setzt dies ein »Angebot« an vielen unterschiedlichen Lebensstilen voraus, auf der anderen Seite die Erhöhung der Masseneinkommen, die Absicherung praktisch aller Bevölkerungskreise durch das soziale Netz und die Chance von Nischensuchern und Lebenskünstlern, auch ohne Normalarbeitsverhältnis einen kleinen Teil des Riesenwohlstands für sich abzuzweigen. Wolfgang Zapf[10] benennt vier gesellschaftliche Trends, bei denen ins Auge springt, daß sie die Handlungsalternativen der Menschen erhöhen: a) die höhere Schulbildung für immer mehr Menschen, b) die Tatsache, daß immer mehr Menschen in Ein- und Zwei-Personenhaushalten, also ungebundener leben, c) die Erhöhung der Erwerbsquoten der Frauen, insbesondere der verheirateten Frauen, wodurch sich die Haushaltseinkommen erhöhen, und schließlich d) die Erhöhung des Anteils der nicht lebensnotwendigen, also disponiblen Ausgaben am verfügbaren Haushaltseinkommen (vgl. Abbildungen 5-8).

| Jahr | Nach der Vollzeit-schulpfl. % | Mit Real-schulab-schluß % | Mit Hoch-schulreife % | Mittlere quadrat. Kontingenz |
|---|---|---|---|---|
| 1962 | 77,6 | 13,4 | 9,0 | 29,5 |
| 1965 | 74,4 | 18,9 | 6,7 | 26,1 |
| 1967 | 70,6 | 20,3 | 9,1 | 21,5 |
| 1968 | 60,9 | 26,8 | 12,3 | 12,5 |
| 1969 | 60,6 | 27,8 | 11,6 | 12,5 |
| 1970 | 63,0 | 26,1 | 10,9 | 14,4 |
| 1971 | 61,9 | 25,2 | 12,9 | 13,0 |
| 1972 | 60,6 | 24,3 | 15,1 | 11,6 |
| 1973 | 57,7 | 26,0 | 16,3 | 9,39 |
| 1974 | 54,8 | 27,6 | 17,6 | 7,42 |
| 1975 | 50,0 | 31,6 | 18,4 | 5,04 |
| 1976 | 49,9 | 29,8 | 20,3 | 4,57 |
| 1977 | 50,7 | 29,5 | 19,8 | 5,00 |
| 1978 | 48,7 | 31,4 | 19,9 | 4,21 |
| 1979 | 49,5 | 33,4 | 17,1 | 5,25 |
| 1980 | 45,7 | 34,5 | 19,8 | 3,38 |
| 1981 | 41,0 | 35,8 | 23,2 | 1,68 |
| 1982 | 39,1 | 36,6 | 24,3 | 1,26 |
| 1983 | 37,7 | 36,7 | 25,6 | 0,90 |
| 1984 | 36,7 | 37,2 | 26,1 | 0,79 |

Abbildung 5: Schulabgänger nach Art des Abschlusses 1962 bis 1984

Quelle: Statistisches Bundesamt, versch. Jahre: Statistisches Jahrbuch für die Bundesrepublik Deutschland, Stuttgart und Mainz.

---

10 Wolfgang Zapf u.a., Individualisierung und Sicherheit, Untersuchungen zur Lebensqualität in der Bundesrepublik Deutschland, München 1987, S. 18 ff.

## Die Bevölkerung nach der Haushaltsgröße seit 1900

| Anteil der Bevölkerung in ... Personen-Haushalten | | | | | |
|---|---|---|---|---|---|
| Jahr | 1<br>% | 2<br>% | 3<br>% | 4<br>% | 5 u.m.<br>% |
| 1900 | 1,6 | 6,6 | 11,3 | 14,9 | 65,6 |
| 1910 | 1,7 | 6,9 | 12,1 | 15,8 | 63,6 |
| 1925 | 1,7 | 8,9 | 17,0 | 19,8 | 52,7 |
| 1933 | 2,3 | 12,0 | 20,6 | 21,3 | 43,8 |
| 1939 | 3,0 | 16,7 | 24,2 | 21,9 | 34,2 |
| 1950 | 6,5 | 16,9 | 23,1 | 21,6 | 32,0 |
| 1961 | 7,2 | 18,4 | 23,5 | 22,3 | 28,7 |
| 1970 | 9,2 | 19,8 | 21,5 | 22,3 | 27,2 |
| 1975 | 10,6 | 21,9 | 21,2 | 23,1 | 23,1 |
| 1980 | 12,2 | 23,2 | 21,4 | 23,6 | 19,6 |
| 1982 | 12,9 | 23,7 | 21,8 | 23,6 | 18,0 |

Abbildung 6: Die Bevölkerung nach der Haushaltsgröße seit 1900

Quelle: Statistisches Bundesamt 1972: Bevölkerung und Wirtschaft 1872 - 1972. Stuttgart und Mainz.
Statistisches Bundesamt, versch. Jahre: Statistisches Jahrbuch für die Bundesrepublik Deutschland. Stuttgart und Mainz.

| Die Entwicklung der Erwerbsquote von Frauen im erwerbsfähigen Alter seit dem Jahr 1900 | | | | |
|---|---|---|---|---|
| Jahre | Frauenerwerbsquote Insgesamt % | alleinstehende Frauen % | verheiratete Frauen % | mittlere quadrat. Kontingenz % |
| 1882 | (37,5) | 69,4 | ( 9,5) | 24,0 |
| 1895 | (37,4) | 67,5 | (12,2) | 20,6 |
| 1907 | (45,9) | 71,7 | (26,3) | 11,4 |
| 1925 | 48,9 | 73,8 | 29,1 | 10,3 |
| 1933 | 48,0 | 73,7 | 30,1 | 10,2 |
| 1939 | 49,8 | 77,2 | 33,8 | 10,1 |
| 1950 | 44,4 | 68,7 | 26,4 | 10,3 |
| 1961 | 48,9 | 69,2 | 36,5 | 5,79 |
| 1970 | 49,6 | 68,1 | 40,9 | 4,21 |
| 1980 | 52,9 | 62,0 | 48,3 | 0,98 |

Abbildung 7: Die Entwicklung der Erwerbsquote von Frauen im erwerbsfähigen Alter seit dem Jahr 1900

Quelle: Willms-Herget, Angelika 1985: Frauenarbeit. Zur Integration der Frauen in den Arbeitsmarkt, Frankfurt/New York, S. 88.

| Die Entwicklung des Anteils der lebensnotwendigen Ausgaben am verfügbaren Haushaltseinkommen seit 1907 | | | | |
|---|---|---|---|---|
| Jahr | Arbeitnehmerhaush. Insgesamt % | Arbeiter-Haushalte % | Angest.-Haushalte % | Beamten-Haushalte % |
| 1907 | 84,4 | 88,1 | 80,1 | 80,5 |
| 1927/28 | 65,0 | 72,5 | 61,9 | 60,0 |
| 1962/63 | 57,7 | | | |
| 1969 | 49,1 | 54,1 | 44,4 | 44,1 |
| 1973 | 43,7 | 47,9 | 41,0 | 38,5 |
| 1978 | 41,8 | 45,6 | 39,8 | 37,5 |

Abbildung 8: Die Entwicklung des Anteils der lebensnotwendigen Ausgaben am verfügbaren Haushaltseinkommen seit 1907

Quelle: Kaiserliches Statistisches Amt 1909: 2. Sonderheft zum Reichs-Arbeitsblatte. Erhebungen von Wirtschaftsrechnungen minderbemittelter Familien im Deutschen Reich 1907, Berlin.
Statistisches Reichsamt 1932. Die Lebenshaltung von 2000 Arbeiter-, Angestellten- und Beamtenhaushalten. Erhebungen von Wirtschaftsrechnungen im Deutschen Reich vom Jahre 1927/1928. Einzelschriften zur Statistik des Deutschen Reichs, Nr. 22, Teil 1. Gesamtergebnis, Berlin.
Statistisches Bundesamt, versch. Jahre: Fachserie M, Reihe 18, Einkommens- und Verbrauchsstichprobe 1962/63; Fachserie M, Reihe 18, Einkommens- und Verbrauchsstichprobe 1969; Fachserie 15, Wirtschaftsrechnungen, Einkommens- und Verbrauchsstichprobe 1973, Fachserie 15, Wirtschaftsrechnungen, Einkommens- und Verbrauchsstichprobe 1978, Stuttgart und Mainz.

An diesem letzten Trend zeigt sich der Zusammenhang von Wohlstand und Handlungschancen unmittelbar. Massenwohlstand führt eben nicht, wie es die Kulturkritik früher wissen wollte, zur Vermassung im Sinne von Vereinheitlichung, sondern zur Vielfalt. Aber diese entspringt auch nicht, wie es die selbstbezogenen Individuen gerne wollen, »der persönlichen Originalität, sondern einer gesellschaftlichen Kombinatorik«, der genau wie der Schrift oder der genetischen Fortpflanzung nichts anderes zugrunde liegt als ein Code aus standardisierten Elementen. Die Kombinatorik bringt keine homogene Population, sondern unvorhersehbare Ergebnisse, »innerhalb ihrer Grenzen eine endlose Variabilität« hervor. Hans Magnus Enzensberger, den ich mit diesem Gedanken zitiere, fährt fort: »Was dabei zum Vorschein kommt, könnte man als durchschnittliche Exotik des Alltags bezeichnen. Sie äußert sich am deutlichsten in der Provinz. Niederbayrische Marktflecken, Dörfer in der Eifel, Kleinstädte in Holstein bevölkern sich mit Figuren, von denen noch vor dreißig Jahren niemand sich etwas träumen ließ. Also golfspielende Metzger, aus Thailand importierte Ehefrauen, V-Männer mit Schrebergärten, türkische Mullahs, Apothekerinnen in Nicaragua-Komitées, mercedesfahrende Landstreicher, Autonome mit Bio-Gärten, waffensammelnde Finanzbeamte, pfauenzüchtende Kleinbauern, militante Lesbierinnen, tamilische Eisverkäufer, Altphilologen im Warentermingeschäft, Söldner auf Heimaturlaub, extremistische Tierschützer, Kokaindealer mit Bräunungsstudios, Dominas mit Kunden aus dem höheren Management, Computer-Freaks, die zwischen kalifornischen Datenbanken und hessischen Naturschutzparks pendeln, Schreiner, die goldene Türen nach Saudi-Arabien liefern, Kunstfälscher, Karl-May-Forscher, Bodyguards, Jazz-Experten, Sterbehelfer und Porno-Produzenten.

An die Stelle der Eigenbrötler und der Dorfidioten, der Käuze und der Sonderlinge ist der durchschnittliche Abweichler getreten, der unter Millionen seinesgleichen gar nicht mehr auffällt.«[11]

Gehen mit der Zunahme von Handlungsoptionen nicht auch zwei andere Tendenzen einher, die oft mit dem Begriff der Individualisierung in Verbindung gebracht werden, nämlich Vereinzelung einerseits und zunehmender Egoismus bzw. Entsolidarisierung andererseits? Die Zunahme der Einpersonenhaushalte und steigende Scheidungsziffern scheinen in diese Richtung zu weisen. Umfragedaten sprechen jedoch eine andere Sprache: 1949 fühlten sich 19 Prozent der Deutschen in der Bundesrepublik häufig einsam, 1980 waren es nur noch 7 Prozent. Vereinsleben und sportliche und gesellige Aktivitäten haben sich stark ausgeweitet; Hilfe unter Nachbarn ist nach wir vor ziemlich verbreitet und hat nicht abgenommen; neue

11 Hans Magnus Enzensberger, a.a.O., S. 264ff.

Netzwerke und Selbsthilfegruppen, freiwillige Initiativen und Bürgerforen sind hinzugekommen, und auch die Familie hat, den Scheidungsraten zum Trotz, als emotional und materiell unterstützende Kraft nichts von ihrer Leistungsfähigkeit eingebüßt: Zwischen zwei Ehen markiert die Scheidung eine zunehmend »normale« Übergangsphase; neben der Abwertung traditioneller Familienformen ist die Neuinstitutionalisierung unkonventioneller Spielarten des Zusammenlebens zu beobachten. Die Institution der Familie ist nicht kleinzukriegen: Heranwachsende und sogar erwachsene Kinder wohnen wieder länger im Elternhaus als noch vor 5 oder 10 Jahren; auch die Kinder, die ausgezogen sind und weiter weg wohnen, halten wie früher Kontakte zur Ursprungsfamilie; aufgrund der Langlebigkeit und der steigenden Wohlhabenheit der Älteren ist der Zusammenhalt über drei Generationen hinweg, der sich in Hilfs- und Erbbeziehungen äußert, eher noch größer geworden; wo die Kleinfamilie fehlt, werden oft Kontakte zu Verwandten dritten und vierten Grades verstärkt; diese werden in Deutschland auch zunehmend als »Familie« bezeichnet.[12] Es zeigt sich also, daß Individualisierung, als Erhöhung von Wahlmöglichkeiten, nicht zu einem Verlust von sozialen Bindungen führt, sondern mit einer gewissen Geschmeidigkeit eingesetzt wird, um solche Bindungen herzustellen, umzuformen, ja auszuweiten. An die Stelle von aufgezwungenen Verpflichtungen und Pflichten treten freiwillig eingegangene Verbindungen und übernommene Hilfeleistungen. Daß mit dieser Transformation dem Egoismus und der Selbstbezogenheit Tür und Tor geöffnet wären, wird zwar oft behauptet, kann aber empirisch nicht belegt werden. Im Gegenteil, die Anzeichen für solidarisches Verhalten mit Familienmitgliedern ebenso wie mit Menschen, die in der Sowjetunion unter Hunger oder solchen, die in China oder Südafrika unter Menschenrechtsverletzungen zu leiden haben, mehren sich. Individualisierung und Solidarisierung sind eben keine Gegensätze, sondern parallel wachsende Sprößlinge einer Wohlstandsgesellschaft, die mit Einkommen und Bildung auch Handlungsoptionen für frei wählbare Engagements vergrößert.[13]

---

12 Daten und Interpretationen zu diesen und weiteren Tendenzen, in: Wolfgang Glatzer, Karl Otto Hondrich u.a., Recent Social Trends in West Germany 1960-1990, Frankfurt/New York 1990.

13 Karl Otto Hondrich/Claudia Koch-Arzberger, Solidaritätspotentiale in Industriegesellschaften, unveröff. Manuskript 1990.

Andererseits wird aber gerade die Befreiung von festen Handlungsvorgaben und Normen der Wohlstandsgesellschaft als Nachteil angelastet: Normunsicherheit bzw. Normlosigkeit, in der Fachsprache der Soziologen Anomie, vergrößere die psychosozialen Probleme und äußere sich in steigenden Suizidraten, Alkoholismus und Drogenabhängigkeit, psychischen Krankheiten und zunehmender Kriminalität und Gewalttätigkeit. Trendbeobachtungen über längere Zeiträume und im internationalen Vergleich strafen solche simplen Parallelitäten oder Ursachenbeziehungen von Wohlstandssteigerung und sozialen Problemen Lügen: Die Suizidrate, in den USA etwa halb so hoch wie in der Bundesrepublik, geht hier wie dort seit 1977 zurück, steigt aber allerdings für die Untergruppe der jungen Männer an. Seit der gleichen Zeit ist der Alkoholismus in der Bundesrepublik leicht rückläufig, während in Frankreich der Alkoholkonsum schon seit den 60er Jahren von 25 auf 18 Liter pro Person gefallen ist. Die Zahl der Drogentoten, über die regelmäßig in den Medien berichtet wird, steigt dramatisch - verglichen mit der Zahl der Opfer, die die konventionellen Süchte wie Rauchen und Alkoholismus fordern, fällt sie jedoch kaum ins Gewicht. Der Gebrauch von Psychopharmaka drückt sich in schwindelerregenden Zahlen aus und ist zu einer Modeerscheinung unserer Zeit geworden; er ist ein Anzeichen dafür, wie sich der Umgang mit Lebensschwierigkeiten kulturell ändert, aber nicht dafür, daß diese Schwierigkeiten größer geworden wären. Auf der anderen Seite erlaubt auch die abnehmende Hospitalisierung von psychisch Kranken nicht den Rückschluß, daß psychische Störungen seltener würden. Es gibt keine verläßlichen Statistiken, die auf lange Sicht eine Zunahme oder Abnahme psychischer Krankheiten anzeigen. Unstrittig ist der starke Anstieg von Eigentumsdelikten und kleineren Straftaten; dagegen sind Gewaltverbrechen, in den USA seit jeher stärker verbreitet als in Europa, auch dort seit Ende der 70er Jahre rückläufig. Die These vom Ansteigen politischer Gewaltsamkeit beruht auf einer optischen Täuschung: Was sich in der Bundesrepublik zwischen 1975 und 1987 ca. verdreifacht hat, ist die Zahl der politischen Demonstrationen, also unkonventioneller Formen politischer Partizipation; der Anteil unfriedlicher Demonstrationen ist jedoch zurückgegangen und hat sich bei ca. 4 Prozent eingependelt (vgl. Abbildung 9). Angesichts der Tatsache, daß soziale Probleme wie Suizid, Alkoholismus, verdeckte Gewaltsamkeit etc. sich in den Gesellschaften Osteuropas erheblich schärfer stellen als in den hochindustrialisierten westlichen Gesellschaften, kann die

These, daß Wohlstand zu Anomie und daraus entspringenden sozialen Problemen führe, in dieser Direktheit nicht aufrecht erhalten werden. Soziale Probleme sind eher das Ergebnis extremer Deprivation, also sichtbar vorenthaltenen Wohlstands und tiefgreifender Normbrüche und Verunsicherungen, wie sie sich gegenwärtig in den osteuropäischen Staaten zeigen.

| Entwicklung des Demonstrationsgeschehens in der Bundesrepublik Deutschland | | |
|---|---|---|
| Jahr | Zahl absolut | % unfriedlich |
| 1975 | 2.551 | 8,2 |
| 1976 | 2.956 | 6,5 |
| 1977 | 2.887 | 8,7 |
| 1978 | 2.980 | 7,0 |
| 1979 | 3.327 | 2,9 |
| 1980 | 4.471 | 3,2 |
| 1981 | 5.772 | 6,2 |
| 1982 | 5.313 | 4,3 |
| 1983 | 9.237 | 3,0 |
| 1984 | 7.453 | 3,1 |
| 1985 | 5.691 | 3,6 |
| 1986 | 7.143 | 3,7 |

Abbildung 9: Entwicklung des Demonstrationsgeschehens in der Bundesrepublik Deutschland

Quelle: Max Kaase, Politisch motivierte Gewaltanwendung junger Menschen in der Bundesrepubilik Deutschland, Gutachten für das BMJFFG, 1987.

Soziologisch gesehen liegt die größte soziale Bedeutsamkeit von Wohlstandssteigerungen darin, daß sie soziale Konflikte aus einem Nullsummenspiel in einen Prozeß verwandeln können, in dem beide Konfliktgegner für sich einen Gewinn verbuchen können. In der Geschichte der Bundesrepublik konnte den Forderungen von sozialen Gruppierungen, die sich benachteiligt fühlten - Arbeiter, Lehrer, Bauern, Krankenschwestern, Rentner, Studenten - ebenso wie den Belangen der sozial Schwächsten zumindest teilweise Rechnung getragen werden, ohne daß andere auf etwas verzichten mußten. Solange der Wohlstand steigt, können Konflikte über Wohlstandsanteile eine integrierende Kraft entfalten, die noch dadurch bestärkt wird, daß alle Beteiligten das Gefühl entwickeln, im selben Boot zu sitzen, wenn sie der tatsächlichen oder potentiellen Ansprüche aus ärmeren Gesellschaften gewahr werden.

## III.

Die Steigerung des Wohlstands, die mehr oder weniger in allen westlichen Industriestaaten und in geringerem Maße auch in östlichen zu verzeichnen ist, ist das Ergebnis gesteigerter Wirtschaftskraft. In der Entfaltung dieser Kraft können Industriegesellschaften, gemäß ihren kulturellen Besonderheiten, durchaus verschiedene Wege gehen und unterschiedliche Akzente setzen. Allerdings, die »große Alternative« zwischen Marktwirtschaft und zentraler Planwirtschaft, die lange Zeit unsere Aufmerksamkeit mit Beschlag belegt hat, hat sich als gigantischer Trugschluß erwiesen. Als kleinere, aber lebensfähige Alternativen, können etwa die schwedische, die amerikanische oder die mitteleuropäische, insbesondere deutsche, nebeneinandergestellt werden. Im schwedischen Institutionengefüge kommt der Beschäftigungspolitik eine besondere Bedeutung zu, im amerikanischen liegt der Akzent auf Rentabilität, im deutschen auf Produktivität. Während in den USA der Erfolg von Unternehmen und Unternehmern sich an der Schnelligkeit und der Höhe der Gewinnerzielung bemißt, fragt man in Deutschland eher nach Produktivitätssteigerung, also Wirtschaftlichkeit im engeren Sinn. Während die amerikanische Wirtschaft stark dienstleistungs- und binnenmarktorientiert ist, ist in Deutschland der Dienstleistungssektor gegenüber dem warenproduzierenden, der auch für den hohen Exportanteil der deutschen Wirtschaft verantwortlich ist, eher unterentwickelt. Nimmt man den Tertiarisierungsgrad, also den Anteil der Dienstleistungen am Sozialprodukt oder an der Gesamtbeschäftigung als Indikator, dann ist die deutsche Wirtschaft nicht die modernste. Betrachtet man hingegen die Arbeitsproduktivität, dann dürfte die Bundesrepublik kaum zu schlagen sein. Je Arbeitnehmerstunde hat sich die Produktivität zwischen 1960 und 1987 von 13 auf 37,6 fast verdreifacht. Die Produktivitätszuwächse sind zwar in den letzten Jahren stark gefallen, sie sind aber im Jahrzehnt zwischen 1973 und 1983 in der Bundesrepublik insgesamt dreimal, bei den privaten

Dienstleistungen sogar sechsmal höher als in den USA (vgl. Abbildung 10). Und trotz der Höhe der deutschen Arbeitskosten sind diese, bezogen

| USA | Wertschöpfung (in konstanten Preisen [a]) | | Arbeitsproduktivität (je Arbeitnehmerstunde) | |
|---|---|---|---|---|
| | 1960 - 73 | 1973 - 83 | 1960 - 73 | 1973 - 83 |
| Verarbeitendes Gewerbe | 5,0 | 0,9 | 3,5 | 1,8 |
| Priv. Dienstleist. insg. [b] | 4,5 | 3,1 | 1,7 | 0,6 |
| Handel | 4,6 | 2,4 | 1,9 | 0,3 |
| Verkehr, Nachrichtenübermittlung | 5,2 | 2,6 | 4,1 | 1,9 |
| Banken, Versicherungen | 4,3 | 3,6 | 0,9 | 0,4 |
| Sonst. priv Dienstleistungen | 4,3 | 3,6 | 0,8 | 0,1 |
| Staat | 3,0 | 1,3 | 0,3 | 0,4 |
| Alle Dienstleistungen | 4,2 | 2,7 | 1,4 | 0,6 |
| Alle Wirtschaftsbereiche | 4,1 | 2,0 | 1,9 | 0,8 |

[a] Zu Preisen von 1972 [b] Ohne Wohnungsvermietung

| BRD | Wertschöpfung (in konstanten Preisen [a]) | | Arbeitsproduktivität (je Arbeitnehmerstunde) | |
|---|---|---|---|---|
| | 1960 - 73 | 1973 - 83 | 1960 - 73 | 1973 - 83 |
| Verarbeitendes Gewerbe | 5,2 | 0,7 | 5,8 | 3,5 |
| Priv. Dienstleist. insg. [b] | 4,6 | 3,0 | 4,4 | 3,0 |
| Handel | 4,7 | 1,3 | 4,5 | 2,2 |
| Verkehr, Nachrichtenübermittlung | 4,4 | 3,8 | 4,9 | 5,2 |
| Banken, Versicherungen | 8,7 | 4,1 | 5,1 | 3,6 |
| Sonst. priv Dienstleistungen | 3,6 | 3,5 | 3,5 | 2,0 |
| Staat | 4,5 | 2,2 | 1,8 | 1,0 |
| Alle Dienstleistungen | 4,6 | 2,8 | 3,6 | 2,4 |
| Alle Wirtschaftsbereiche | 4,4 | 1,6 | 4,5 | 2,8 |

[a] Zu Preisen von 1976 [b] Ohne Wohnungsvermietung

Abbildung 10: Bruttowertschöpfung und Arbeitsproduktivität in der BRD und den USA nach großen Dienstleistungssektoren 1960 - 1973, 1973 - 1983 (jährl. Zuwachs in v. H.)

Quelle: Wegner, M., Die Schaffung von Arbeitsplätzen im Dienstleistungsbereich. Ein Vergleich zwischen den USA und der Bundesrepublik, in: Ifo-Schnelldienst, 38. Jahrg. (1985), Heft 6, S. 8.

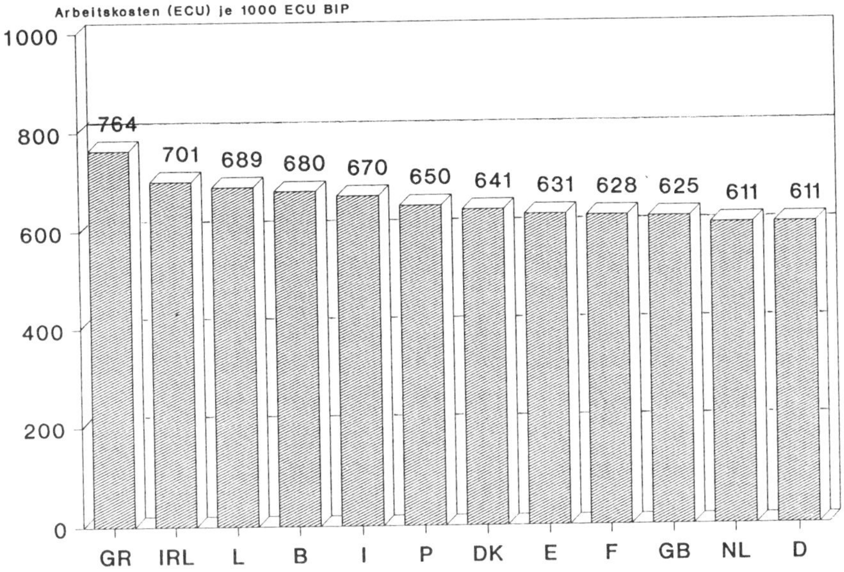


Abbildung 11: Arbeitskosten und Produktivität in den Ländern der EG 1989

Quelle: IAB-Kurzbericht VIII/6-WE, 05/89.

auf tausend Einheiten Bruttosozialprodukt, in keinem Staat der Europäischen Gemeinschaft niedriger als in Deutschland (vgl. Abbildung 11).
Nicht nur, daß die Deutschen wirtschaftlicher arbeiten als andere - in keinem anderen Land steht das Thema Produktivität so sehr im Zentrum der wirtschaftspolitischen Debatte. Der hohen Produktivität, das wird von allen Seiten betont, verdanken die Deutschen ihre Vorrangstellung im Export. Über Produktivitätserhöhungen können die Erwerbstätigen eine immer größere Zahl von Nichterwerbstätigen mitversorgen, ohne selbst Einkommenseinbußen hinnehmen zu müssen. Am Produktivitätszuwachs schließlich, das betonen nicht nur Wirtschaftsführer und konservative Politiker, sondern auch Gewerkschafter, sollen sich Lohnforderungen und reale Lohnsteigerungen ausrichten. Diese Selbstbeschränkung gewerkschaftlicher Forderungen unter Bezug auf ein gleichsam höheres Prinzip ist keinesfalls selbstverständlich, kommt sie doch von vornherein einem Verzicht auf Einkommensumverteilung zugunsten der abhängig Beschäftigten gleich. Die Gewerkschaften haben sich nach und nach zu dieser Defen-

sivhaltung verstanden. Man kann in Deutschland nachgerade von einem Konsens über den Primat des Produktivitätsfortschritts vor allen anderen wirtschaftspolitischen Zielen sprechen.

Was der eigentümlich deutsche Produktivitätspakt zwischen Arbeitgebern und Arbeitnehmern bewerkstelligt, zeigt sich im gewerkschaftlichen Kampf um die 35-Stunden-Woche. Da Arbeitszeitverkürzungen bei vollem Lohnausgleich erfolgen sollen, wirken sie auf Unternehmer nicht nur als Anreiz, zusätzliche Leute einzustellen, sondern auch als Rationalisierungspeitsche. Der Übergang zur 37-Stunden-Woche hat je zur Hälfte Arbeitsplätze geschaffen und eingespart, also in Produktivitätsfortschritt verwandelt. Auch eine gewerkschaftliche Forderung, die ausdrücklich beschäftigungspolitische Ziele beinhaltet, wird so, de facto, in eine Politik der Produktivitätssteigerung verwandelt.

Fragen wir nun zunächst nach den gesellschaftlichen Implikationen wirtschaftlicher Produktivitätssteigerung. Ich möchte insbesondere drei hervorheben: die Ausweitung des Systems sozialer Sicherung, die Stärkung des Bildungssystems und die Qualifizierung des Familiensystems.

Eine Politik der Produktivitätssteigerung erfordert nicht nur den innovativen Einsatz von Kapital und Technologie, sondern auch den Ausschluß von solchen Menschen aus dem Produktionsprozeß, die mit dem modernen Instrumentarium nicht angemessen umgehen können oder die Motivation oder Verständigungsfähigkeit vermissen lassen, die sozusagen als menschliche Schmiermittel für hochkomplexe Organisationsprozesse unabdingbar sind. Zwar kann man sich vorstellen, daß Unternehmen die fachlich, sozial, motivational und gesundheitlich weniger Geeigneten als Gärtner, Pförtner, Lagerverwalter etc. weiterbeschäftigen, aber eine solche Politik des inneren Abschiebens mindert die Produktivität des Unternehmens und wird zudem von den Betroffenen als kränkend abgelehnt. *Konsequente Produktivitätssteigerung setzt deshalb ein ergänzendes System sozialer Sicherung voraus,* das die Opfer des Wirtschaftlichkeitsdenkens aufnimmt; der gebräuchliche Begriff des sozialen Netzes ist hierfür durchaus treffend. Man kann den Zusammenhang auch andersherum darstellen: Wo, wie in Deutschland, seit mehr als einem Jahrhundert gesetzliche Versicherungssysteme gegen die Risiken der Arbeitslosigkeit, der Krankheit und des Alters schützen, können die Unternehmer sich von ihrer sozialen Verantwortung als »Arbeitgeber« eher entlastet fühlen und im

Namen des Produktivitätsfortschritts Arbeitsplätze wegrationalisieren. In den USA dagegen, die ja als eine Gesellschaft unternehmerischer Rücksichtslosigkeit gilt, ist die Verantwortung der Unternehmer für die Arbeitsplätze möglicherweise stärker ausgeprägt, als es das europäische Vorurteil wahrhaben will: Give everybody a chance, heißt die Parole. Der Wirtschaftsprozeß erscheint dort weniger exklusiv, er nimmt und behält auch Menschen von geringer Leistungsfähigkeit und gewährt ihnen entsprechend geringere Löhne. Auf der anderen Seite, in der Bundesrepublik, sind die Dominanz des Produktivitätsdenkens und das Denken in sozialer Absicherung keineswegs Gegensätze, sondern gehören soziologisch zusammen. Statt wenig produktive Arbeitskräfte einzusetzen, trennt sich das Wirtschaftssystem lieber von ihnen und zahlt ihnen, über das System sozialer Sicherung, einen Unterhalt. In dieser Konstruktion sind natürlich Konflikte über die Höhe der Sozialabgaben und Lohnnebenkosten eingebaut. Die dabei vielbeschworene »Grenze der Belastbarkeit« ist ein Argument im politischen Kampf zwischen dem Wirtschaftssystem und dem System sozialer Sicherheit; sie existiert nicht als objektive Gegebenheit, weil es hierbei um wandelbare Kollektivgefühle von Solidarität und sozialer Verantwortung geht. Produktivitätssteigerungen haben dabei nicht zuletzt auch die Funktion, den Verteilungskonflikt zwischen dem Berufssystem und dem System sozialer Sicherung zu entschärfen, indem sie beiden gleichzeitig einen Zugewinn ermöglichen. In dem Maße, in dem Langzeitkranke und -arbeitslose aus den Versicherungssystemen »ausgesteuert« werden und auf Sozialhilfe angewiesen sind, wird der Konflikt mit dem Wirtschaftssystem von den Sozialversicherungen gleichsam an die Kommunen und Steuerzahler weitergegeben.

So wie der Trend zum Ausbau des Sozialstaats durch sein Gegenstück, die Bekräftigung des Wirtschaftlichkeitsprinzips, hervorgerufen wird, so ist auch die *Expansion des Bildungssystems ein Koppelprodukt des Produktivitätsdenkens* im Wirtschaftssystem. Der Zusammenhang zwischen besserer Bildung und besserer Leistung erscheint unmittelbar plausibel. Er läßt sich aber auch indirekt, auf einem historischen Umweg, erschließen: Es kann durchaus argumentiert werden, daß die verspätete Industrialisierung in Deutschland um so wirkungsvoller verlief, als sie den Umweg über die frühzeitige Expansion der elementaren, der handwerklichen und der wissenschaftlichen Bildung nahm.[14] Das duale System der Berufsausbildung, so wie es sich im deutschsprachigen Raum entwickelt hat, gilt nach wie vor als vorbildlich für die Erzeugung und Erhaltung hoher Qualitätsstandards. Daß berufliche Leistungssteigerung jedoch allein und am besten durch berufsnahe Ausbildung zu erzielen sei, ist ein Irrtum. Das auf Leistungssteigerung ausgelegte Berufssystem tut sogar gut daran, sich seinen Nachwuchs immer später einzuverleiben; genauso wie es die Älteren und Leistungsschwachen ausschließt, schließt es auch seine zukünftigen Leistungsträger, die Jungen, immer länger aus - um sie besser qualifizieren zu können. Bei den 16 - 18jährigen standen 1962 40 Prozent voll im Beruf, 1983 nur noch 4 Prozent! Von der enormen Ausweitung der höheren, außerberuflichen Bildung profitiert das Berufssystem gerade deshalb, weil es aus dem Kontrastprogramm nicht unmittelbar berufsbezogener, wissenschaftlicher Bildung, sobald diese später mit den Berufsanforderungen konfrontiert wird, innovative Impulse und fruchtbare Reibungen erhält. Es ist verkehrt, diese Reibungen als Reibungsverluste einzustufen und sie durch eine stromlinienförmige Ausrichtung des Bildungssystems auf das Berufssystem ausmerzen zu wollen. Ein solches Unterfangen, zu dem es immer wieder Ansätze gibt, gleicht sowieso dem Versuch eines Ritters, der (im Panzerkleid seines Produktivitätsethos, wenn das Bild erlaubt ist) gegen Windmühlen kämpft. Das seit den 60er Jahren enorm ausgeweitete Bildungssystem hat nämlich unweigerlich eine Eigendynamik gewonnen und baut diese aus. Träger einer eigenständigen Bildungs- und Jugendkultur ist nicht nur die Jugend selbst, die zeitlich eine immer größere Lebensspanne beansprucht und so sozial immer bedeutsamer wird; auch die expandierenden Professionen der Lehrer, Erzieher, Ausbilder, Fort- und Weiterbilder, Sozialpädagogen, Wissenschaftler, Wissenschaftsbürokraten etc. profilieren den Wertekosmos des Bildungssystems *gegen* den des Wirtschaftssystems. Die Wertantinomien zwischen Bildungskultur und Wirtschaftskultur lassen sich benennen: Moralität versus Rentabilität, Emotionalität versus Rationalisierung, Kommunikation versus Autorität, Egalität versus Dominanz. Wir haben es hier mit der Paradoxie zu tun, daß ein Berufssystem, um seine Produktivität steigern zu können, sich ein Bildungssystem zulegen muß, das sich in Konflikt zu ihm

14 Ulrich Wehler, Deutsche Gesellschaftsgeschichte, Erster Band, München 1987, S. 210/211.

setzt. Aber hier wird nur scheinbar gegeneinander gearbeitet. Wirtschaftlichkeit braucht ihren Gegenpart, nicht nur um innovativ zu bleiben, sondern auch, um sich vor Augen führen zu lassen, welches die unerkannten und unerwünschten Konsequenzen eigener Zügellosigkeit wären. Die Wertkonflikte zwischen Bildungssystem und Berufssystem sind nicht destruktiv sondern ihrerseits höchst produktiv. Es ist auch dafür gesorgt, daß die kontrastierenden Systeme, trotz ihrer starken Eigenlogik, sich nicht voneinander abkoppeln. Sie werden verklammert, indem Konflikte ausgetragen werden, die uns allen aus dem Alltag geläufig sind: Der Chemiewerker bei Höchst streitet mit seinem Sohn, der auf's Gymnasium geht; der Prokurist eines Speditionsunternehmens mit seinen Töchtern; der Handwerksmeister, zugleich Presbyter der Kirchengemeinde, mit dem Vikar - sie streiten sich bei Tisch nicht nur über die Emissionen von Fluorchlorkohlenwasserstoff, über Abtreibungsparagraphen, über Abrüstung, über Asylsuchende; sie übernehmen in diesen Konflikten, selbst wenn sie auf ihrem Standpunkt beharren, zumindest unterschwellig die Argumente der Gegenseite und tragen sie in ihre eigene Systemwelt weiter. Personen ebenso wie soziale Systeme lernen im Konflikt voneinander und werden in Konflikten, in denen neben Trennendem auch Verbindendes deutlich wird, integriert. Die Integration scheinbar gegensätzlicher Teilsysteme erfolgt auch dort, wo man sie gar nicht vermutet, zum Beispiel über die 30 Prozent der Jugendlichen, die offiziell in der Ausbildung sind, unter dem Zwang der Verhältnisse aber einer irregulären Beschäftigung nachgehen müssen, und so, ob sie wollen oder nicht, die Anforderungen von Berufs- und Bildungssystem in ihrer Person zu einem Ausgleich bringen.

Die *Zusammenhänge zwischen Beruf und Familie* sind komplex. Auf der einen Seite versucht das produktivitätsorientierte Berufssystem mit wenig Menschen auszukommen, an die es hohe Anforderungen stellt und die es gut und vielfältig belohnt. Es stellt sich sozusagen von Quantität auf Qualität um. Dadurch gewinnt es an Attraktivität besonders für diejenigen, die bisher nicht an ihm teilhatten, wie die langfristig steigende Erwerbsbeteiligung der Frauen zeigt. Der Familie werden menschliche Ressourcen entzogen. Sie reagiert mit »Produktionseinschränkung«, sprich Geburtenrückgang (vgl. Abbildung 12) und verkleinert sich dramatisch.

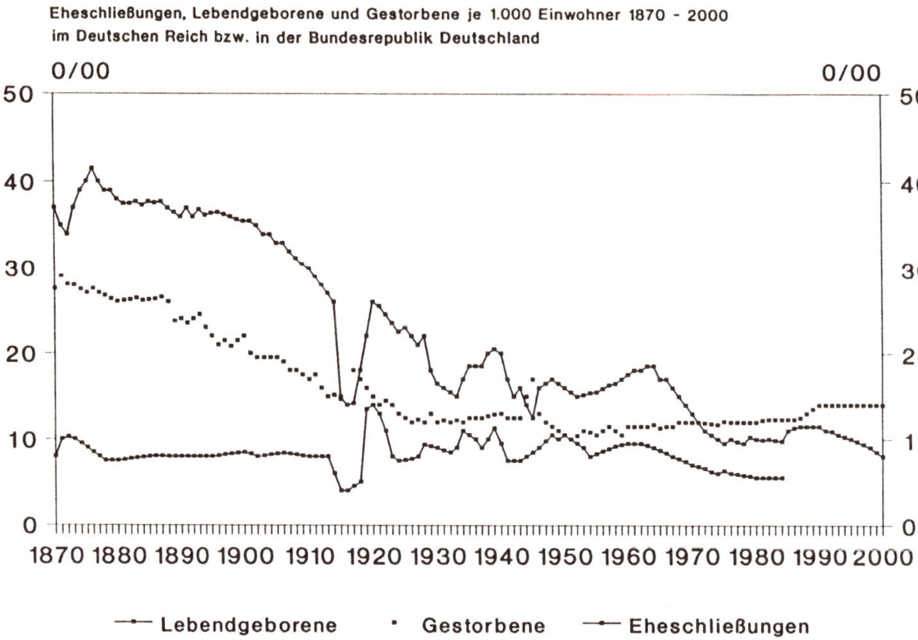


Abbildung 12: Eheschließungen, Lebendgeborene und Gestorbene je 1.000 Einwohner 1870 - 2000 im Deutschen Reich bzw. in der Bundesrepublik Deutschland

Quelle: Zeitschrift für Bevölkerungswissenschaft 3/84, S. 299 und 4/85, S. 471.

Auf der anderen Seite hält sich das Ideal der Zwei-Kinder-Kernfamilie und entfaltet seine eigenen Qualitätsmaßstäbe: Die Kinder - oft bleibt es beim Einzelkind - sollen die beste Ausbildung und die besten Erwerbs- und Lebenschancen und deswegen auch die größtmögliche elterliche, besonders mütterliche Zuwendung haben. Frauen stellen dafür in der Regel beruflichen Ehrgeiz zurück. Eine der am häufigsten gehörten Legitimationsformeln für dicsc Lösung des Konflikts zwischen Beruf und Familie lautet: Wenn ich schon ein Kind habe, dann will ich auch selbst dafür sorgen und es nicht in fremde Hände geben. Französinnen, Schwedinnen und Amerikanerinnen denken anders. Sie sind in weitaus höherem Maße berufstätig und haben weniger Bedenken, ihre Kinder tagsüber jemand anderem anzuvertrauen (vgl. Abbildung 13).

 631 530

Abbildung 13: Frauenerwerbstätigkeit in den westlichen Industrieländern

Quelle: Zahlenbilder aus Politik, Wirtschaft, Kultur, Heft 12/85, Berlin 1985.

Dies kann nicht allein darauf zurückgeführt werden, daß sie in ihren Ländern bessere Infrastruktureinrichtungen vorfinden. Ausschlaggebend sind vielmehr kulturell unterschiedliche Vorstellungen über »Familienqualität«. Die Qualität von Familien, insbesondere Eltern-Kind-Beziehungen, wird in der Bundesrepublik womöglich stärker als anderswo an der Zeit bemessen, die dafür aufgewandt wird. Je mehr Zeit eine Mutter mit ihrem Kind verbringt, desto größer die Qualität der Beziehung oder die Sozialisationsleistung. Möglicherweise ist diese Annahme falsch, aber hier kommt es nicht darauf an, sondern darauf, daß sie im kulturellen Selbstverständnis und den Handlungsmustern der deutschen Gesellschaft stärker verankert ist als anderswo. So gesehen hat die Bundesrepublik die Umstellung von

Quantität auf Qualität auch im Familiensystem schon weiter vorangetrieben als andere Industriegesellschaften: Nirgends (außer in Italien) werden pro Frau weniger Kinder geboren, wird mehr mütterliche Zeit pro Kind investiert.

## IV.

Daß es zwischen solchen, hier nur grob vereinfacht dargestellten Veränderungen im familialen Beziehungsgeflecht und der Produktivitätspolitik in Wirtschaftsbetrieben einen Zusammenhang gibt, erscheint weit hergeholt. Aber es gibt ihn. Für Unternehmer stellt die Priorität, die die Beziehung zu Kindern bei weiblichen Arbeitnehmern im Konfliktfall genießt, eine Störquelle für die Politik kontinuierlicher Produktivitätssteigerung dar. Frauen werden deshalb, obwohl sie oft hochqualifiziert sind, weniger gern eingestellt, genauso wie ältere und niedrigqualifizierte Arbeitssuchende. Zur unternehmerischen Produktivitätspolitik gehört es auch, die Arbeitszeit für niedrig- und hochqualifizierte Beschäftigte zu splitten. Für erstere wird die Verkürzung der Wochen-, Jahres- und Lebensarbeitszeiten, wenn auch nach außen widerstrebend, hingenommen. Immerhin wird dadurch ein Druck ausgeübt, die Arbeitsintensität zu erhöhen. Für die Hochqualifizierten, insbesondere die leitenden Angestellten, hat sich dagegen, zumindest inoffiziell, die Norm der unbeschränkten Arbeitszeit durchgesetzt. Durch diese innerbetriebliche Polarisierung von Arbeitszeiten wird das Qualifikationspotential des Unternehmens besser ausgenutzt.

Im übrigen wird die Politik der Aufqualifizierung der Arbeitsplätze fortgesetzt - im Gegensatz zur Vermutung tonangebender Industriesoziologen, die früher annahmen, daß dem ein Trend zur Dequalifizierung entgegenstünde.[15] Allerdings sind für die Aufqualifizierung weniger die in den

---

15 Vgl. für einen solchen Meinungswechsel Horst Kern/Michael Schumann, Das Ende der Arbeitsteilung, Rationalisierung in der industriellen Produktion: Bestandsaufnahme, Trendbestimmung, München 1984.

70er Jahren ausführlich diskutierten Konzepte einer Humanisierung des Arbeitslebens (job-sharing, job-enlargement, job-enrichment) ausschlaggebend als technologische Innovationen; sie bleiben die treibende Kraft für die Veränderung der Arbeitsplätze.

Ein Eckpfeiler betrieblicher Produktivitätspolitik bleibt das *Normalarbeitsverhältnis*, also die dauerhafte, abhängige Vollzeitbeschäftigung in großen und mittleren Betrieben. Weil es durch Gewöhnung vertraut und organisatorisch leicht zu handhaben ist, bilden Unternehmer, Gewerkschafter und Sozialpolitiker zu seiner Verteidigung gleichsam eine große Koalition. Auch die sozialen Sicherungssysteme sind ganz auf dieses Normalarbeitsverhältnis eingestellt. *Teilzeitarbeit*, obwohl in den letzten dreißig Jahren von 700 000 auf fast 3 1/2 Millionen und somit stärker als Vollzeitbeschäftigung angestiegen, bleibt die Ausnahme und die Domäne für weniger qualifizierte Tätigkeiten in Handel, Dienstleistungen und privaten Haushalten. Die typische Teilzeitarbeiterin ist eine verheiratete Frau mittleren Alters, die noch unter ihrem eigenen Ausbildungsstand beschäftigt wird und einen Zuverdienst zum Familieneinkommen heimbringt. Auch junge Leute in der Ausbildung, die heute mehr als je zuvor auf ein Zusatzeinkommen angewiesen sind, tummeln sich auf den Märkten für Teilzeitarbeit. Daneben gibt es noch eine statistisch gar nicht ins Gewicht fallende Minderheit von sogenannten »Zeitpionieren«, die sich auf ein unkonventionelles Arbeitszeitmuster etwas zugute halten: Es handelt sich um akademisch gebildete Männer mittleren Alters mit partnerschaftlicher Grundhaltung und Bekenntnis zur aktiven Vaterrolle, deren berufsorientierte Partnerin ihrerseits ein relativ hohes Einkommen, oft als Lehrerin, beisteuern kann. Solche Pioniere haben, sofern ihnen überhaupt Raum gegeben wird, als Außenseiter bei Arbeitgebern und Kollegen einen schweren Stand[16]; Unternehmen haben derartige Arbeitsarrangements bisher eher ausnahmsweise zugestanden, um schon bewährte Mitarbeiter zu halten. Im übrigen haben sie lieber hochmotivierte und auch qualifizierbare Einwanderer eingestellt als das Normalarbeitsverhältnis zu sprengen.

Es gibt allerdings Anzeichen dafür, daß diese unternehmerische Politik der Produktivitätssteigerung in Zukunft an ihre Grenzen stößt. Zwar wird der Zuzug von außen, offiziell oder inoffiziell, anhalten. Der langfristige

---

16 Burkhard Strümpel u.a., Teilzeitarbeitende Männer und Hausmänner, Motive und Konsequenzen einer eingeschränkten Erwerbstätigkeit von Männern, Berlin 1988.

Trend der Migration aus den ökonomisch schwachen, aber oft bevölkerungsreichen Gesellschaften des Südens und Ostens in die dynamischen Industriestaaten ist vorgezeichnet. Er hat nicht nur eine Ventilfunktion, sondern ist auch aus Sicht der Industriegesellschaften notwendig, um deren Geburtsdefizit auszugleichen. Aber je mehr die wirtschaftliche Produktivität steigt, je höher die technischen, organisatorischen und kommunikativen Anforderungen, die die Arbeitsplätze stellen, desto schwerer wird es, sie einfach mit einwandernden Arbeitern zu besetzen. Für ihre zukünftige Produktivitätspolitik stehen die Unternehmen vor der Aufgabe, entweder Qualifizierungsprogramme für Zuwanderer aufzulegen oder sich auf veränderte Wertorientierungen und Bedürfnislagen der knapp werdenden einheimischen Arbeitskräfte einzustellen.[17]

## V.

Worin bestehen diese Wert- und Anspruchswandlungen? Schon in den 60er und 70er Jahren wurde von Elisabeth Noelle-Neumann und anderen konservativen Gesellschaftskritikern die These vorgetragen, daß Arbeitsmoral und bürgerliche Tugenden wie Pflichtbewußtsein, Ordnungsliebe, Fleiß und Disziplin verfallen und statt dessen eine hedonistische Einstellung zum Leben um sich greife. Später erfuhr diese These eine Wendung ins Positive. Ronald Inglehart sah einen Übergang von materiellen Sicherheits- und Ordnungswerten zu postmateriellen Freiheits- und Partizipationsbestrebungen, und Helmut Klages diagnostizierte ein Hervortreten von Selbstentfaltungswerten auf Kosten von Pflicht- und Akzeptanzwerten.

Die Thesen von Inglehart und Klages klingen plausibel und können auch durch Umfragedaten belegt werden. Einschränkend muß aber bemerkt werden, a) daß sie sich zeitlich beschränkt auf einen »Werteschub« in den 70er Jahren beziehen und nicht beliebig fortgeschrieben werden können und b) daß die Aufwertung von individuellen Entfaltungsbestrebungen nur eine relative ist und sich gleichsam auf dem Rücken von

17 Zum Widerspruch von »Normalarbeitsverhältnis« und sozialen Wandlungen vgl. Siegfried Rosner, Gesellschaft im Übergang? Zum Wandel von Arbeit, Sozialstruktur und Politik in der Bundesrepublik, Frankfurt/New York 1990.

Sicherheits- und materiellen Werten vollzieht, die in ihrer Bedeutung nicht etwa zurückgehen, sondern nur in dem Maße, in dem sie befriedigt sind, weniger Aufmerksamkeit auf sich ziehen.[18]

In allen erwähnten Thesen steckt ausgesprochen oder unausgesprochen die Annahme, daß der Wertwandel sich als Reflex auf die Wohlstandssteigerung, insbesondere als Antwort auf weitgespannte Konsummöglichkeiten und soziale Absicherungen vollziehe. Die These vom Verfall der bürgerlichen Tugenden enthält eine kaum verhohlene Dekadenzannahme.

Was die Thesen vermissen lassen, ist sowohl eine differenzierte Analyse der Wert- und Bedürfnisverästelungen als auch eine Erklärung durch Rückbezug auf Strukturänderungen im Arbeitsleben. In Zusammenhang mit Produktivitätssteigerung lassen sich diese Veränderungen wie folgt beschreiben:

- Körperlich schwere Arbeit wird durch intellektuell anspruchsvolle zurückgedrängt;
- nur auf Anweisung reagierende Arbeit weicht Tätigkeiten, die selbst gestaltet und selbst verantwortet sind;
- anstelle der Erfüllung von Pflichten, die von außen formuliert sind, tritt als motivierende Kraft die Befriedigung durch eigene Leistung;
- einer in das Privatleben eindringenden und es überschattenden Arbeit werden durch die Ausweitung der Freizeit und die Trennung von Arbeit und Freizeit Grenzen gesetzt;
- an die Stelle starrer Arbeitszeiten und Belastungen tritt eine Einteilung und zeitliche Strukturierung der Arbeit, die in bestimmtem Rahmen selbst bestimmbar ist.

Was sich auf den ersten Blick wie ein Verfall von Arbeitsmoral ausnimmt, erschließt sich einer genaueren Analyse als Anpassung an veränderte und differenzierte Anforderungen des Arbeitslebens. Eine alte, nicht mehr zeitgemäße Arbeitsmoral verwandelt sich in eine sowohl abstraktere als

---

18 Vgl. dazu Helmut Klages, Wertorientierungen im Wandel, Rückblick, Gegenwartsanalyse, Prognosen, Frankfurt/New York 1984; Ronald Inglehart, The Silent Revolution. Changing values and political styles among western publics, Princeton 1977. Für eine kritische Auseinandersetzung Karl Otto Hondrich/Randolph Vollmer (Hg.), Bedürfnisse im Wandel, Opladen 1983, bes. S. 84 ff.

auch flexiblere Leistungsmotivation. Sie orientiert sich an den Berufen und Arbeitsplätzen, die am »modernsten«, also stark wissenschafts- und technologiehaltig sind.[19]

Allgemein gesprochen verwandeln sich Werte nicht von selbst und von ungefähr, sondern in Reaktion auf gesellschaftliche Problemlagen und Strukturänderungen. Ändern sich, wie gerade beschrieben, zunächst in den modernen Sektoren der Ökonomie die Strukturen des Arbeitslebens, dann findet die entsprechende Werttransformation allerdings nicht unmittelbar im Berufssystem selbst statt. Dieses hat ja, so könnte man ökonomistisch sagen, Besseres zu tun. Es sendet allerdings auch, gleichsam nebenher, Signale von den sich in ihm verändernden Anforderungen in das Bildungssystem. Dort, wo die Spezialisten für Sinngebungen und Wertorientierungen sitzen, werden die Nachrichten aus der Arbeitswelt verallgemeinert und moralisch aufgeladen: Aus der Arbeitsanforderung, selbständig und mitverantwortlich zu handeln, wird der allgmeine Wert Selbstentfaltung; und die Notwendigkeit, sich bei einer Entscheidung des Sachverstandes aller Beteiligten ohne Rücksicht auf Hierarchiestufen zu versichern, führt zu Wertformeln wie der von der kommunikativen Kompetenz oder herrschaftsfreien Kommunikation; Vorteile, die daraus erwachsen, daß man von Mitarbeitern rechtzeitig auf mögliche Fehler oder unerwünschte Konsequenzen einer Entscheidung aufmerksam gemacht wird, leiten über zu Wertbegriffen wie Kritikfähigkeit oder kritische Reflexion etc.

In den Erwartungen und Ansprüchen junger Menschen, besonders der hochqualifizierten, wirken diese Wertvorstellungen aus dem Bildungssystem ins Berufssystem zurück. Obwohl sie dort vielfach ihren Ausgang genommen haben, sind sie doch nur unzulänglich und bruchstückhaft verwirklicht: »Gewandelte Werte - erstarrte Strukturen«[20], so mag die Arbeitswelt dem kritischen Betrachter von außen erscheinen.

Da es besonders die hochqualifizierten Absolventen des Bildungssystems sind, die als Träger gewandelter Werte fungieren und von den Unternehmen umworben werden, haben im Wettbewerb um weitere Produktivitätsfortschritte diejenigen Unternehmen die Nase vorn, die glaubhaft machen, daß sie am ehesten die gewandelten Werte verkörpern. Das Er-

---

19 Vgl. Karl Otto Hondrich/Jürgen Schumacher u.a., Krise der Leistungsgesellschaft? Empirische Analysen zum Engagement in Arbeit, Familie und Politik, Opladen 1988.

20 Michael von Klipstein/Burkhard Strümpel (Hg.), Gewandelte Werte - Erstarrte Strukturen. Wie die Bürger Wirtschaft und Arbeit erleben, Bonn 1985.

scheinungsbild des Unternehmens insgesamt, das Produkt-marketing und die Personalrekrutierung und Arbeitsorganisation sind dabei nur mehrere Aspekte derselben Sache. Als moderne Unternehmen, für die die besten Leute gerne arbeiten, gelten solche, die dem ökologischen Bewußtsein breiter Bevölkerungskreise und den Selbstentfaltungswünschen, insbesondere der Frauen, Rechnung tragen. In diesen beiden Bereichen haben sich in den letzten Jahrzehnten die stärksten Wertveränderungen vollzogen. Diejenigen Unternehmen, die am innovativsten sind bei der umweltverträglichen Gestaltung ihrer Produktionsprozesse, die ihre Produkte und Produktverpackung entsprechend prüfen und ihre Sensibilität für die ökologischen Folgen der eigenen Aktionen unter Beweis stellen, können sowohl bei Kunden wie bei potentiellen Mitarbeitern wie auch in der Politik mit größter Akzeptanz rechnen.

Die Möglichkeit, sich zu profilieren, liegt aber auch in der Personalpolitik. Das größte Potential für Produktivitätssteigerungen liegt bei den Frauen, die Träger der Selbstentfaltungswerte sind, aber Schwierigkeiten haben, ihre beruflichen Leistungsbestrebungen mit ihrem »Qualitätsdenken« bezüglich der Familie zu vereinbaren. Wem hierzu organisatorische Neuerungen einfallen, der ist auf eine Goldmine gestoßen. Die Frauen haben nämlich in bezug auf Qualifikation und Motivation im Bildungssystem längst gleichgezogen, sind aber im Hinblick auf Berufs- und Einkommenschancen gegenüber den Männern immer noch stark benachteiligt. Unternehmen, die diese Ungerechtigkeiten ausgleichen und, ohne auf die staatliche Ganztagsschule zu warten, Modelle entwickeln, um den Konflikt zwischen Kinder- und Berufswunsch zu lösen, liegen im Trend und werden nicht nur vom Zeitgeist, sondern auch ökonomisch belohnt.

Unternehmerische Pioniere sind auch auf dem Gebiet der Teilzeitarbeit gefragt. Hier gibt es eine beträchtliche Diskrepanz zwischen Wunsch und Wirklichkeit. Die Wirklichkeit, das sind sozial ungeschützte Arbeitsverhältnisse von unter 20 Stunden, die als Lückenbüßer fungieren. Gewünscht werden von den betroffenen Frauen aber sozial abgesicherte Arbeitsverträge von mindestens 25 - 30 Stunden wöchentlich.

Ein großes Potential zur Produktivitätssteigerung liegt in der Flexibilisierung von Arbeitszeiten. Wie von Rürup ausgeführt, hat die »schwingende Woche«, das Modell der Schichteinteilung bei BMW in Regensburg, Produktivitätsgewinne von bis zu 40 Prozent erbracht. Es läuft auf eine Reduzierung der wöchentlichen Arbeitszeit auf 36 Stunden hinaus und gewährt den Mitarbeitern Blöcke bis zu 5 arbeitsfreien Tagen. Im allgemeinen schrecken die Unternehmer davor zurück, die gewohnten Arbeitszeitstrukturen aufzulösen, weil sie die damit verbundene organisatorische Komplexität fürchten. Es gibt aber mittlerweile einige Innovatoren auf dem Gebiet der Unternehmensberatung, die sich darauf spezialisiert haben, Flexibilisierungsprogramme maßzuschneidern.[21]

Schließlich ist auch eine Innovation zu nennen, wie sie in der Personalberatung von Dr. Randolph Vollmer in Paderborn entwickelt wird.[22]

Ich nenne diesen Namen, weil ich stolz darauf bin, daß ein Soziologe, der früher bei mir gearbeitet hat, sich hier mit einer neuen Idee erfolgreich auf dem Personalmarkt behauptet. Die Konzeption, um die es hier geht, könnte man beiläufige oder indirekte Rekrutierung von hochqualifizierten Mitarbeitern an der Schnittstelle zwischen Universität und Unternehmen nennen. Durch einen Informationsdienst mit Rückkopplungseffekten werden Unternehmen und interessierte Studenten höherer Semester bzw. Absolventen von Universitäten und Fachhochschulen miteinander in Kontakt gebracht. Dabei kann es zu Kommunikations-Verdichtungen über Praktika, Diplomarbeiten und kleinere Forschungsprojekte kommen, die die Abstimmung von angebotenen und nachgefragten Qualifikationen erleichtern. Es scheint mir, daß hier eine Analogie zu der (von Rürup erwähnten) japanischen Idee der Informationsverdichtung im »Lean-Management« vorliegt.

Ich möchte mit diesen Hinweisen schließen. Sie sollten zeigen, daß gesellschaftliche Trends, wie sie etwa unter dem Schlagwort des Wertewandels registriert werden, durchaus auch - wenn auch nicht nur - als Reflexe auf Vorgänge im Wirtschaftssystem zu verstehen sind. Die Unternehmen erleben sie allerdings als »Daten« - Vorgänge in der Außenwelt, die eine Eigenmacht entfalten und sich dem unternehmerischen Zugriff entziehen. Emile Durkheim, der Klassiker der Soziologie, hat dafür den Begriff der

21 Andreas Hoff/Michael Weidinger, Weiterbildungszeiten im Betrieb, Hinweise zu Gestaltung und Organisation, hgg. vom Senator f. Wirtschaft und Arbeit, Berlin 1988.

22 Unternehmensberatung Dr. Randolph Vollmer, Akademischer Führungsnachwuchs in der Bundesrepublik Deutschland 1988/89. Eine Studie über die beruflichen Wünsche und Absichten von über 2100 repräsentativ befragten Studenten der Abschlußsemester an allen deutschen Universitäten und Fachhochschulen; ferner: Akademischer Führungsnachwuchs in der Bundesrepublik Deutschland 1991/92. Steckbrief zur Untersuchung: Maschinenbau, Elektrotechnik, Informatik, Wirtschaftswissenschaften.

»sozialen Tatsache« geprägt; er wollte deutlich machen, daß es sich um Prozesse und Zwänge handelt, an denen der einzelne zwar teilhat, die aber zu stark sind, als daß er sie ändern könnte. Das heißt nicht, daß er ihnen hilflos ausgeliefert sei. Säkulare Trends wie die Verwandlung von Klassen in Mittelstandsmilieus, das Zurückdrängen körperlicher durch intellektuell-kommunikative Arbeit, die gleichzeitige Intensivierung von Arbeit und Expansion von Freizeit, der Rückgang der Geburtenrate und der Zuzug von Arbeitsmigranten, die wachsende Sensibilisierung für die Belastungen der Umwelt, die Gleichberechtigungs- und Entfaltungsbestrebungen der Frauen etc. stellen Herausforderungen für unternehmerisches Handeln dar. Mit der rechtzeitigen und richtigen Erkenntnis solcher Trends, und mit der Fähigkeit, sie unternehmerisch innovativ zu nutzen, hat man, so denke ich, einen Schlüssel für wirtschaftlichen Erfolg in der Hand.

*Ulrich Steger*

# Managementperspektiven für die neunziger Jahre

## 1. Der »strategische Stern« der Unternehmensführung

Aufgabe des folgenden Beitrags ist es, die skizzierten makroökonomischen Trends und Veränderungen der Rahmenbedingungen in ihren Auswirkungen auf die Unternehmen und damit die Anforderungen an das Management zu analysieren. Dabei geht es hier zunächst weniger um konkrete Lösungsmöglichkeiten - dies bleibt den weiteren workshops und daraus entstehenden Publikationen vorbehalten -, sondern um die »Übersetzung« von externen, also vom Unternehmen nicht direkt zu beeinflussenden Variablen in ihrem Einfluß auf die strategischen Entscheidungen. Die Vielzahl der Facetten wird dabei im »strategischen Stern« der Unternehmensführung zusammengefaßt (ausführlicher Steger 1991), schwerpunktmäßig werden hier der Wertewandel in seiner Auswirkung auf das Konsumentenverhalten und der Globalitätsaspekt in seinen technologischen Konsequenzen analysiert.

Faßt man verschiedene Trends und Veränderungen in den Rahmenbedingungen in einer systematischen Weise zusammen, so kann man je drei Aktionsfelder und Strukturbedingungen definieren, die untereinander interdependent sind. Aktionsfelder beziehen sich vornehmlich auf Interaktionen mit der »Außenwelt« des Unternehmens, die Faktoren Globalisierung, Technologie und - neuerdings - Umweltschutz prägen die Markt- und Wettbewerbsbedingungen für Unternehmen. Die Strukturbedingungen orientieren sich mehr auf interne Anpassungsvorgänge, die Faktoren gelernter Wertewandel, Komplexität und Informatisierung beeinflussen

Unternehmenskultur (als Summe aller relevanter Normen und Verhaltensweisen), die Organisations- und Kommunikationsstruktur und sind von daher für Strategien und Verhalten von Unternehmen relevant.

Um dies an einem Beispiel zu verdeutlichen: Die Globalisierung der Märkte zwingt das Unternehmen zu Änderungen in der Absatzstrategie (sowohl auf der Ebene der Regionen wie der Produkte); der gesellschaftliche Wertewandel mit seinen Auswirkungen auf Arbeitsmotivation, Verhaltensweisen usw. führt zu Änderungen in der Organisationsform, um den Erwartungen gerade von gut ausgebildeten Kräften an die Arbeitsanforderungen gerecht zu werden (z.B. durch Dezentralisierung entstehen mehr Handlungs- und Entscheidungsspielräume). In systemtheoretischer Perspektive sind diese Wirkungen 1. Ordnung aber nicht isoliert zu betrachten, denn im nächsten Schritt beeinflussen Organisationsänderungen auch die Strategie (und umgekehrt).

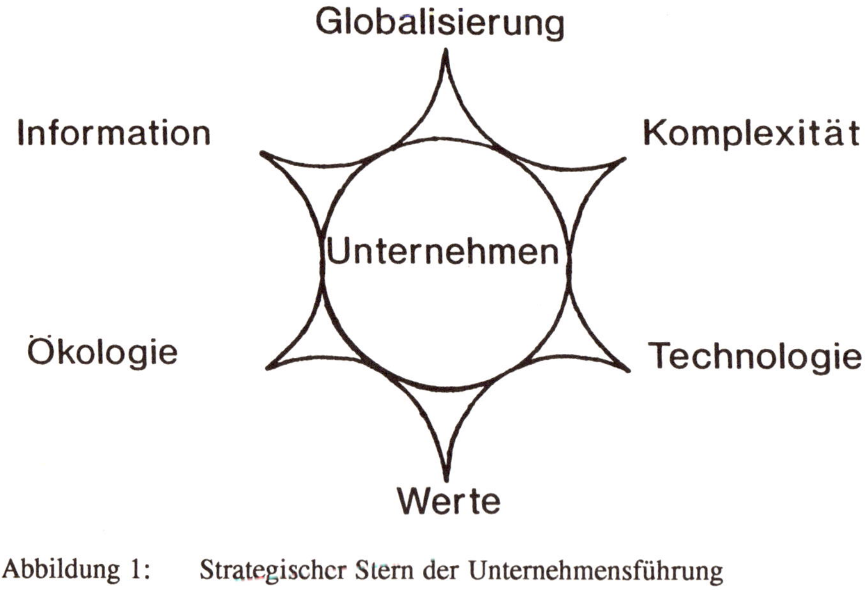


Abbildung 1: Strategischer Stern der Unternehmensführung

Abb. 1 soll - in der Symbolik von zwei ineinander geschobenen Dreiecken - diese Themenfelder und ihre Interdependenz graphisch veranschaulichen: als »strategischer Stern« der Unternehmensführung. Die einzelnen Punkte sollen im folgenden für die Unternehmen in ihren Auswirkungen kurz skizziert werden.

# 2. Globalisierung und Technologie

## 2.1 Konsequenzen der Globalisierung

Die Globalisierung der Märkte stellt dabei die Unternehmen vor drei unterschiedliche Herausforderungen: Die Integration auf europäischer Ebene, die Öffnung Ost-Europas und der Wettbewerb in der Triade. Dies impliziert, daß für die nächsten Jahre ökonomisch weder Afrika noch Lateinamerika oder die Entwicklungsländer Asiens mehr als eine Randrolle für die deutschen Unternehmen spielen. Ob diese Situation auf Dauer auch politisch stabil ist, kann hier nicht diskutiert werden.

Im Binnenmarkt sind für Industrieunternehmen wohl kaum größere Veränderungen zu erwarten, weil hier die Verflechtungen schon sehr intensiv sind. Anders sieht es bei Dienstleistungen - wie etwa Banken und Versicherungen - aus, die z.T. nach sehr unterschiedlichen Systemen reguliert sind. In beiden Bereichen wird sich durch die Mechanik der Binnenmarkt-Harmonisierung die interessante Frage stellen, in welche Richtung sich die dominanten Standards am Markt entwickeln. Bekanntlich gilt ja eine wechselseitige Anerkennung national zulässiger Regelungen und Normen. Denkbar sind nun Bewegungen nach »unten«, d.h. in Richtung des jeweils niedrigsten europäischen Standards (z.B. bei Qualitätsnormen, Verbraucherschutzregelungen oder Sicherheitsanforderungen). Umgekehrt kann sich auch ein Wettbewerb nach »oben« ergeben, wenn die Markterfordernisse in Richtung auf höhere Qualität, Zusatznutzen oder rigorose Schutzstandards gehen. Letzteres wäre für die deutsche Industrie günstiger, weil sie tendenziell eher darauf orientiert ist und daher diese Märkte oder Marktsegmente besser beliefern kann. Besonders relevant ist dies im Bereich des Umweltschutzes.

In ganz Osteuropa ist die deutsche und die übrige Wirtschaft aus westlichen Ländern in jeder Hinsicht überlegen. Größere Exporte scheitern hier aber an der mangelnden Zahlungsfähigkeit dieser Länder - ein Faktor, an dem sich wohl in dieser Dekade nichts ändern wird, weil der Umbau der ehemaligen Planwirtschaften mit ihren ineffizienten, autarkieorientierten Strukturen zu weltwirtschaftlich wettbewerbsfähigen Partnern viel Zeit brauchen wird (insbesondere in der Sowjetunion). Nicht nur aus wirtschaftlichen, sondern auch aus politischen Gründen besteht jedoch ein vitales europäisches Interesse an der ökonomischen und damit politischen Stabilität dieser Länder. Daher wird hier sicher in einem größeren Umfang als z.B. bei Entwicklungsländern ein Beitrag der Wirtschaft zur Modernisierung dieser Länder gefordert. Hier geht es um Direktinvestitionen, Know-how-Transfer durch Gemeinschaftsunternehmen, umfangreichere Investitionskreditierungen etc.

Das wirkliche ökonomische »Kräftemessen« findet aber im Wettbewerb der Triade statt - wie aus dem Beitrag von Müller (in diesem Band) schon deutlich wurde, eine delikate Balance von Kooperation und Konflikt. Auch wenn es weder ökonomisch noch politisch wünschenswert ist, so hat doch das vorläufige Scheitern der GATT-Verhandlungen (Uruguay-Runde) die Tendenz zur Bildung von Wirtschaftsblöcken verstärkt. Die Unternehmen werden sich daher auf eine Zunahme des »managed trade« einstellen müssen, in Japan aus Tradition, in den USA aus protektionistischem Druck. »Freiwillige« Selbstbeschränkungsabkommen, nicht-tarifäre Handelshemmnisse, versteckte Diskriminierungen, bis hin zu offenen Boykott-Aufrufen sind Situationen, mit denen die Unternehmen umgehen lernen werden. Dabei können sie keineswegs davon ausgehen, daß die EG ein handelspolitischer »Musterknabe« sein wird. Die Interessengegensätze zwischen protektionistisch und welthandelsorientierten Branchen werden zunehmen.

Oft wird dabei nicht erkannt, was die eigentlichen Konsequenzen für Unternehmen aus der Globalisierung sind. Vier möchte ich hier hervorheben:

Erstens steigt die Diffusionsgeschwindigkeit von Innovationen, damit werden Schwächen gegenüber dem internationalen Wettbewerber schneller offenbar, für den Innovator aber steigt das Risiko, weil ein Fehlschlag eine größere Dimension annimmt. Als erläuterndes Beispiel sei hier auf die Pharmazie verwiesen. Früher wurde ein Medikament zunächst auf dem Heimatmarkt angemeldet und genehmigt. Erst danach erfolgte sukzessiv die Anmeldung in anderen Ländern - und es dauerte oft ein Jahrzehnt, bis das Medikament weltweit verfügbar wurde. Durch eine Management-Innovation wurde eine gleichzeitige Anmeldung in allen Ländern möglich. Damit schwächt sich die Barrieren-Funktion nationaler Grenzen für Innovationen ab (vermutlich wird sich dies als die wichtigste Errungenschaft des gemeinsamen Binnenmarktes erweisen). Kann die inländische Konkurrenz nicht kontern, gehen wichtige Marktanteile verloren oder man wird in die Rolle des Lizenznehmers gedrängt. Ist das Produkt allerdings ein Mißerfolg, sind erhebliche Aufwendungen für die umfangreichen Verfahren verloren - hier barg das stufenweise Vorgehen geringere Risiken.

Zweitens wird der Management-Prozeß komplexer. Da die einzelnen Märkte nicht homogen sind und Verschiebungen sich auch nicht zeitgleich ergeben, steigt der Informationsverarbeitungs- und Koordinierungsaufwand im Unternehmen erheblich an. Um bei obigem Pharmazie-Beispiel zu bleiben: Die gleichzeitige Anmeldung eines Medikamentes in mehreren Ländern ist nicht einfach eine Addition von Verfahren. Vielmehr muß schon im Forschungs- und Entwicklungsprozeß (und den darin enthaltenen Tests) ein darauf abgestimmtes, erweitertes Kriterienraster berücksichtigt und prüffähig dokumentiert werden. Dabei müssen die Tests höchst unterschiedlichen Vorschriften genügen.

Drittens steigt die Zahl der Faktoren, auf die ein Unternehmen überhaupt keinen Einfluß hat, die aber den Erfolg von Auslandsaktivitäten prägen. Dabei geht es einmal um die Eigendynamik der Weltwirtschaftspolitik. Die höchst wechselhafte Wirtschaftspolitik wichtiger Industrieländer, insbesondere der USA, die zudem oft von der Nicht-Beachtung internationaler Implikationen gekennzeichnet war, hat seit Ende der sechziger Jahre z.T. zu erratischen Zins-, Wechselkurs- und Inflationsraten geführt und damit die Kalkulation für Exporte wie Direktinvestitionen mit zusätzlichen Risiken belastet. Zum anderen beruht die Weltwirtschaft auf einer Reihe höchst sensibler, internationaler Arrangements, die sich oft nur sehr schleppend neuen Gegebenheiten anpassen und deren Stabilität nicht als selbstverständlich genommen werden sollte.

Und viertens muß die Unternehmung selbständig in die Qualifizierungen der Faktoren ihres Umfeldes investieren. Dies geht weit über das hinaus, was traditionellerweise unter Investition im Sinne von »hardware« verstanden wird. Es umfaßt nicht nur Aufwendungen für die Qualifizierung der Beschäftigten, sondern auch Motivation für die Kunden, höchste Ansprüche zu stellen (oder bewußt die Kunden zu suchen, die die schwierigsten Bedingungen fordern) oder neue Kooperationsformen mit den Lieferanten, weil ihre Mitwirkung bei Innovationen unverzichtbar ist (Schaffen von »Clustern«). Die Maßstäbe für Produktstandards sollten sich an den höchsten Normen weltweit orientieren (was den Verzicht auf eine Lobby für »weiche« Standards des nationalen Gesetzgebers impliziert oder

- noch schwerer - für Protektion und Wettbewerbsbeschränkungen). Auch über das eigene Unternehmen hinaus sollte das Unternehmen sich an der Faktor-Weiterentwicklung beteiligen (z.B. Branchenforschungsinstitute, Förderung von Universitätsforschung).

Entscheidend ist aber das Bewußtsein, daß es im internationalen Wettbewerb keine Pause gibt, sondern daß heutige Wettbewerbsvorteile schon in kurzer Zeit vom Wettbewerb überholt werden. Irrtümlich wird dies oft als ein Druck für quantitatives Wachstum interpretiert - tatsächlich geht es aber (zumindest in den Industrieländern) um intelligentere Problemlösungen, qualitativ bessere Bedürfnisbefriedigung und eine effizientere Nutzung der Faktoren (was einen sinkenden Verbrauch von Ressourcen einschließt).

Für die Wettbewerbsfähigkeit der Unternehmen spielen heute dabei weniger die traditionellen Faktorkosten (Löhne, Kapitalkosten) eine Rolle - hier haben die z.T. heftigen Wechselkursschwankungen demonstriert, daß die Preiselastizität bei wichtigen Welthandelsströmen zumindest kurzfristig nicht sehr groß ist -, sondern die Wettbewerbsvorsprünge, die durch Technologie sowohl in der Produktion wie bei den Produkten erarbeitet werden. Dies ist der strategische Parameter und von daher soll die technologische Position der deutschen Industrie sowie die Auswirkungen auf die Unternehmen kurz skizziert werden.

## 2.2. Erfolgsfaktoren auf internationalen Märkten

Seit Ende des zweiten Weltkrieges ist die internationale Verflechtung der Wirtschaft ständig gewachsen - offenbar nur zeitweise beeinflußt von so gegenläufigen Faktoren wie Dollar-Krisen, protektionistischen Bestrebungen und weltwirtschaftlichen Verwerfungen wie den Ölkrisen (vgl. zu einer ausführlicheren Analyse Welfens 1990).

Die »Exporte« in die EG werden dabei gerade unter dem Aspekt der Schaffung des gemeinsamen Binnenmarktes 1992 nicht mehr als Außenhandel gelten können, aber auch der Handel mit den außer-europäischen Industriestaaten wuchs im Durchschnitt schneller als das Bruttosozialprodukt.

Diese Expansion der weltwirtschaftlichen Arbeitsteilung ist aber - bislang - auf die marktwirtschaftlich organisierten Industriestaaten (OECD-

Länder) beschränkt. Sie wickeln fast 90 % des Welthandels unter sich ab, bei den Direktinvestitionen ist es ebenso. Während die Öffnung Osteuropas sicherlich ihre Einbindung in die Weltwirtschaft fördern wird, fielen im letzten Jahrzehnt die afrikanischen Länder und der allergrößte Teil Südamerikas wieder zurück. Asien zeigt ein gemischtes Bild: Einigen »Erfolgsstories« - insbesondere die »vier kleinen Tiger« Süd-Korea, Taiwan, Singapur und Hongkong - stehen bevölkerungsreiche Problemländer wie die Philippinen oder Indien gegenüber. Chinas Integration in die Weltwirtschaft erlebt z.Z. einen schweren Rückschlag, weil die chinesische KP-Führung vor der Alternative von Öffnung und Reform oder Bewahrung des Machtmonopols sich für das letztere entschieden hat (wie schon öfter in der Geschichte des Landes).

Wenn also über die Globalisierung der Märkte gesprochen wird, dann geht es realistischerweise nur um den Teil der Welt, der die OECD-Länder und die »NICs« (Newly Industrialized Countries) in Teilen Asiens umfaßt. Nur hier sitzen die ernsthaften Wettbewerber. Dies ist unter entwicklungspolitischen Gesichtspunkten bedauerlich und bringt langfristig auch zusätzliche Risiken für die Weltwirtschaft mit sich (z.B. Weltschuldenkrise), muß aber wohl als Ausgangslage so akzeptiert werden.

Die Entwicklung des Welthandels hat sich dabei in den Strukturen verändert: Standen in den fünfziger und sechziger Jahren eindeutig die Industriegüter im Vordergrund, so traten seit den siebziger Jahren die Dienstleistungen (nicht nur die Finanzmärkte globalisierten sich, sondern auch die fast-food-Angebote) und die Direktinvestitionen hinzu. Ein nicht unbeachtlicher Teil des internationalen Handels - Schätzungen laufen für einzelne Länder auf über ein Viertel - wird dabei schon als »Intra-Konzernhandel« abgewickelt.

Hinter diesen generellen Trends verbergen sich höchst unterschiedliche Entwicklungen für einzelne Branchen und Unternehmen. Einige Branchen - etwa Textilmaschinen - weisen eine über 60 %ige Exportabhängigkeit auf, während andere - etwa die Baustoffindustrie - fast völlig auf den Inlandsmarkt orientiert sind. Nimmt man die Exporte und die Produktion in ausländischen Tochtergesellschaften zusammen, so hängen z.B. die drei großen Chemiekonzerne (Bayer, BASF, Hoechst) zu mehr als drei Viertel ihres Umsatzes vom Ausland ab.

Für die traditionelle Außenhandelstheorie war diese Entwicklung schwierig zu erklären. Danach spezialisieren sich nämlich Länder auf die

Gebiete, wo sie komparative Vorteile haben, insbesondere in der Faktorausstattung. Der Handel findet aber gerade zwischen Ländern mit relativ gleichen Bedingungen statt und zwischen Branchen, in denen beide Länder »stark« sind. Die drastischen Dollarschwankungen der achtziger Jahre zeigten zudem, daß die Wechselkurse die Handelsströme doch nicht so beeinflußten wie gedacht - große Teile der Nachfrage nach ausländischen Gütern erwiesen sich als relativ preisunelastisch (ganz zu schweigen davon, daß die Wechselkurse offenbar nicht mehr durch ökonomische Faktoren - die »fundamentals« - bestimmt werden, seitdem nur noch ein Bruchteil der Transaktionen - etwa 5-10 % - der Finanzierung realer Austauschvorgänge dienen).

Nun zählt die Frage nach der internationalen Wettbewerbsfähigkeit zu den kontroversesten - auch ideologisch und interessenbeladensten - Punkten in der wirtschaftspolitischen Diskussion, nicht nur in Deutschland. Eine jetzt erschienene empirische Untersuchung von Michael Porter (Porter 1990) bringt hier wirklich neue Erkenntnisse, so daß sie ausführlicher referiert werden soll. Porter geht dabei von der oft vergessenen Tatsache aus, daß auf den Weltmärkten nicht Nationen, sondern Firmen gegeneinander antreten. Und keine Nation (auch die japanische nicht) ist in allen Branchen erfolgreich, sondern bestimmte Nationen sind es in bestimmen »Clustern« - die Deutschen etwa im Chemie- oder Investitionsgüter-Bereich.

Es ist also auf die Frage zurückzugehen, warum Firmen aus bestimmten Branchen in bestimmten Ländern signifikant erfolgreicher sind als die Wettbewerber aus der gleichen Branche aus anderen Ländern. Die Voraussetzungen liegen dafür in »nationalen Diamanten« (Porter 1990, S. 127, Abb. 2), der Kombination der Faktoren, die den Erfolg im internationalen Wettbewerb bestimmen.

Die Produktionsfaktoren - und vor allem ihre relativen Preise - sind das, worauf sich die Außenhandelstheorie traditionellerweise konzentriert hat: Arbeitskräftepotential, Kapital (einschließlich der Infrastruktur) und die natürlichen Ressourcen (z.B. Bodenschätze). Niedrige Löhne sind entgegen landläufiger Meinung kein Faktor, der heute dauerhaft Wettbewerbsvorteile bietet, da sie einmal zu schnell unterboten werden können (z.B. Japan durch Korea, diese wieder durch Malaysia) und zum anderen den technischen Fortschritt bremsen (Porter war Berater der Reagan-Administration - ein ideologischer Bias ist hier ausgeschlossen). Was zählt, sind entwickelte, spezialisierte Faktoren (wie die Zahl promovierter Naturwissenschaftler oder Ingenieure). Denn die wirtschaftliche Entwicklung führt dazu, daß das früher Außergewöhnliche schnell das Durchschnittliche wird (etwa die physische Infrastruktur in Form von Straßen, Häfen etc.; heute bieten Einrichtungen der wissenschaftlich-technischen Infrastruktur wie Datenbanken, Kommunikationsnetze noch Vorteile). Nur wenn die Faktorausstattung ständig qualifiziert und spezialisiert wird (»upgrading«), kann sie effizient und effektiv genutzt werden. Selektive Nachteile bei der Faktorausstattung können sogar ein wichtiger Innovationsanreiz sein (so führen die extremen Knappheiten bei Fabrikgelände in Japan zum Druck auf die Verringerung von Lagerflächen und zur Entwicklung der just-in-time-Produktion).

Die inländischen Nachfragebedingungen sind die zweite Facette des »Diamanten«. Je anspruchsvoller die Kunden, je höher die Produkt- und Umweltstandards, um so besser für die internationale Wettbewerbsfähigkeit. Die Größe des Inlandsmarktes ist dabei weniger entscheidend als das Wachstum und die Struktur der Nachfrage und ob sie internationale Trends anführt (dies erklärt, warum auch sehr kleine Nationen auf manchen Märkten Weltgeltung haben - etwa Holland und sein Blumenexport oder Dänemark in der Möbelindustrie). Eine frühzeitige Sättigung im Inlandsmarkt »drückt« dabei die Unternehmen zu einer Zeit in den Export, wo die Auslandsmärkte noch aufnahmefähig sind. Die Bedeutung des Inlandsmarktes geht dabei über die größere Aufmerksamkeit aufgrund der räumlichen und kulturellen Nähe hinaus: Nachfrageveränderungen werden im bekannten Heimatmarkt eher wahrgenommen und verstanden. Die Unternehmen trauen sich hier eher als im unbekannteren Ausland zu, darauf mit Innovationen zu reagieren.

Ein dritter Faktor sind die benachbarten und Zulieferindustrien. Wettbewerbsfähige Branchen treten immer in »Clustern« auf (wie z.B. die italienische Schuhindustrie, die sich auf eine sehr leistungsfähige Schuhmaschinenindustrie, Lederverarbeitung und Design-Dienstleistungen stützen kann), die sich gegenseitig betrachten, eng kooperieren und damit Innovationen nicht nur anregen, sondern auch schneller durchsetzen.

Der relativ wichtigste Faktor ist aber die Firmenstrategie, die Marktstruktur und die Wettbewerbsverhältnisse. Diese in sich wieder sehr komplexe Facette des »Diamanten« umfaßt zunächst die Unternehmensstrategie, die von der Management-Kultur (etwa dem Einfluß naturwissenschaftlich-technischer Ausbildung der Spitzenmanager in vielen deutschen Branchen), den Unternehmenszielen (etwa der Dominanz kurzfristiger Finanzziele in den USA), dem Spannungsverhältnis zwischen Individuum und Organisation oder dem Einfluß von nationalem Prestige (etwa im Schweizer Bankensystem) mit beeinflußt wird. Wichtig ist dabei eine dauerhafte Verpflichtung (»sustained commitment«), die Bereitschaft von Investoren wie Mitarbeitern, auch in schwierigeren Situationen in der Branche zu bleiben, Auswege zu suchen und durch Prozeß- wie Produkt-Verbesserungen wieder neue Erfolgspositionen zu suchen. Die amerikanische Mobilität, in solchen Situationen eher »Ernte-Strategien« zu betreiben und Marktpositionen zu räumen, mag dem neoklassischen Ideal mobiler Produktionsfaktoren zu entsprechen, führt aber in praxi zum industriellen Niedergang.

Einen sehr signifikanten Zusammenhang fand Porter zwischen einer hohen Wettbewerbsintensität und dem internationalen Erfolg. Gerade am Beispiel Japan konnte er zeigen, daß die Branchen global erfolgreich waren, die durch einen sehr harten Wettbewerb etwa gleichstarker Unternehmen gekennzeichnet waren (und Kenner der deutschen Chemie werden zustimmend den Alliierten danken, daß sie die IG-Farben entflochten haben). Nicht das Hätscheln von »national champions«, sondern der Druck des Wettbewerbs zwingt Unternehmen zu Spitzenleistungen, der ständigen Suche nach Neuerungen und Verbesserungen, dem Durchdringen von - unbequemeren - Auslandsmärkten, und nur niedrige Markteintrittsbarrieren sorgen für jene »Außenseiter«, die eine träge gewordene Branche wieder munter machen. Die Liste der Beispiele, wo Versuche scheiterten, mit der Ausschaltung des inländischen Wettbewerbs (durch Konzentration oder Kartelle) international erfolgreiche Wettbewerber zu schaffen, durchzieht Porters ganzes Buch (immerhin 850 Seiten), ebenso wie die Beispiele, daß international erfolgreiche Unternehmen auch im Inland einem harten Wettbewerb ausgesetzt sind (erst im Lichte dieser Erkenntnis wird es verständlich, warum es langfristig z.B. für Siemens ein Nachteil war, daß der inländische Rivale - die AEG - ausfiel).

Porter akzeptiert, daß auch der Zufall eine Rolle spielt (etwa ein genialer Erfinder in einem Land), aber die Wahrscheinlichkeit, ob aus dieser Erfindung ein weltweiter Erfolg wird, hängt dann wieder von den unterstützenden Erfolgsfaktoren des »nationalen Diamanten« ab. Die Rolle der Regierung sieht Porter eher indirekt: Sie kann einige Bedingungen, nicht aber den globalen Erfolg der Unternehmen selber schaffen (etwa durch Ausbau des Bildungswesens oder eine wirksame Wettbewerbspolitik) - nicht alle Regierungen können diese zurückhaltende Rolle akzeptieren, und so haben Steuerzahler und Verbraucher weltweit schon Unsummen dafür bezahlt, daß die »Hilfe« der Regierung in Form von Subventionen, niedrigen Produktstandards oder ausgeschaltetem Wettbewerb träge Giganten, aber keine global wettbewerbsfähigen Unternehmen schuf.

Diese Faktoren des »nationalen Diamanten« verstärken sich in einem dynamischen Prozeß wechselseitig, etwa wenn günstige Faktorkombinationen (etwa das Ausbildungssystem), ein lebhafter Wettbewerb zwischen kompetenten Firmen, anspruchsvolle Nachfrager und Zulieferindustrien von Weltklasse internationale Erfolgspositionen aufbauen, die über ein Jahrhundert halten (Porter beschreibt ausführlich die deutsche Druckmaschinenindustrie als ein solches Beispiel). Umgekehrt können die Faktoren auch so zusammenwirken, daß eine abwärtsgerichtete Spiral-Bewegung einsetzt, die dann nur schwer zu stoppen ist. Großbritannien ist ein solches Beispiel, wo Industrietätigkeit bei der Elite nie sehr hoch im Kurs stand und das allgemeine Ausbildungssystem hinter der übrigen europäischen Entwicklung zurückblieb (Faktorkonditionen). Ein Wettbewerb, der eher »gentlemen-like« war, verstärkt durch Verstaatlichungen, die zur Monopolbildung führten, und - mit Ausnahme von Luxusartikeln - eine mäßige Anspruchshaltung der Konsumenten, die durch das leichte Ausweichen auf (ehemalige) Kolonialmärkte der Industrie noch weiter von Spitzenstandards entfernte, führte zu einem jahrzehntelangen Erosionsprozeß, der auch durch »angebotsorientierte« Steuersenkungen kaum aufzuhalten war.

Es mag zunächst verblüffen, daß die Bedingungen des Heimatlandes so stark den internationalen Erfolg eines Landes bestimmen, aber die empirischen Resultate sind recht überzeugend. Bleibt die Frage, warum ein Unternehmen auf die - schwierigen - internationalen Märkte geht. Zwei Hauptmotive sind dafür zu identifizieren: einmal die »economics of scale«, zum anderen die selektive Nutzung des »national diamond« des Gastlandes.

Im ersteren Fall geht es weniger um die klassischen Effekte der Kostendegression, die früher als Hauptargument angeführt wurden. Die neuen Fertigungstechnologien haben dazu geführt, daß auch kleinere Serien und individuellere Produkte automatisiert hergestellt werden können. Eher geht es um die sich verkürzenden Produktlebenszyklen und insbesondere um die sich verkürzenden Innovationsvorsprünge. Auf dem erreichten hohen technischen Niveau ist es sehr schwer für Unternehmen, dauerhafte Wettbewerbsvorsprünge herauszuarbeiten. Zugleich ist oft der Forschungs- und Entwicklungsaufwand progressiv gestiegen. Um diese Kosten wieder zu verdienen, ist es notwendig, die kurze Spanne intensiv zu nutzen, bis der Wettbewerb aufgeholt hat. Die gleichzeitige Vermarktung in mehreren Ländern bietet sich dafür an. Pümpin nennt dies das Prinzip der Multiplikation (Pümpin 1989, S. 102 ff). Es gilt nicht nur für Produkte, sondern auch bei neuen Verfahren oder Konzepten (etwa im Dienstleistungsbereich). Die fast-food-Ketten oder »The Body Shop« (naturorientierte Kosmetik) sind ebenso ein Beispiel dafür, wie die multinationalen Wirtschaftsprüfungs- und Unternehmensberatungsgesellschaften oder pharmazeutische Produkte und Computer. Immer wird die Neuigkeit »multipliziert«, um so rasch eine globale Marktdurchdringung zu erreichen.

Im zweiten Fall werden positive Faktoren, die das Heimatland nicht bietet, die aber für die globale Wetttbewerbsfähigkeit des Unternehmens wichtig sind, »angezapft«. Die niedrigen Löhne z.B. in Entwicklungsländern waren ein solcher Fall, ihre relative Bedeutung wird sich aber vermindern, da durch die Automatisierung die Produktion wieder in Länder mit einer hohen Human-Qualifikation zurückwandert (wie z.B. gut in der Textilindustrie zu beobachten). Heute geht es mehr um spezialisierte Erfolgsfaktoren wie die Nutzung von Forschungserkenntnissen (etwa der Gentechnologie in den USA) oder Frühindikator-Funktion von Märkten. Kalifornien gilt z.B. - auch wegen seiner Umweltstandards - als der »härteste« Automobilmarkt der Welt, der eine Leitfunktion für andere Länder hat. Wer hier besteht, wird sich auch auf anderen Märkten bewähren (vgl. dazu die Beispiele bei Ohmae 1989, S. 154 ff).

Beide Gründe erklären auch, warum in den letzten Jahren Exporte stärker durch Direktinvestitionen ergänzt wurden. Denn sowohl die Nutzung der Multiplikation wie die der Faktoren des »national diamond« verlangen eine stärkere Präsenz im Lande. Dabei entstehen für die Unternehmen oft schwierige Abwägungen. Um z.B. die Forschungskapazitäten eines Landes dort zu nutzen, wo diese in der Weltspitze sind, ist es erforderlich, daß auch das ausländische Unternehmen »insider« wird, d.h. kulturelle, informationelle, gesetzgeberische oder andere Distanz-Barrieren, denen sich das Unternehmen im Gastland gegenübersieht, wegzuräumen. Mit dieser Integration nimmt aber die Steuerungsfähigkeit der Muttergesellschaft gegenüber der Tochter ab, eine einheitliche globale Strategie läßt sich dann kaum noch erreichen. Das Unternehmen ist dann nicht mehr international, sondern »multidomestic«, wie sich dies z.B. wegen der starken Orientierung auf die nationale Gesetzgebung bei den Wirtschaftsprüfungsgesellschaften zeigt.

## 2.3. Exkurs: Die technologische Wettbewerbsfähigkeit der deutschen Industrie

Anfang der achtziger Jahre kam es - angestoßen durch die Reagan-Euphorie in den USA - zu einer Diskussion über die »technologische Lücke« Europas und insbesondere der Bundesrepublik. Das Wort von der »Euro-Sklerose« machte die Runde. Unter dem Eindruck von Fakten - insbesondere dem dauerhaften US-Handelsbilanzdefizit - verschwand diese Diskussion relativ rasch wieder. Heute dürfte unbestritten sein, daß die deutsche Wirtschaft technologisch zu den leistungsfähigsten der Welt gehört (was einzelne Schwachpunkte nicht ausschließt).

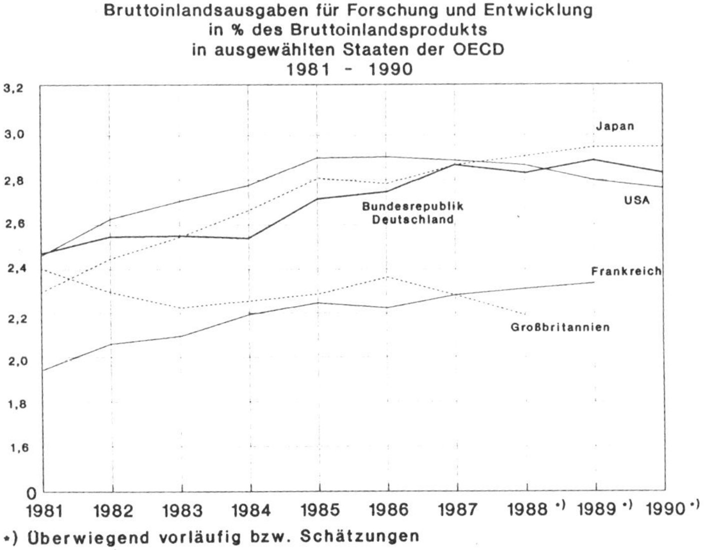


Abbildung 2: Bruttoinlandsausgaben für Forschung und Entwicklung

Quelle: OECD und eigene Berechnungen des BMFT

Eine neuere Studie im Auftrage des BMFT liefert dazu die aktuellsten Zahlen. Abb. 2 zeigt die Entwicklung der F u. E-Aufwendungen im internationalen Vergleich. Die Bundesrepublik kann hier mit den Spitzenreitern durchaus mithalten, vor allem wenn man bedenkt, daß der Anstieg in den USA vor allem im militärischen Bereich erfolgte (Anstieg des Verteidigungsministeriums an allen öffentlichen F u. E-Aufwendungen von ca. 50 % auf fast 70 %). Zugleich zeigt sich ein europäisches Problem - das relative Zurückbleiben Frankreichs, Großbritanniens und Italiens. Bei der Forschungs- und Technologiepolitik auf europäischer Ebene (und den daraus resultierenden Förderprogrammen) stellt sich so für die Bundesrepublik immer die Alternative, sich am höheren internationalen Niveau oder dem europäischen Durchschnitt zu orientieren.

**Spezialisierung der Bundesrepublik Deutschland auf forschungsintensive Güter (RCA 1988)**

| **überduchschnittlich** | **unterdurchschnittlich** |
|---|---|
| **Spitzentechnologien** | |
| Pharmazeutische Produkte | Datenverarbeitungsanlagen |
| Neuere organ. Chemikalien | Telekommunikation |
| Neuere Kunststoffe | Halbleiterbauelemente |
| Planzenschutz | |
| Medizinische Elektronik | |
| Fortgeschrittene Optik | |
| Fortgeschrittene Meßgeräte | |
| **Höherwertige Technologien** | |
| Maschinenbau | Teile der Nachrichtentechnik |
| Chemische Erzuegnisse | Büromaschinen |
| Elektrotechnik | Foto-, Filmgeräte |
| Technische Keramik | |

Abbildung 3: Spezialisierung der Bundesrepublik Deutschland

Abb. 3 listet beispielhaft die Spezialisierung der Bundesrepublik bei forschungsintensiven Gütern auf und zeigt die Bereiche, wo nur unterdurchschnittliche Erfolge zu verzeichnen sind. Forschungsintensive Güter sind dabei formal als Branchen definiert, in denen der F u. E-Aufwand mindestens 8,5 % des Umsatzes beträgt (Spitzentechnologien), bei höherwertigen Technologien muß er zwischen 3,5 und 8,5 % liegen[1]. Die Ergebnisse sind sehr plausibel und bedürfen noch insofern der Ergänzung, daß natürlich ein Land von der Größe der Bundesrepublik nicht auf allen technologischen Feldern absolut »Spitze« sein kann.

**Ausführ in v.H. der Einfuhr bei forschungsintensiven Gütern**
**- Handel der Bundesrepublik in 1988 -**

**gegenüber EG-Ländern**

| | |
|---|---|
| - Spitzentechnologie | 99,0 |
| - Höherwertige Technologie | 247,1 |
| FuE-intensive Technologie insg. | 201,1 |

**gegenüber USA**

| | |
|---|---|
| - Spitzentechnologie | 60,7 |
| - Höherwertige Technologie | 340,8 |
| FuE-intensive Technologie insg. | 171,1 |

**gegenüber Japan**

| | |
|---|---|
| - Spitzentechnologie | 24,6 |
| - Höherwertige Technologie | 50,5 |
| FuE-intensive Technologie insg. | 41,3 |

**gegenüber Südostasien**

| | |
|---|---|
| - Spitzentechnologie | 71,7 |
| - Höherwertige Technologie | 172,5 |
| FuE-intensive Technologie insg. | 119,9 |

**gegenüber Ausland insgesamt**

| | |
|---|---|
| - Spitzentechnologie | 126,1 |
| - Höherwertige Technologie | 248,2 |
| FuE-intensive Technologie insg. | 196,1 |

**gegenüber Osteuropa**

| | |
|---|---|
| - Spitzentechnologie | 443,5 |
| - Höherwertige Technologie | 1108,8 |
| FuE-intensive Technologie insg. | 818,0 |

Abbildung 4: Handel der Bundesrepublik in 1988

1 RCA bedeutet Revealed Comparative Advantage (relativer Exportüberschuß, normiert auf den Durchschnitt der Ausfuhr-Einfuhr-Relation aller Warengruppen, positive (negative) Werte bedeuten eine (unter-)überdurchschnittliche Wettbewerbsfähigkeit.

Abb. 4 zeigt aber, daß - wieder in der regionalen Betrachtung - gegenüber Japan ein eher generelles Defizit bei F u. E-intensiven Gütern besteht (mit der Ausnahme Chemie), während das Defizit bei Spitzentechnologien gegenüber den USA vor allem auf den Bereich der Informations- und Kommunikationstechnologie (Computer, Telekommunikation) zurückzuführen ist. Dies wird für die Welthandelskonflikte Bedeutung haben.

## 2.4. Auswirkungen der Technologieentwicklung in Unternehmen

Diese statistischen Zahlen verdecken aber eher, was sich an Breitenwirkungen und Strukturveränderungen in der Anwendung neuer Technologien in den letzten drei Jahrzehnten ergeben hat. Bis in die sechziger Jahre war die Entwicklung einer neuen Technologie oft mit der Entstehung einer neuen Branche verbunden. Aus der Erfindung des Transistors entstand die Computerindustrie, aus dem Raketenantrieb entstand die Raumfahrtindustrie usw.

Vor allem gibt es heute nicht mehr jene 3-4 klar abgrenzbaren Schlüsseltechnologien, wie etwa noch Anfang der siebziger Jahre Kernenergie, Datenverarbeitung und Luft- und Raumfahrt bezeichnet wurden (eine Schlüsseltechnologie ist - anders als die allgemein beherrschten Basistechnologien - dadurch gekennzeichnet, daß ihre frühe Anwendung einen erheblichen Wettbewerbsvorteil durch geringere Kosten, höhere Produktqualität etc. ermöglicht). Heute werden folgende - in sich sehr differenzierte - technologische Trends als Schlüsseltechnologien zusammengefaßt, die alle Branchen in ihren Strukturen wie Produkten beeinflussen werden:

- Die Anwendung der Mikroelektronik mit all den Auswirkungen auf die Informationstechnik, vor allem die Entwicklung von (kundenspezifisch) integrierten Schaltkreisen, Mikrostrukturtechnologie, Aufbau und Verbindungstechnik, Oberflächenmontage, Software-Entwicklungen mit »tools« für programmierbare oder automatisierte Software-»Produktion«, für fehlertolerante Systeme, funktionale Sprachen der vierten und fünften Computergeneration, höhere Kompatibilität und Benutzerfreundlichkeit usw. Die Anwendung sowohl von neuen Informations- und Kommunikations-Systemen wie flexiblen und automatisierten Produktionstechniken hängt weitgehend von der weiteren Entwicklung der Mikroelektronik als einer Querschnittstechnologie ab.

- Laser als Werkzeug für Oberflächenbehandlung auch im Bereich von Meß- und Regelungstechnik; z.B. aber hängt die weiter zunehmende »Dichte« von Chips von der Entwicklung von Laser sehr kurzer Wellenlänge ab. Wichtiger ist aber der Einsatz im Bereich der »Mikrostrukturtechnologie«, der die für die deutsche Industrie wichtigen Bereiche der Optoelektronik wie den Maschinenbau vorantreiben wird (um nur zwei von vielen möglichen Bereichen zu nennen).
- Neue Materialien umfassen Werkstoffe aus Metall, Keramik, Polymerkunststoffe, Verbundstoffe (z.B. faserverstärkte Kunststoffe), Werkstoffe der Elektronik und Glas, die zum größten Teil für spezifische Anwendungen als »Design« entwickelt werden (und z.T. für ihre Bearbeitung auf Laser angewiesen sind) und in ihren spezifischen Eigenschaften (z.B. Verschleißfestigkeit, Wärmeleitfähigkeit) konventionellen Werkstoffen um Größenordnungen überlegen sind, auch mit sehr interessanten Lösungspotentialen im Umweltschutz oder der Sensorik (ein Engpaß bei der Anwendung der Mikroelektronik).
- Im Energiebereich geht es - neben der Weiterentwicklung für Technologien mit höheren Wirkungsgraden und inhärent geringeren Emissionen - um die Alternativen zum herkömmlichen Verbrennen von fossilen Brennstoffen durch Wasserstoff und Photovoltaik (nur wenn der Strom solar erzeugt wird, wäre die Wasserstoff-Verbrennung sinnvoll), aber auch die Fusion (ob die Kernenergie durch den »Treibhauseffekt« wieder eine neue Zukunft - etwa in Form eines inhärent sicheren Hochtemperaturreaktors - erhält, kann hier nicht diskutiert werden).
- Vor allem für die Chemie sind die Bio- und Gentechnologie als Schlüsseltechnologie identifiziert (wenn auch im einzelnen sehr umstritten).
- Welche breitere wirtschaftliche Anwendung sich für z.B. Supraleitungen, Weltraumtechnik (Produktion unter Schwerelosigkeit) oder Tiefseetechnik (zur Rohstoffgewinnung) ergeben wird, läßt sich gegenwärtig schwer abschätzen.

Eine kritische Variable ist hier die Zeit. Wenn ein Wettbewerber sich einen zeitlichen Vorsprung bei der Markteinführung einer Produkt- oder der Anwendung einer Prozeß-Innovation erarbeitet hat, müssen ihm die anderen folgen (Imitatoren) - meist unter weniger günstigen Bedingungen. Umgekehrt kann eine Innovation auch zu früh erfolgen und wird deshalb vom Markt nicht akzeptiert. Wie immer die Abwägungen im einzelnen dazu aussehen, ohne explizite Berücksichtigung der Zeitachse lassen sich Innovationsprozesse kaum analysieren.

Am Beispiel des Maschinenbaus kann beispielhaft gezeigt werden, wie die Summe der einzelnen Technologien im Zeitablauf bestehende Branchen in ihren Verfahren und Produkten revolutioniert, aber eben nicht mehr neue Branchen entstehen: Die vergangenen 15 Jahre waren im Maschinenbau durch die erfolgreiche Integration der elektronischen Steuerung in die mechanischen Systeme gekennzeichnet (E. Reuter prägte dafür den Begriff der »Mechatronik«), gegenwärtig ist eine rapide Entwicklung bei Sensoren und Aktoren zu beobachten, die zu einem Präzisionsschub, teilweise auch zur Entwicklung neuer Prozesse und der Verarbeitung neuer Werkstoffe und Materialien führt. Die steigende Flexibilisierung der Maschinensteuerung (u.a. durch Miniaturisierung der Rechner, aber auch den Einsatz von Lasern) sowie die Vernetzung mehrerer Fertigungsschritte und der Einsatz von Robotern erlaubt eine große Produktvielfalt als »individualisierte Massenfertigung«. Als Leitbild der künftigen Entwicklung dient die Integration sämtlicher EDV-Strukturen (also Konstruktion, Arbeitsvorbereitung, Rechnungswesen, Fertigung und Versand) zu einem »Ganzen«, kurz genannt CIM (Computer Integrated Manufacturing). Aber auch ohne die »Zukunftsmusik« - wer die Werkstattfertigung Anfang der siebziger Jahre mit den heutigen Bearbeitungszentren vergleicht, kann ermessen, warum der Begriff »Evolution« für diese (Weiter- oder Höher-)Entwicklung durchaus angebracht ist.

Nun werden zwar Innovatoren von den Medien und der Politik als die neuen »Helden« gefeiert, aber die Praxis ist dadurch gekennzeichnet, daß bei jeder Innovation erhebliche Widerstände zu überwinden sind. Dies hat aber wenig mit der vieldiskutierten angeblichen Technikfeindlichkeit unserer Gesellschaft oder Unfähigkeit bis Böswilligkeit - wem auch immer zu geschrieben (meist »den anderen«) - zu tun. E. Staudt hat aufgrund seiner umfangreichen empirischen Untersuchungen vier Hauptdeterminanten für Innovationswiderstände identifiziert:

- technikbedingte Innovationswiderstände (etwa weil die Chipentwicklung zwar rasant war, die notwendigen »Anschlußtechniken« - etwa im Bereich der Sensorik und Aktoren - aber nicht komplementär mitentwickelt wurden, oder die Lebenszyklen so kurz waren, daß kein Übergang in stabile Produktionsverhältnisse möglich war);
- qualifikatorisch bedingte Innovationswiderstände (weil die vorhandene Qualifikation auf allen Ebenen des Unternehmens nicht von den Anforderungen an die Bewältigung der neuen Probleme und Verfahren gewachsen war);
- sozial bedingte Innovationswiderstände (keineswegs nur auf den unteren Ebenen der Unternehmenshierarchie, weil mit der Einführung der neuen Technologie auch Organisationsänderungen notwendig waren, damit drohte der Verlust von Macht, Wissensvorsprung usw.) sowie
- regelungsbedingte Innovationswiderstände (hiermit ist der ganze Komplex staatlicher wie nicht-staatlicher Regulierung - etwa DIN-Normen - gemeint, die sich an der traditionellen Technik orientieren).

Wie diese Innovationswiderstände überwunden werden, ist eine erstrangige Aufgabe der Unternehmensführung. Entscheidende Engpässe sind in der Praxis die Qualifikation der Beschäftigten (einschließlich des Managements) wie die Organisationsstruktur, die ja auch immer Interessen betrieblicher Machtgruppen widerspiegelt, die durch Innovationen gefährdet werden können. Staudt unterscheidet daher - idealtypisch - zwischen einer Innovation, in der die Technologie als positives Gestaltungselement genutzt wird und einer bloßen Substitution von Arbeit durch Technik, die per saldo eher negative Folgen hat (Abb. 5) (wie das Innovationsmanagement zur eher positiveren Variante beitragen kann, wird Gegenstand des nächsten workshops sein).

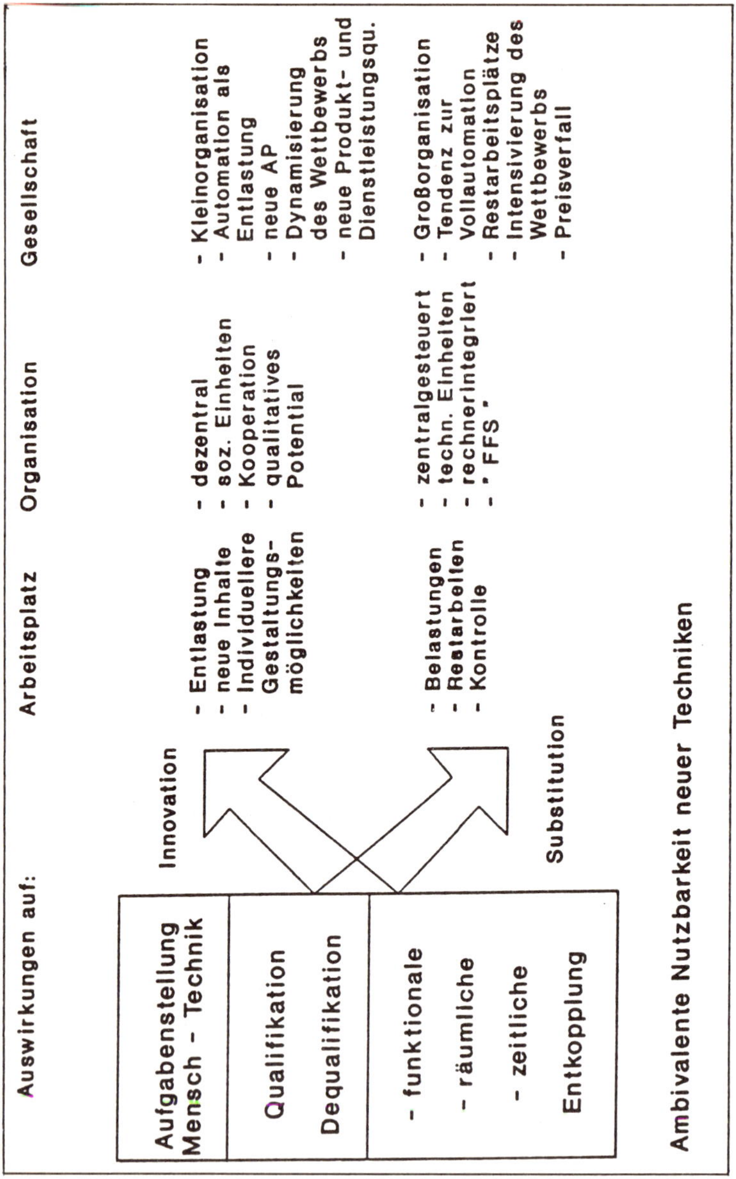


Abbildung 5: Ambivalente Nutzbarkeit neuer Techniken

## 3. Wertewandel und Verbraucherverhalten

Als zweiter Themenkomplex aus dem »strategischen Stern« soll der Zusammenhang zwischen Wertewandel (vgl. Hondrich in diesem Band) und dem Verbraucherverhalten analysiert werden. Der »Wertewandel« berührt die Unternehmen nicht nur in ihrer Funktion als Arbeitgeber, sondern in gleicher Weise in ihren Beziehungen zu den Konsumenten. Die Auflösung der einfach zu identifizierenden Strukturen früherer Klassengesellschaften zu einer eher diffusen denn gegliederten, mobilen »Wohlstandsgesellschaft mit Mittelstandsbauch« hat die Werte und damit auch das Konsum-Verhalten verändert. So strittig auch hier die Details sind, über die generelle Richtung zur Individualisierung scheint Konsens zu herrschen. Die Marktforscher haben versucht, diese Entwicklung durch »life-style«-Konzepte zu typologisieren und so Zielgruppen für das Marketing zu segmentieren. Abb. 6 zeigt zwei von vielen möglichen Beispielen.

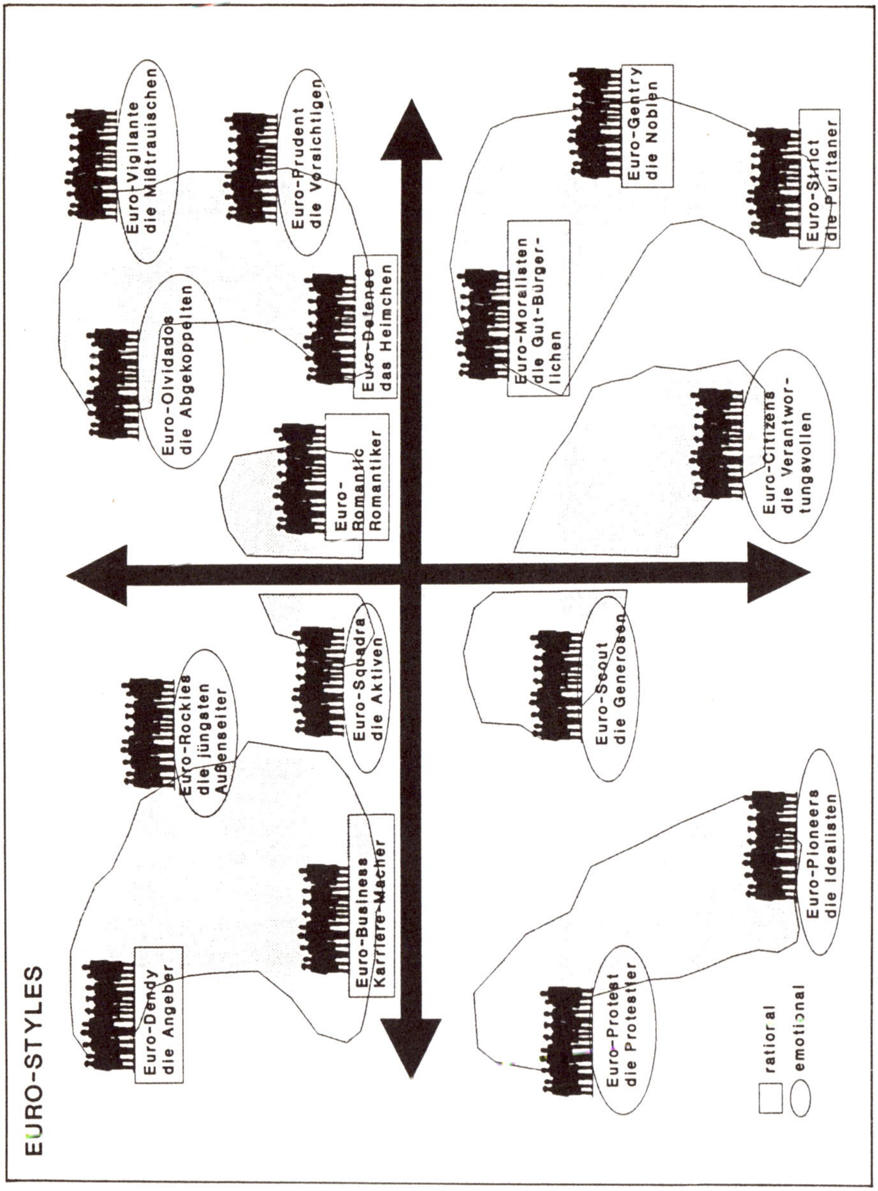


Abbildung 6: Euro Styles

Quelle: Meffert, Handel Heute

Die Dynamik des Verbraucherverhaltens - wie der Wettbewerb der Konsumforscher - hat dazu geführt, daß mit einer Vielzahl von möglichen Kriterien diese life-style-Gruppierungen immer weiter unterteilt wurden - das neueste GfK-Konzept unterscheidet mittlerweile 16 life-style-Typen, und es gehört keine prophetische Gabe zu der Vorhersage, daß im Wettbewerb der Profession bald die Zahl von 20 Typen überschritten wird. Damit werden die Ergebnisse aber langsam unübersichtlich. Vor allem: Wer kann im Zeitalter der Massenkommunikation noch so genau die Zielgruppen ansprechen? Und: Gruppen, die gestern noch als Trendsetter »in« waren, sind heute schon wieder »out«. Der traurige Tod der »Yuppies« und ihr Ersatz durch die »Ultra-Consumers« im Land der unbegrenzten (Konsum-) Möglichkeiten ist nur ein Beispiel dafür. Für mich ist die Kreation ständig neuer life-style-Konzepte und Kundensegmentierungen eher ein Indikator für die Ratlosigkeit, denn die Kreativität der Marktforschung. Einmal herrscht noch weitgehend Unklarheit darüber, wie sich Werte in Verhalten umsetzen und zum anderen muß wohl davon ausgegangen werden, daß mit der oben diskutierten »Verflüssigung« von Werten es keine stabilen Werthierarchien mehr gibt, so daß Entscheidungen situativ bedingte Ausbalancierungen von u.U. konfliktären Entscheidungskriterien und Bedürfnissen sind. Dies soll im folgenden erläutert werden.
Wimmer (Abb. 7) zeigt modellhaft am Beispiel des Konstruktes Umweltbewußtsein den »trickle-down«-Prozeß von generellen Werten zum Kauf- und Verbrauchsverhalten und nennt Bestimmungsfaktoren, die diesen Prozeß beeinflussen.

Globale Werte sind dabei »Hintergrundvariable«, die nicht direkt verhaltenswirksam sind, sondern eher die allgemeine Einstellung prägen, damit aber auch die Wahrnehmung (wer z.B. auf der kognitiven Ebene umweltbewußt ist, achtet bei der Zeitungslektüre auf entsprechende Berichte). Allerdings ist zur Handlungsrelevanz noch notwendig, daß der Konsument sich durch dieses Wissen persönlich betroffen fühlt, eine Verbindung zu seinem Konsumverhalten herstellt und glaubt, daß er dadurch auch etwas ändern kann. Ohne diese »Kombination« kann Wertorientierung und Verhalten entsprechend auseinanderklaffen. Auf der nächsten Ebene - den be-

Der Einfluß des Umweltbewußtseins auf das Kauf- und Verbrauchsverhalten

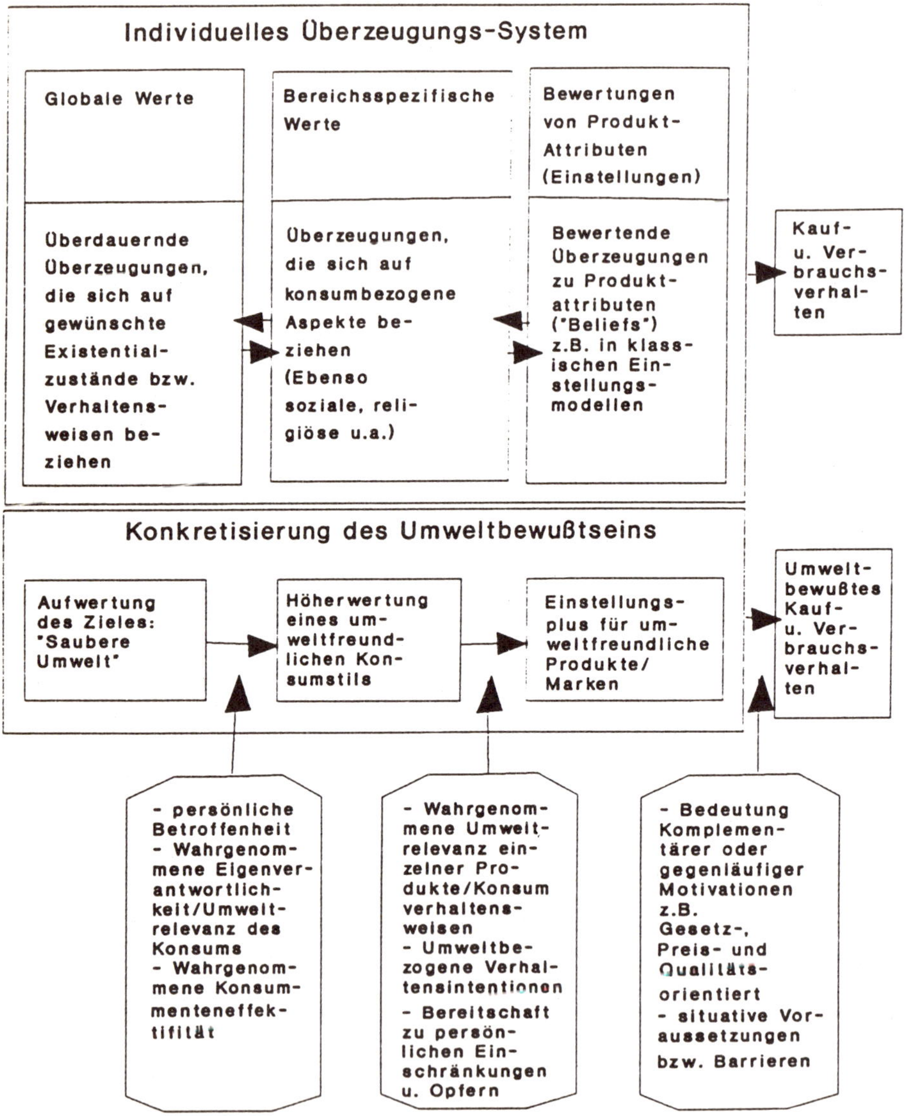


Abbildung 7: Der Einfluß des Umweltbewußtseins auf das Kauf- und Verbrauchsverhalten

reichsspezifischen Werten - bedarf es zur Änderung bisherigen Konsumverhaltens, daß das generelle Wissen sich auf konkrete Konsumprozesse und -produkte bezieht (etwa daß Autofahren umweltbelastend ist), welches mögliche Alternativen sind (etwa öffentlicher Nahverkehr) und ob man ggfs. bereit ist, persönliche Einschränkungen und Opfer zu bringen. Dies hängt davon ab, wie »groß« subjektiv der Komfortverzicht empfunden wird (bei den gewohnten Mobilitätsstandards führt es dazu, daß wir weiter Auto fahren, aber brav das Glas zum Recycling-Container bringen). Um kaufrelevant zu werden, wird das Einstellungsplus noch gegen eine Reihe weiterer Entscheidungskriterien balanciert: Den Kaufpreis, die gewohnten Qualitätsstandards oder situativen Bedingungen (etwa wenn ein vertrauenswürdiger Verkäufer vom Produkt abrät).

Gegenwärtig ist die Situation in den deutschsprachigen - aber auch in den übrigen europäischen - Ländern dadurch gekennzeichnet, daß der »trickle-down« Prozeß bereits weite Konsumentengruppen erfaßt hat, so daß Umweltschutz ein Marktfaktor geworden ist. Abb. 8 zeigt dabei den wachsenden Anteil an Haushalten, die umweltbewußt sind (d.h. wo der Wert Umweltschutz auch das Verhalten beeinflußt). Wichtiger als die absoluten Zahlen ist dabei das rasche Wachstum der Gruppe der Umweltbewußten. Normalerweise verändert sich das Konsumentenverhalten eher graduell und stetig (Abb. 9).

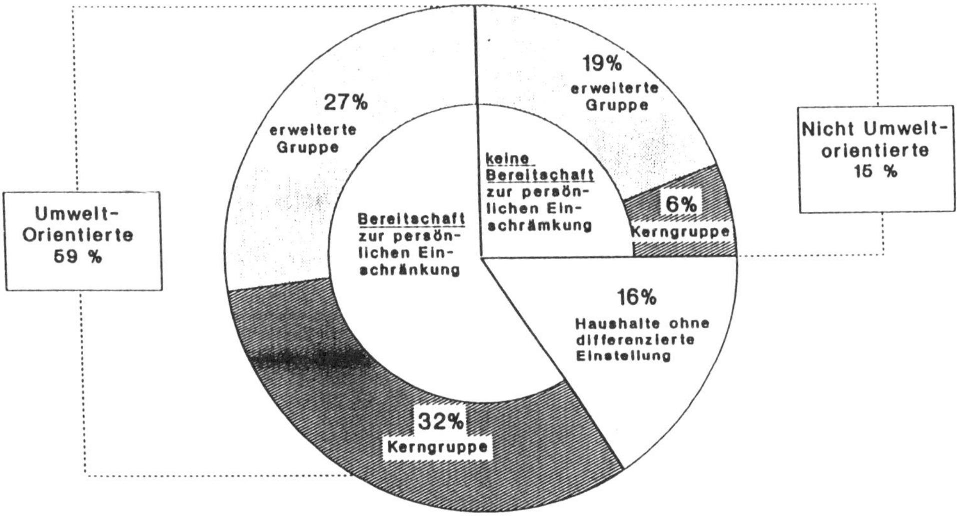


Abbildung 8: Konsumentenverhalten

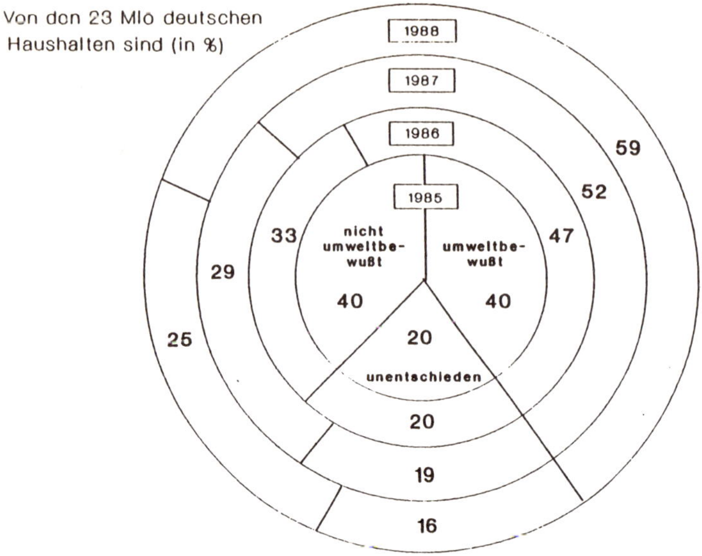


Abbildung 9: Umweltbewußtsein in der Bundesrepublik 1985-1988

Das »Herunterbrechen« von eher generellen Werten über Hunderte von bereichsspezifischen Aspekten zu Tausenden von Einstellungen zeigt auch deutlich, daß menschliches Verhalten nur begrenzt rational und konsistent sein kann. Vor allem ist ein individuelles Überzeugungssystem auch nicht konstant, sondern es verändert sich in der Zeit, sowohl auf der Wert- wie auf der Verhaltensebene ständig. Menschen unterscheiden sich bekanntlich von anderen Lebewesen dadurch, daß sie lernfähig sind. Was immer ein Verbraucher an Routine, Impulsen oder Überzeugungen gelernt hat - es kann (und wird) auch entlernt werden. Neben Erkenntnissen (z.B. über die ökologische Verletzlichkeit der Erde) spielen gemachte Erfahrungen eine große Rolle. Und in unseren Wohlstandsgesellschaften ist die große Mehrheit sehr konsumerfahren. Damit ist der Konsument nicht nur - mit Unterschieden - gegen die »geheimen Verführer« gefeit, sondern man muß auch akzeptieren, daß durch die Neuartigkeit der Erkenntnisse menschliches Verhalten prinzipiell nicht prognostizierbar ist, weil eben diese Lernprozesse und die dadurch induzierten Verhaltensänderungen nicht vorhergesehen werden können.

Die Bereitschaft, bei Konsumentscheidungen nicht nur egoistische Nutzenkriterien, sondern auch übergeordnete Aspekte (wie z.B. den Umweltschutz) zu beachten, zeigt die Dimension »Verantwortung« im Verbraucherverhalten. Hier gibt es durchaus Situationen, wo der Verbraucher der Industrie voraus ist, wie unsere Untersuchung z.B. der Kosmetik-Branche gezeigt hat. Ein nicht unbeachtlicher Teil der Verbraucher teilt die Kritik an den Risiken durch umwelt- oder gesundheitsschädliche Inhaltsstoffe wie Konservierungs- und Treibmittel, Farbstoffe und Emulgatoren, aufwendige und entsorgungsunfreundliche Verpackungen - von den Tierversuchen ganz zu schweigen. Um nicht mißverstanden zu werden: Es geht hier nicht um die Einhaltung von gesetzlichen Bestimmungen, sondern um den »mismatch« von Verbrauchererwartungen und dem normalen Angebot an Produkten. Eine solche Situation ist sehr instabil - ein auslösendes Ereignis (wie z.B. ein Produktskandal) kann hier zu einem Zusammenbruch des Marktes führen. Wie die Erfolge nicht nur der Naturkosmetik, sondern auch einiger innovativer Wettbewerber (z.B. Wella, Elida Gibbs) zeigen, scheint sich hier auch ein Wandel anzubahnen, nicht zuletzt, seit der Industrieverband Körperpflegeprodukten und Waschmitteln auch die Volldeklaration der Inhaltsstoffe empfiehlt.

Die andere Seite des Wertewandels ist unbestritten die Verschiebung zu hedonistischen Zielen. Ein zentraler Schlüsselbegriff ist dabei die »Selbstverwirklichung«, die im Konsum auf eine unmittelbare, spontane Befriedigung mit einer hohen Lustquote und einen raschen Ausgleich der Spannung von Mangel und Bedürfnis gerichtet ist. Während die Erfüllung von Sicherheitsbedürfnissen an Dritte delegiert wird (den Staat oder die Hersteller), wird die Selbstverwirklichung durch Individualisierung auch der Konsummuster angestrebt, nicht zuletzt um damit dem Konformitätsdruck unserer »Massengesellschaften« zu entgehen, in denen ständig differenzierende Statussymbole nivelliert werden, so wünschenswert dieser Konsumententyp mit seinem »Hedo-Materialismus« (W. Herbert, 1988) für den Marketing-Vorstand ist, für jeden Personalchef ist er ein Alptraum (es ist offenbar noch nicht gelungen, psychologisch die Individuen in eine pflichtbewußte, fleißige Arbeitnehmer-Hälfte zu spalten). So müssen denn die Unternehmer mit dem Problem leben, daß für sie erfreuliche Konsumverhaltensweisen ihnen im Unternehmen Probleme bereiten.

Diese Selbstdarstellung durch Konsum - und dies wird oft nicht verstanden - unterscheidet sich erheblich in seinen Zielen wie Ausdrucksformen vom »klassischen« Streben nach Statussymbolen. Nicht »gleicher zu sein als die Nachbarn« (to keep up with the Smith's) zählt, sondern der »feine Unterschied«, die Demonstration von Kennerschaft (z.B. durch den Genuß von Premium-Marken). Die Dynamik im Verbraucherverhalten ergibt sich dabei auch dadurch, daß der Versuch, sich von Mehrheiten im Konsum abzugrenzen, immer gerade dann scheitert, wenn der Versuch erfolgreich war: Was gestern noch eine »Elite-Position« bezüglich Geschmack und Lebensstil war (z.B. Tragen von Boss-Anzügen), ist heute nur noch gehobener Durchschnitt (diese Funktion von »Konsuminnovatoren« für die Durchsetzung von neuen Produkten wurde übrigens schon um die Jahrhundertwende von Thorstein Veblen in seiner »Theory of the leisure class« entdeckt). Die Folge: Zu jedem Trend läßt sich bald ein Gegentrend beobachten.

Die - mehr oder weniger ausgeprägten - hedonistischen Züge im Konsumverhalten können auch ein Phänomen erklären, das unter dem Stichwort »Verlust der Mitte« diskutiert wird. Gemeint ist damit die Polarisierung zwischen dem raschen, preisgünstigen und bequemen Einkauf von Gütern des täglichen Bedarfs einerseits und dem »erlebnisorientierten« Einkauf von sehr preisunelastischen Genuß-, Prestige- und Freizeitgütern andererseits. Auf der Strecke bleibt dabei das »Durchschnittliche«, was in keiner der beiden Welten positioniert ist. Aus der Sicht des Konsumenten ist dies Verhalten rational, allein schon wegen seiner Budget-Beschränkungen. Da er nicht in allen Bereichen sich das Außergewöhnliche leisten kann und will, setzt er dort Prioritäten, wo seine Präferenzen besonders ausgeprägt sind (z.B. bei Hobbies). In den anderen Lebensbereichen verhält er sich dann eher sparsam und achtet stärker auf ökonomische Effizienzkriterien (wie das Preis-Leistungs-Verhältnis). Diese Begrenzung des hedonistischen Verhaltens auf bestimmte Lebensbereiche ist ein Ausdruck der Ausbalancierung von konfligierenden Ansprüchen. Während es hier um den - wichtigen - Fall der Beachtung von Restriktionen ging, stehen in anderen Fällen Werte konfliktär gegeneinander.

Dies führt zu dem, was Psychologen die »kognitive Dissonanz« nennen, dem Bewußtsein, daß tatsächliches und erwünschtes Verhalten auseinanderfallen. Auch hier gibt es Mechanismen, um diese Widersprüche auszubalancieren. Im Konflikt von Verantwortung und hedonistischer Orientierung äußert sich dies z.B. in Verhaltensweisen, die man als »Genuß ohne Reue« bezeichnen kann. Ein typisches Beispiel ist der Komplex »gesunde

Ernährung«, wo durch den Verbrauch von Nahrungsmitteln ohne Pestizid-Rückstände oder chemische Konservierungsmittel (und möglichst kalorienarm) hedonistische mit Verantwortungszielen (hier: umweltfreundlicher Konsum) vereinbart werden sollen. Die schon oben erwähnten Kosmetika sind ein anderes Beispiel dafür.

Als letztes Beispiel für die »Balance-Akte« des Verbrauchers durch den Wertewandel sei auf das Spannungsverhältnis zu Marken verwiesen. Die enorme Ausweitung des Produktangebots und die Informationsvielfalt verlangen vom Verbraucher, eine »Reduktion von Komplexität« vorzunehmen, um überschaubare Entscheidungsalternativen zu haben. Dies wird in der Regel durch Marken geboten, mit denen er in der Vergangenheit gute Erfahrungen gemacht hat und die Orientierungen bieten. Andererseits will er individualisierte Konsummuster demonstrieren, was in einem gewissen Widerspruch gerade zur Benutzung starker (also bekannter) Marken steht. Die Markenorientierung wird also nur so weit gehen, wie der Verbraucher das Gefühl hat, nicht in der Masse zu verschwinden.

Als Fazit kann hier vorläufig festgehalten werden, daß »Ambivalenz und Dynamik« wohl die wichtigsten Kennzeichen von Verbraucherverhalten sein werden. Ambivalenz bedeutet: Die »verflüssigten« Werte in ihrer verhaltensprägenden Disaggregierung und im Zusammentreffen mit den unterschiedlichen Bedingungsfaktoren führen zu einer erhöhten Zahl von Verhaltensmöglichkeiten, die in sich schon sehr viel schwerer zu erfassen sind, als die stabileren Verhaltensweisen in der Vergangenheit. Nicht klare Entscheidungskriterien, sondern der Versuch, konfligierende Ziele mit situativen Umständen auszubalancieren, bestimmen das Verhalten. Mit »Dynamik« ist gemeint, daß der konsumerfahrene Verbraucher ständig lernt (und entlernt!) und sich seine Werte wie sein Verhalten dabei ändern. Das, was in der Vergangenheit als Verhalten beobachtet wurde, kann daher nur begrenzt auf die Zukunft übertragen werden.

Neben diesen individual-psychologischen Aspekten aus dem »Innenleben« des Konsumenten gibt es noch eine Reihe von eher »exogenen« Faktoren, die ebenfalls die Konsumnachfrage beeinflussen und hier in ihren europäischen Dimensionen nur kurz skizziert werden - um die Komplexität der Faktoren abzurunden.

Als erstes sind demographische Faktoren (siehe Rürup in diesem Band) zu erwähnen, wie Altersstruktur der Bevölkerung, Haushaltsgröße, Erwerbsquoten usw. Die Prognosen hierzu waren durch die kommende

Schaffung der Freizügigkeit im EG-Binnenmarkt schon immer problematisch, durch den Zustrom der Aus- und Übersiedler sowie die Eingliederung der DDR muß hier völlig neu gerechnet werden.

Die weiter ansteigenden Pro-Kopf-Einkommen, die damit verbundene Vermögensbildung aber auch die Vererbung von Vermögen (z.Z. geschätzt auf 40 Mrd. DM pro Jahr mit steigender Tendenz), der Trend zu »Doppelverdiener«-Haushalten wird dazu führen, daß die Konsummöglichkeiten sich weiter ausweiten und - verstärkt durch direkte und indirekte Kreditmöglichkeiten - sich Einkommen und Konsum zeitlich entkoppeln. Die weiter steigende Freizeit wird zusätzliche Spielräume für eher als »selbstbestimmt« empfundene Aktivitäten öffnen. Die Globalisierung der Märkte wie die Flexibilität neuer Produktionstechnologien steigern die Zahl der angebotenen (und beworbenen!) Produkte weiter, auch die Vertriebswege werden sich weiter differenzieren, mit einer Tendenz zu Impulskäufen (z.B. an Tankstellen) einerseits und höherem Service-Anteil (z.B. »Ins-Haus-Liefern«) andererseits.

Die Trends - oder aus Sicht der Unternehmen: Komplikationen - im Verbraucherverhalten sind dabei keine deutschen Besonderheiten, sondern vielmehr typisch für europäische Wohlstandsgesellschaften, die sich über längere Zeit eines hohen Pro-Kopf-Einkommens erfreuten. Gerade wenn der EG-Binnenmarkt ein wirtschaftlicher Erfolg wird, wenn die ärmeren EG-Staaten ein ähnliches Entwicklungsmuster aufweisen - bei allen kulturellen und nationalen Nuancen im Einvernehmen. Während die USA ja hierbei schon immer eine Vorreiterrolle für Europa spielten, werden wir am Ende der Dekade auch wissen, ob sich diese Trends auch in asiatischen Kulturen durchsetzen.

## 4. Fazit

Faßt man die - hier auch aus Platzgründen - eher beispielhaft skizzierten Anforderungen an das Management zusammen, die sich aus den veränderten Rahmenbedingungen ergeben, so kann man es mit zwei Schlüsselbegriffen charakterisieren: Komplexität und Dynamik. Unter Komplexität wird die Systemvarietät verstanden, d.h. die Zahl möglicher Zustände, die ein System - wie etwa das Unternehmen in seinem Umfeld - annehmen kann. Aufgrund der Vielzahl von Variablen, die das Systemverhalten beeinflussen, tragen simpel strukturierte Modelle - wie etwa das neo-klassische Gewinnmaximierungsmodell - wenig dazu bei, das tatsächliche Unternehmensverhalten zu erklären. Nicht maximieren, sondern das Ausbalancieren verschiedener Ansprüche und konfligierender Ziele wird die zentrale Management-Aufgabe sein.

Das andere Schlüsselwort heißt Dynamik: Nur der Wandel wird die einzige Konstante sein, auf die das Management sich verlassen kann. Damit wird die Anpassungsleistung, die das Unternehmen in seinen (nach außen gerichteten) Strategien und seinen (nach innen gerichteten) Organisationsstrukturen zu erbringen hat, drastisch steigen und zu einem ständigen Prozeß werden. Strategien und Organisation, die heute noch richtig sind, können morgen schon falsch sein.

Man kann geradezu die Entwicklung der Umfeldzustände eines Unternehmens dadurch charakterisieren, daß immer mehr Unternehmen sich in komplex-dynamischen Umfeldern bewegen (wie heute schon am extremsten die Informations- und Kommunikations-Industrien), während die Besetzung in den anderen Feldern »dünner« wird (s. Abb. 10).

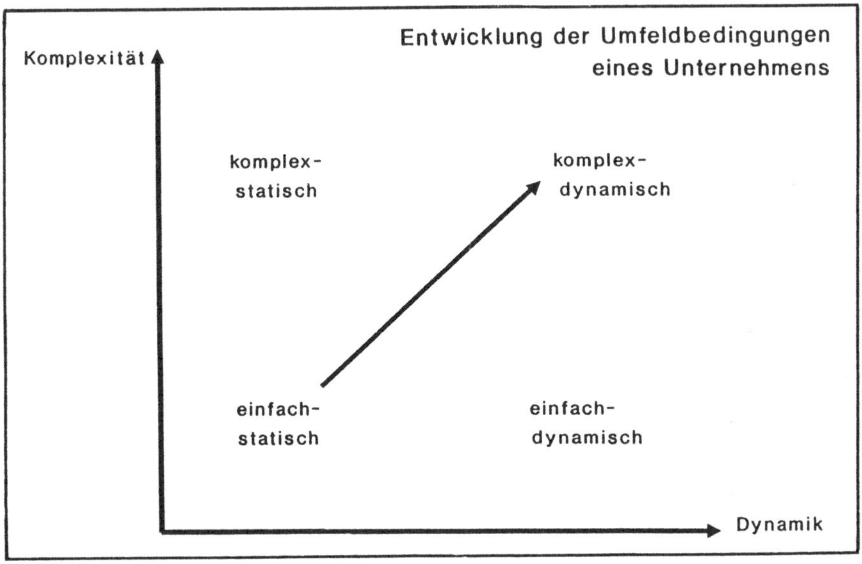


Abbildung 10: Entwicklung der Umfeldbedingungen eines Unternehmens

Nur wenige Branchen agieren in statischen und einfachen Umwelten, wie es z.B. früher für lokale Produzenten (Handwerksbetriebe) typisch war. Auch für komplex-statische Aufgaben - wie sie für akademisch ausgebildete Dienstleistungen wie etwa die Wirtschaftsprüfung typisch war - ergeben sich durch die Globalisierung neue »Dynamik-Faktoren«. Und Analoges gilt sicherlich für Branchen (wie etwa die Moden unterworfene Bekleidungsindustrie), die zwar in der Produktgestaltung ständig Veränderungen unterworfen waren, deren Strukturen aber vor der Globalisierung und Automatisierung eine größere Konstanz aufweisen.

Im Einzelfall wird man sicherlich über solche - zwangsläufig pauschalierenden - Zuordnungen streiten können, und die Ausprägungen von Wandel und Komplexität werden sich für jedes Unternehmen sehr differenziert darstellen. Das entscheidende Fazit lautet aber: Auch wenn die 90er Jahre makroökonomisch eine »goldene« Dekade werden - es wird für die Unternehmen keine beschauliche Zeit in überschaubaren Strukturen. Eher ist die ganze Professionalität der Unternehmensführung wie der Mitarbeiter gefordert, um Dynamik und Komplexität zu managen. Bildlich gesprochen: Unternehmensführung wird nicht wie Segeln bei stetigem Wind und glatter See sein, sondern eher dem Surfen auf der Welle bei böigen Winden gleichen.

## Literaturhinweise


Nau, H., The Myth of Americas Decline, New York und Oxford, 1990.

Ohmae, K., Managing In A Borderless World, Harvard Business Reviex, May - June 1989.

Steger, U., Future Management. Europäische Unternehmen im globalen Wettbewerb, Frankfurt am Main 1991 (im Erscheinen).

Steger, U., Konsumenten im EG-Binnenmarkt - Lokale Produkte verlieren an Bedeutung, in: Galleria, 3/89, S. 16 f.

Sitzel, M., Ökologische Ethik und wirtschaftliches Handeln, in: B. Schauenberg (Hrsg.), Wertprobleme in der Betriebswirtschaftslehre, Wiesbaden 1990.

Porter, M E., Wettbewerbsstrategie, Methoden zur Analyse von Branchen und Konkurrenten, 6. Aufl., Frankfurt, New York 1990.

Pümpin, C., Das Dynamik-Prinzip, Düsseldorf u.a., 1989.

Welfens, P., Internationalisierung von Wirtschaft und Wirtschaftspolitik, Berlin u.a., 1990.

Wimmer, F. Umweltbewußtsein und konsumrelevante Einstellungen und Verhaltensweisen, in: Brandt, A. u.a. (Hrsg.), Ökologisches Marketing, Frankfurt, New York 1988.

*Zusammenfassung der Schluß-Diskussion*

# Lassen sich die 90er Jahre auf den Begriff bringen?

*Steger* stellt einleitend fest, der rote Faden der Diskussion sei »das ökologische Diktat«. Die zentrale Frage sei, ob es eine Restriktion gebe, die in die Genetik des Systems so eingebaut werden könne, daß ökologische Begrenzungen akzeptabel gemacht würden.

Als zentrale Prämisse stellt *Steger* auf, das System werde schon seit Aristoteles, besonders aber seit der Renaissance, durch Selbstverwirklichungswerte gesteuert, für die es keine prinzipielle Grenze, keinen Sättigungspunkt gebe. Als Beispiel führt er an, die Sättigungsgrenze für Automobile werde immer höher gesetzt. Daraus folge, daß es im System selbst keine Restriktion gebe, die uns vor dem Überschreiten der ökologischen Grenze bewahre.

*Steger* betrachtet dann die einzelnen gesamtgesellschaftlichen Subsysteme. Die ökonomischen Systeme könnten prinzipiell nur das tun, was in ihrem eigenen Interesse liege. Handlungsspielraum in bezug auf Umweltschutz hätten sie nur so weit, wie er mit ihren eigenen Interessen zu vereinbaren sei. Die politisch-sozialen Systeme täten nur etwas für die Umwelt, soweit es ihnen Nutzen bringe. Deshalb sei die Forderung in der Diskussion, der Staat solle einen Rahmen setzen. In einem demokratisch verfaßten Gemeinwesen habe der Staat aber nur begrenzte Handlungsautonomie. Er könne nur den Rahmen setzen, der mehrheitsfähig sei. Die Inhalte der ökonomischen und politisch-sozialen Subsysteme flössen also in diese Bedingungen ein.

Auf diesem Hintergrund erhebe sich die Frage, was 20 Jahre Umweltschutz gebracht hätten. Was war mehrheitsfähig, solche Dinge, die das Eigentum des Einzelnen verletzen oder solche, die der allgemeinen Lebensqualität entgegenstehen? Bei zentralen Risiken sei die Umweltschutzpolitik ohne sichtbare Effekte geblieben. Sie habe nichts gebracht. Diese Angelegenheiten seien vom Einzelnen zu weit weg. Oft seien es auch Risiken von langfristiger Natur. Zeitpräferenzen wirkten sich hier negativ aus. Was uns ferner liegt, können wir weniger gut bewerten. Man denke nur an das Thema Klimaveränderungen. Für Kollektivgüter gebe es keine individuelle Nachfrage. Hier müsse es einen externen Dritten geben, der alle zwingt, zur Bewahrung eines solchen Gutes beizutragen. Im Weltmaßstab gebe es eine derartige Instanz (Weltregierung?) nicht.

Das Fazit sei, für entscheidende globale Risiken gebe es im System keine Restriktionen. Nur eine Überschreitung in Richtung auf eine Katastrophe könne zur Beachtung der Grenze zwingen. Die einzige schwache Bremse könnte die menschliche Vernunft sein. Sie sei bislang nicht sehr wirksam gewesen. Eine Ethik, die auf weit entfernt liegende globale Risiken ziele, überfordere den Menschen. Seine Ethik richte sich normalerweise auf den Nächsten und auf Ursache-Wirkung-Zusammenhänge. Mit diesen einleitenden Bemerkungen eröffnet *Steger* die Schlußdiskussion.

*Schmid* entwickelt das Modell einer Konsultative als vierte Kraft, die gewissermaßen eine Institutionalisierung des Appells an die Vernunft wäre. Sie würde in einem geregelten Beratungsprozeß zwischen Experten und Entscheidungsträgern erlauben, schneller begründete Entscheidungen zu treffen.

*Steger* wendet ein, eine Institution könne die Umweltgüter knapp halten, aber wer implementiere sie? Es sei interessant, einmal die Wirksamkeit vorhandener Institutionen zu befragen. Das Umweltbundesamt habe die Aufgabe, für Akzeptanz von Umweltschutzmaßnahmen in der Bevölkerung zu sorgen und Rahmensetzungen vorzunehmen. Letzteres sei nur möglich, wenn die Akzeptanz gegeben sei. Sie sei bei der jungen Generation bereits verbreitet. Die Rahmensetzungen seien auf Landes- und Bundesebene auf gutem Wege. Auf der nächsten Ebene, der EG, funktioniere das schon weniger gut. Es gebe EG-Regelungen, aber die einzelnen Staaten hielten sich nicht daran. Auf der Weltebene fehle es noch an einem Regelungswerk. Dort sei eine Weichenstellung nötig.

*Fleischmann* sieht gerade in der Globalisierung der Wirtschaftssysteme Grund für Hoffnung. In Japan und den USA gebe es z.B. ein scharfes Umweltschutz-Produkthaftungsrecht. Das spiele im Wettbewerb in der Triade bereits eine Rolle. Wo solche rechtlichen Haftungsregelungen wirksam würden, sei ein Markt für umweltfreundliche Produkte da. Davon gehe eine Signalwirkung auf andere Märkte aus. Es gebe auch einen Wettbewerb von Rechtssystemen.

*Domitra* räumt zwar ein, daß sich das Umweltbewußtsein verbreitet, fragt aber, ob die »Bremsspur« nicht zu lang sei, oder ob wir die Grenze nicht schon überschritten hätten.

*Müller* bemerkt im Rückgriff auf Fleischmanns Ausführungen zur evolutionären Erkenntnistheorie, daß die Evolution der Entwicklung unseres Denkapparats vorausgeeilt sei. So dächten wir noch in Ursache-Wirkungs- und Raum-Zeit-Zusammenhängen, während dies wissenschaftlich schon überholt sei. *Müller* verweist mit Steger auf die neue Theorie der nicht-linearen Dynamik und nennt als Beispiel die Chaosforschung.

Vielleicht sei der »Bremsweg« zu lang, aber einen Ausweg könne möglicherweise die künstliche Intelligenz (KI) bieten, besonders wenn man Expertensysteme mit KI koppele. Die Biosphäre wirtschafte seit Millionen Jahren in einem ausgeglichenen System. Vielleicht könne man die Regeln des natürlichen Recyclings der Biosphäre (Vester) jetzt für Umweltschutzmaßnahmen übernehmen und als Bremse einsetzen.

*Steger* wendet ein, daß die Natur alle nicht angepaßten Teile des Systems vernichtet habe.

*Müller-Witt* macht auf eine holländische Umweltschutzinitiative aufmerksam, die der holländische Umweltminister Ros Maas kürzlich auf einem Symposium in Bergen erläutert habe. Es gebe in Holland einen »Umweltsorgeplan«. Er enthalte ein Bündel von Richtlinien und Empfehlungen, auf deren Umsetzung sich das Niederländische Parlament geeinigt habe. Die Entwicklung dort erlaube die optimistische Feststellung, daß Politik und Wissenschaft auch der Bevölkerung vorauseilen könnten. Wo der Druck groß genug sei, könne ein solches Programm auch ein Wahlargument sein. Die Bevölkerung sei bereit, politischen Vorgaben zu folgen.

Man könne auch erste Ansätze einer Globalisierung von Umweltschutzregelungen feststellen. So habe zum Beispiel die Einführung des controll act of toxic substances in den USA (1971) Schule gemacht. Vorreiter auf ökologischen Teilgebieten hätten einen Marktvorteil, bis die anderen nachziehen. Ein anderes Beispiel könnten Umweltsteuern werden. Damit könne man in Deutschland beginnen, denn die Bundesrepublik sei reich genug. Andere zögen dann nach. Bei genauen Vorgaben könne sich die Wirtschaft ausrechnen, wann sich der Aufwand für Schadensmilderungstechnologien lohne.

*Luckenbach* meint mit *Müller*, die Natur habe sich immer wieder selbst ins Gleichgewicht zu setzen. Zu fragen sei aber, wie zunächst gering erscheinende Abweichungen von diesem Gleichgewicht erkannt werden könnten. Hier könnten lernfähige Computersysteme helfen. Sie würden mit menschlichem Wissen trainiert, entwickelten ein Gedächtnis, gäben dann Signale ab, die schließlich in den neuronalen Netzen überprüft würden.

Zur Nutzen-Schaden-Relation bemerkt *Luckenbach*, sie könne nur individuell nicht global beantwortet werden.

*Dörring* denkt an Bund-Länder-Kommissionen, deren Aufgabe es sein müsse, Prioritäten zu setzen und Mittel bereitzustellen.

*Killmer* sieht eine Möglichkeit der gegenseitigen Beeinflussung von einzelnen Subsystemen der Gesamtgesellschaft. Die Politik könne durchaus Vorgaben geben. Doch solle man nicht zu sehr auf den Staat bauen, denn er sei nur ein Korrelativ. Es sei schwierig, qualitativ gegeneinander abzugrenzen, welches System vorrangig tätig werden soll. Auf die Dauer werde es ein Interaktionsmodell bleiben. Killmer ist zuversichtlich. Das Gesamtsystem werde sich vor der Katastrophe stabilisieren.

*Steger* verweist skeptisch auf das Beispiel der Bundesbank. Es habe zwei massive politische Katastrophen gebraucht, bis man eine unabhängige Zentralbank geschaffen habe.

*Köhler* ist eher pessimistisch. Eine Hoffnung liege nur darin, daß die ökologische Grenze eine gewisse Bandbreite habe. Globale Umweltverschleißeffekte würden auch Auswirkungen auf den Einzelnen haben; dann sei eine Rückkoppelung zu erwarten.

*Steger* stellt in seinem Schlußwort fest, daß die Ökologie schließlich doch zum zentralen Diskussionsgegenstand geworden sei, obwohl sie im Programm nicht thematisiert worden wäre.

*Dieter Schmid*

# Kommentar zum Workshop

Angesagt war ein interdisziplinärer Workshop zwischen Praktikern aus Industrie, Verwaltung, Institutionen einerseits und Wissenschaftlern andererseits zum Thema »*Arbeit 2000 - Dynamik der Veränderungen*«

Konkret fand eine Vortragsveranstaltung mit breit gestreutem Spektrum zu den möglichen Rahmenbedingungen des zukünftigen Wirtschaftens statt.

Aufbruch im Osten
Globalwirtschaft und Ökologie
Paradigmenwechsel
Europa ab 1993
Finanzpolitische Aussichten des vergrößerten Deutschland

waren die Themen; auf den Punkt gebracht von U. Steger nach allgemeiner Zustimmung im Begriff des »ökologischen Diktats« (v.Weizsäcker/Müller) als Leitbegriff für das kommende Jahrzehnt.

Von der Industrie kommend und dies mit leiser Hoffnung auf praktikable Wegweiser für zukünftiges Handeln, stellt sich auch diesmal wieder das bekannte Gefühl ein: Glänzende Analysen, zum Teil auch überraschend neue Überlegungen - und das war es dann. Ein Konsens, meinetwegen nach kontroverser Diskussion im Gremium (Workshop!) über das, was nun also zweckmäßigerweise getan werden sollte, ist nicht herstellbar - scheint genau genommen gar nicht erwartet zu werden.

Also bleibt vielleicht nur der Weg, im nachhinein sich und die Beteiligten zu fragen, ob solche »globalen Handlungsanweisungen« wenigstens ansatzweise aus dieser und anderen Veranstaltungen herauslesbar sein könnten. Als relevant betrachte ich in meiner persönlichen Situation (Chemie-Manager in einem inter-europäischen Konzern) hier zwei Tagungen im Jahr 1990: Die Veranstaltung der Ev. Akademie in Tutzing im Februar zum Thema »Nachhaltiges Wirtschaften«[1] und eben diesen Workshop unter den Fittichen der Haniel-Stiftung.

In beiden Fällen schälten sich im Verlauf 2 Gruppen von Ansichten heraus, deren eine ich vereinfacht die »optimistische« und entsprechend die zweite die »pessimistische« nennen möchte.

Die Optimisten - bei den Referenten etwa K.Biedenkopf in Tutzing und B.Rürup in Assmannshausen - sehen zwar erhebliche Fehler und Risiken in unserem laufenden Wirtschaften, halten diese aber (besonders bei Beachtung der von ihnen gebrachten Analysen) für austarierbar.

Die Pessimisten - P.Dürr und U.Müller als Beleg genommen - zeigen relativ schlüssig, daß die in unser System (derzeit) »eingebauten« Fehler und Mängel bereits heute Wirkungen zeitigen, die ein erfolgreiches Umsteuern eigentlich unmöglich machen.

Schließe ich mich - in der konkreten Situation der von mir zu verantwortenden Tätigkeit - der ersten Meinung an, dann habe ich eigentlich alles nur etwas intelligenter als bisher weiterzumachen; im zweiten Fall tun sich die Dinge von selbst, was immer ich tue[2]. Nur mit der Skepsis des hartgesottenen Praktikers lassen sich aus diesen Standpunkten - die natürlich den Vorteil haben, jeweils brillant formulierbar zu sein - vielleicht doch einige *praxistaugliche* Verhaltensweise herausfiltern. Und, ebenso wichtige, reale »Leerstellen« im System der »sozialen Marktwirtschaft« finden, deren Besetzung mit geeignetem Instrumentarium es ermöglichen würde, bei allem gebotenen Pessimismus einer Zukunft mit vielleicht geringem, aber eben doch gerechtfertigtem Optimismus entgegenzusehen. Der Versuch einer solchen Synthese sollte kurz gemacht werden.

Was wir (auch in der Industrie) mittlerweile begriffen haben, ist die Tatsache, daß wir in Systemen handeln, und daß wir mit unserem Handeln Systeme - teilweise massiv und meist punktuell - beeinflussen. Das für uns *relevante* »oberste System« ist zweifellos die Biosphäre und deren Toleranz gegenüber unserem menschlichen, besonders industriell/technischen Handeln. Das für uns interessante »oberste System« ist menschliches (oder, aus unserer Sicht: menschenwürdiges) Leben in dieser Biosphäre; dieses

---

1 Hervorragend dokumentiert in der Zeitschrift »Politische Ökologie«, Sonderheft 1, Verlag für Politische Ökologie, Cosimastr. 4, 8000 München 81.

2 Vgl. J. Dahl, in: DIE ZEIT vom 23.11.90 »Die letzte Illusion«.

wiederum wesentlich bedingt durch menschliche Verhaltensweisen, die kurzfristig zu ändern nach allem Wissen darüber sicher unmöglich ist.
Das praktische Problem besteht also

- einmal in der »Toleranz« und Flexibilität beider Systeme
- zum anderen im Zeitfaktor tolerabler Veränderungen.

Damit ist aber ein entscheidender Ansatz gegeben. Wenn nämlich das »ökologische Diktat« die Leitgröße für unser zukünftiges Handeln bestimmt, dann kommt es für uns darauf an, den Korridor zu finden, den uns das System Biosphäre freigibt. Wir wissen - und in Tutzing wurden maßgebliche Kenngrößen genannt - daß die Biosphäre eine Toleranzgrenze aufweist, die sich sowohl quantitativ wie qualitativ abschätzen läßt.

*Qualitativ* gelten die speziell aus der neueren sogenannten Chaosforschung bekannten Regeln: Das System ist in seinem Verhalten prinzipiell nicht vorhersagbar. Deshalb sind keinerlei (industrielle) Eingriffe erlaubt, die

* großflächig wirksam sind (z. B. Monokulturen, auch industriell)
* persistent sind (z. B. natürlich nicht »abbaubare« Produkte und Metaboliten schaffen)
* sich schnell ausbreiten und keine negativen Rückkoppelungen haben
* deren Ressourcenverbrauch (Luft, Wasser, Böden etc.) nicht als Kostenfaktoren in die Preise eingeht.

Unter diesem Aspekt sind Bergbau, Chemie, Energiewirtschaft, Landwirtschaft und Verkehrwesen von nun an in einer Weise umzustrukturieren, welche die obigen Störgrößen möglichst gering hält.

*Quantitativ* ist letztlich das Grenzmaß der »Nachhaltigkeit« gegeben durch die Sonneneinstrahlung. Wieviel von dieser »Syntropie« (P. Dürr) nutzbar ist, hängt von den technischen Möglichkeiten ab. Heute sind es mit Sicherheit nicht mehr als 5 % des gesamten menschlichen Energieverbrauchs und praktisch nur einige Promille der an sich eingestrahlten Syntropie, die wir »nachhaltig« nutzen.

(Durch Verbrennen von nachwachsender Biomasse - auch Holz - in Höhe des jährlichen Zuwachses entsteht z. B. kein $CO_2$-Problem! Verbrennt man dagegen in einem Jahr Öl, das in 100.000 Jahren entstanden ist, dann ist dies »Bankeinbruch in den Tresor der Biosphäre«, wie P. Dürr formuliert).

Die Industrie selber kann in dem gewollten Konkurrenzsystem des Marktes sich nur »richtig« verhalten, wenn die Verbrauchskosten für Ressourcen für alle Beteiligten zu Kosten werden. Dies muß keineswegs - wie die Verzögerer immer behaupten - von anfang an »weltweit« oder auch nur international gelten. Sobald eine Wirtschaft einen ausreichend großen Binnenmarkt hat, genügt es dort Wettbewerbsgleichheit herzustellen. Denn sobald sich die aufgrund solcher Kosten verbesserten (Produktions-) Verfahren auf diesem Binnenmarkt »rechnen«, werden sie im Export sehr schnell zu einem positiven Wettbewerbsfaktor.

Somit sind die Rahmenwerte im Verhältnis zur Biosphäre im Grunde bekannt und im Einzelfall ausreichend schnell findbar. Die »Lücke« unseres Systems liegt darin, daß keine Institution willens und befugt ist, solche Rahmenwerte ausreichend kompetent, praxisnah und verbindlich aufzustellen.

Das zweite, für uns sehr wichtige Gesamtsystem wurde in Assmannshausen in verschiedenen Aspekten dargestellt. Dort waren es die sich ändernden Rahmenbedingungen des menschlichen Verhaltens - subsummierbar etwa unter dem Begriff »psychische Faktoren der Arbeit im Jahr 2000« - zu denen aus dem Blickwinkel von Historikern, Nationalökonomen, Finanz- und Systemwissenschaftlern sowie Soziologen referiert wurde.

Die Bedrohungen scheinen auch hier kaum beherrschbar:

* Wende im Osten: Was bringt ein gewaltiges Rüstungs- und Menschenpotential (vom Einwanderungsdruck bis zur Drohung mit Nuklearwaffen) ohne die Ordnungsmacht der UdSSR?
* Wie kann die »Triade« (Nordamerika, Europa, Japan) ihren aggressiven Wettbewerb zu Lasten der Dritt- und Viertländer in einen kooperativen (Nischen-)Wettbewerb umwandeln?
* Was geschieht unter dem Begriff »Paradigmenwechsel« in den Wirtschaftseinheiten bis hin zu den Unternehmen tatsächlich?

Ähnlich wie in Tutzing waren die Analysen faszinierend und die Handlungsanweisungen bestenfalls Appelle an die Vernunft.

Und doch lassen sich auch hier »Korridore« erkennen, innerhalb derer politisches und industrielles Handeln jeweils denkbar ist - denkbar ohne den Zwang einer »Ökodiktatur«, bei der ja dann die Mittel den Zweck nicht heiligen, sondern überflüssig machen würden.

Solche Korridore deuteten sich in den Gesprächen nach und zwischen den Veranstaltungen an:

- Die Auflösung allzu starrer Hierarchien (vor allem in Verwaltungen, wohl aber auch Unternehmen) durch Projektmanagement - d.h. Aufgaben werden auf ein bestimmtes Ziel für eine bestimmte Zeit gestellt, dann die entstandenen Hierarchien wieder aufgelöst (ein Grundgedanke der sogenannten Rotation).
- Die viel stärkere Einbeziehung von Frauen in solche Projekte. Dadurch wird der biologisch gegebene Nachteil (keine konstanten Karrieren in Verbindung mit Kindern/Familie) weniger wichtig und die verhaltensmäßig offenbar gegebene kooperative und »weiche« Koordination, wie sie viele Projekte benötigen, besser genutzt.
- Die Ausnutzung (Jiu-jitsu-Prinzip nach F. Vester) von technologisch erzwungenen Arbeitsweisen, wie sie sich derzeit unter Begriffen wie »just in time« und »total quality management« einbürgern. Gemeinsames Merkmal ist ein hoch formalisiertes und bewußtes Handeln. Bringt man Begriffe wie »richtig« und »zuverlässig« noch mit Inhalten wie Sicherheit, Schutz der Natur, Schonung von Ressourcen zur Deckung (was bei richtiger Vorüberlegung sehr einfach ist), dann liegen hier extreme Potentiale.
- Schließlich ein Umschalten von der heute üblichen »Verrechtlichung« zum Risikomanagement. Ein typisches Beispiel sind die Diskussionen um Grenzwerte (Dioxine, Asbest, Formaldehyd oder Bequerel radioaktive Strahlung als besonders kontraproduktive Beispiele) im Vergleich zu einer viel sinnvolleren, versicherungsmathematischen Risikobeurteilung.

Für alle diese Potentiale gibt es aber, genauso wie beim Systembereich Biosphäre, keinerlei konkrete Kristallisationspunkte.

Eine »Selbstorientierung« von Behörden und Unternehmungen in die angedeuteten Richtungen ist kaum anzunehmen - und wo sie es könnten (z. B. Projektmanagement statt Laufbahn-Hierarchien) steht ihnen unser Erziehungssystem ebenso im Wege wie das aus der Verrechtlichung unseres Arbeitslebens sich ergebende Anspruchs- und Besitzstanddenken.

*Als Fazit ergibt sich damit:*

Bei allem begründeten Pessimismus in bezug auf die Jahrzehnte nach 2000 und das daraus abgeleitete Diktat der Ökologie ist keineswegs erwiesen, ob nicht sowohl das System der Biosphäre wie das System unseres menschlichen Wirtschaftens in ihr doch genügend Flexibilität besitzen, um ein gedeihliches Miteinander (sustainable economy oder nachhaltige Wirtschaftsweise) zu ermöglichen.

Wenn solche Korridore bestehen, dann fragt sich, ob wir sie in genügend kurzer Zeit gehen können. Dazu und für die Klärung, ob beide Korridore ineinander münden, bräuchten wir Licht. Dieses Licht fehlt uns - auch die glänzendsten Analysen ersetzen es nicht. Denn der Chemiker weiß, daß eine Hypothese immer erst im Experiment ihre Richtigkeit beweist.

So müßte also die Kompetenz, die heute zufällig und punktuell wirksam wird, gebündelt werden zu Handlungsvorschlägen.

Wer behauptet, daß dies heute der Fall sei, kennt die Praxis nur vom Hörensagen. Die häufige Feststellung (auch in Assmannshausen), daß die Unternehmen ja nur genügend früh und sensibel auf neue Signale reagieren müßten, geht völlig an den Tatsachen vorbei. Ein Unternehmen, das sich heute an allen »Signalen« aus der Umwelt (seines Marktes und seiner Umgebung) orientiert, ist morgen in einem orientierungslosen Schwarm von »Projekten« mit oft gegenläufigen Zielen verwickelt und übermorgen pleite.

Auf jeden Windhauch achten, endet im Chaos - aber daß jeder Schmetterlingsflügelschlag in Europa einen Taifun in Japan auslösen kann, lehrt uns die moderne Chaosforschung. Zwischen diesen extremen Polen bedarf es einer Orientierung - und die einzig sinnvolle Orientierung ist die an einer sich ständig bewährenden Institution der Kompetenz.

Für diese wurden weder in Tutzing noch in Assmannshausen Ansätze gefunden.

*Karl M. Schmidhuber*

# Kommentar zum Workshop

Als »bescheidener« Maschinenbauer habe ich mit großem Interesse die Ausführungen und Diskussionsbeiträge der anwesenden Historiker, Ökonomen, Soziologen und Naturwissenschaftler verfolgt. Dem ist aus meiner Sicht nichts Wesentliches mehr hinzuzufügen.

Da ich in den Diskussionen am Rande des Workshops festgestellt habe, daß mehrfach die Frage auftauchte, in welcher Form man sich innerhalb eines Unternehmens auf diese Veränderungen einstellen sollte, möchte ich deshalb in meinem Kommentar beispielhaft einige Maßnahmen und deren schrittweise Entwicklung aufzeigen, die in unserem Unternehmen eingeführt wurden, um der Dynamik der Veränderungen angemessen begegnen zu können.

Wesentlich hierbei war, einen Prozeß der »kontinuierlichen Verbesserung« für alle Aktivitäten aller Unternehmensbereiche in Gang zu setzen.

Vorausschicken möchte ich, daß diese Beispiele aus einem deutschen Unternehmen der Automobil-Zulieferindustrie stammen, das seit 1973 Teil des Automobilbereiches eines großen amerikanischen »High-Tech«-Konzerns, der Rockwell International, ist.

Das Unternehmen entwickelt, produziert und vermarktet seine Produkte eigenverantwortlich weltweit. Es verfügt über mehrere Produktionsstätten in Europa und Übersee. Der Umsatz weltweit beträgt derzeit ca. DM 500 Mio. bei anhaltend starkem Wachstum. Der Konzernumsatz insgesamt beträgt ca. DM 20 Mrd., davon im Automobilbereich ca. DM 4 Mrd.

Was waren nun die wesentlichen Einzelmaßnahmen, die den Erfolg begründeten?

Anfang bis Mitte der 80er Jahre war der Begriff TQM (Total Quality Management) noch nicht verbreitet. In unserem Unternehmen wurde damals als Hauptziel die »effektive Vollendung von Qualität durch Zusammenarbeit aller Mitarbeiter des Unternehmens« definiert. Die Schritte der notwendigen Veränderungen wurden wie folgt festgelegt:

1. Verstehen, wer wir sind.
2. Einsehen, daß ein Wechsel nötig ist.
3. Erkennen, was verändert werden muß.
4. Einen Plan ausarbeiten und ausführen.

Bei der Durchsetzung der beschlossenen Maßnahmen spielte das Management naturgemäß eine entscheidende Rolle, denn es galt, für das Unternehmen »Neues« in die Praxis umzusetzen.

Dazu wurden alle Führungskräfte des Unternehmens, voran die Mitglieder der Geschäftsleitung, intensiv geschult und »eingeschworen«. Durch Vorleben der Führungskräfte von Anfang an, wurde ein guter Einstieg in die spätere TQM-Integration gefunden.

Drei Maßnahmen erwiesen sich im Nachhinein als ausschlaggebend für den Erfolg von Anfang an:

1. Die Einführung der Wertgestaltungsmethode, in Anlehnung an die Wertanalyse nach DIN, für die Durchführung aller wesentlichen Projekte. D.h. Schaffung interdisziplinärer Teams, bestehend aus Mitarbeitern aller Fachbereiche und einem Koordinator/Moderator, die verantwortlich Projekte durchführen, von der Konzeptphase bis zum Serieneinsatz.
2. Die Schaffung von Qualitätszirkeln in allen Bereichen des Unternehmens, um den Prozeß der kontinuierlichen Verbesserung »von innen heraus« in Gang zu setzen.
3. Die Unduldsamkeit des Managements bezüglich Qualitätsproblemen aller Art und die Vorgabe von erreichbaren Qualitätszielen. Der Erfüllungsgrad der Zielsetzungen dient als Meßlatte des persönlichen Erfolges.

Diese Maßnahmen wurden in der Folge verbunden mit der schrittweisen Einführung moderner CA-Techniken und der Systematisierung der Projektabläufe. Unterstützung fanden sie durch Aktivitäten, die über die einzelnen Unternehmensbereiche hinaus auf Konzernebene initiiert wurden.

So wurden 1985, im Kreise der Führungskräfte der Rockwell Automotive Operations, gewonnene Erkenntnisse im Rahmen der Qualitätsverbesserungsprogramme in den einzelnen Unternehmen diskutiert und unter dem Motto »Die Herausforderung durch ständigen Wandel« - »The Challange of Change«, als neue Leitsätze formuliert.

Die Eckfeiler bilden:
* Produkt
* Qualität
* Kosten

das Umfeld wird geprägt durch:
* offene Kommunikation
* Engagement
* Integrität

*Der Kunde steht im Mittelpunkt aller Aktivitäten*

Diese Leitsätze wurden eingebracht in das 1988 formulierte »Rockwell Credo« (Anlage 1).
Dieses Credo beinhaltet die Grundlagen für die Handlungsweise von Management und Mitarbeitern für die 90er Jahre. Es wurde sehr stark von den Vorstellungen des Chairman der Rockwell International, Donald R. Beall, geprägt. Im Jahre 1990 wurde das »Credo« durch eine »Verpflichtung zum Umweltschutz« (Anlage 2) ergänzt. Im Rahmen dieser Handlungsgrundsätze wurde in den letzten Jahren die Einführung einer Vielzahl von Einzelelemtenten eines unternehmensweiten TQM-Konzeptes intensiv vorangetrieben.
Als Beispiele hierfür gelten die Anwendung von:
* Quality Function Deployment Methoden
* Einführung umfangreicher Trainingsprogramme für alle Mitarbeiter in der Anwendung neuer Methoden, aber auch bezogen auf ihre Verhaltensweisen im Hinblick auf die Unternehmensphilosophie sowie Steigerung der Motivation durch verantwortliches Einbinden in die Arbeitsprozesse.
Hilfreich und notwendig sind weiter die konsequente Anwendung von Prozeßüberwachungs- und Regelungsmechanismen, z.B. auf statistischer Basis und die volle Einbeziehung der Lieferanten in alle Aktivitäten gemeinsamen Interesses. Ein rechnerunterstütztes Qualitätssicherungssystem ist zur Erfüllung der Aufgaben notwendig.

Zum Abschluß sei der Hinweis noch erlaubt, daß sich speziell die Methode der Wertanalyse nach DIN bei der Bearbeitung von Umweltschutzprojekten durch ihre systematische Vorgehensweise bestens bewährt hat. Mit der TQM-Einführung wurde ein Stand erreicht, der es dem Unternehmen leichter macht, sich der Dynamik der Veränderungen zu stellen und sie erfolgreich meistern zu können. Mit Hilfe der durchgeführten Maßnahmen gelang es in den letzten 5 Jahren unter anderem, die Fehlerkosten im Unternehmen um 70 % zu senken und die Krankheitsrate der Belegschaft zu halbieren.

# Anlage 1

## DIE ROCKWELL UNTERNEHMENSPHILOSOPHIE:

### WAS WIR GLAUBEN

Wir glauben, daß die Zufriedenstellung unserer Kunden unser oberstes Gebot ist, um uns ihre Treue zu erhalten.

Wir glauben an die Wichtigkeit, unseren Kunden qualitativ hochwertige, technisch fortschrittliche Produkte und Kundendienstleistungen zu angemessenen Preisen zur Verfügung zu stellen, die Ihre Bedürfnisse besser als die aller Mitbewerber erfüllen.

Wir glauben, daß die Mitarbeiter Rockwells unser wichtigstes Kapital darstellen und für die Leistung des Unternehmens ausschlaggebend sind; ihre Arbeit und ihre Einsatzbereitschaft wird uns von allen Mitbewerbern abheben.

Wir glauben, daß wir eine Verantwortung haben für das Wohl des sozialen Umfelds, in dem wir leben und arbeiten.

Wir glauben, daß wir in allem, was wir tun, unser Bestes geben müssen, was durch die Pflege und Förderung der folgenden Punkte erzielt wird:

* Respekt für den Einzelnen
* Offene, ehrliche Kommunikation
* Entwicklung und Zufriedenstellung des einzelnen Mitarbeiters
* Förderung des Gefühls für Eigentum und Verantwortung für den Erfolg des Unternehmens

* Beteiligung, Zusammenarbeit und Teamarbeit
* Kreativität, Innovation und Initiative
* Kalkulierte Risikobereitschaft
* Anerkennung und Auszeichnungen für besondere Leistungen

Wir glauben, daß der Erfolg davon abhängt:
* In unseren Märkten eine Führungsposition zu erreichen
* Unsere Ressourcen und Energien auf die Weltmärkte zu konzentrieren, wo unsere Technologien, Kenntnisse, Fähigkeiten und unser Verständnis für die Kunden uns zusammengenommen die Chance geben, eine Führungsposition zu erreichen
* Bei allen unseren Aktivitäten den höchsten Standard der Ethik und Integrität einzuhalten.

Wir glauben, daß unser Erfolg letzten Endes an unserer Fähigkeit gemessen wird, unseren Aktionären hervorragende Renditen bieten zu können, indem wir kurzfristige und langfristige Zielsetzungen abwägen, um eine konkurrenzfähige Kapitalverzinsung und einen ständigen Anstieg des Marktwertes zu sichern.

Rockwell International

# Anlage 2

Liebe Mitarbeiterin, lieber Mitarbeiter,

es herrscht eine wachsende Sorge über die potentiell gefährlichen Auswirkungen der Industrie auf die Umwelt, die Volksgesundheit und die öffentliche Sicherheit. Die enormen Herausforderungen, die sich uns bei der Bewältigung der Umweltprobleme stellen, erfordern außergewöhnliche Maßnahmen.

Rockwell verfolgt bereits eine solide Geschäftspolitik, die im Einklang mit allen Gesetzen und Verordnungen steht, die unsere Verpflichtungen gegenüber dem Umweltschutz regeln. Sie wird in allen Ländern, in denen wir geschäftlich tätig sind, angewendet. Um aber mit den rapide wachsenden Forderungen nach Umweltschutz in den 90er Jahren Schritt halten zu können, müssen wir unsere Anstrengungen verdoppeln. Ich wünsche, daß Rockwell in den Ländern und Gemeinden, in denen sich unsere Niederlassungen befinden, in der Auseinandersetzung mit den Fragen des Umweltschutzes eine anerkanntermaßen führende Rolle spielt.

Als ersten von vielen Schritten auf dem Weg dorthin haben wir die beiliegende »Verpflichtung zum Umweltschutz« verfaßt. Sie beschreibt in klarer und eindeutiger Weise unsere Absicht, den weltweiten Anforderungen zum Schutz der Umwelt gerecht zu werden. Jeder unserer Geschäftszweige wird Jahrespläne aufstellen, die sich mit den Herausforderungen des Umweltschutzes befassen. Die Erfüllung unserer Pläne hängt aber auch vom Beitrag des Einzelnen ab.

Um die Bedeutung der Bemühungen des Einzelnen zur Einhaltung unserer Verpflichtungen zu unterstreichen, wende ich mich persönlich an Sie. Ich bitte Sie und Ihre Kollegen, die »Verpflichtung zum Umweltschutz« sorgfältig zu lesen und auch Ihrem Familien- und Freudeskreis zugänglich zu machen. Sprechen Sie aber vor allem mit Ihrer Geschäftsleitung über Ihre eigenen Ideen und Vorstellungen zur Verbesserung der Umweltschutzleistungen von Rockwell.

Jeder einzelne von uns leistet einen wichtigen Beitrag, um Rockwell in den 90er Jahren zu einer weltweit führenden Rolle beim Umweltschutz zu verhelfen. Ich bin zuversichtlich, daß wir gemeinsam die Ziele, die wir uns gestellt haben, erreichen werden.

Mit freundlichen Grüßen

Donald R. Beall

Anlage

## Verpflichtung zum Umweltschutz

Rockwell International Corporation verfolgt einen Führungsstil, der darauf ausgerichtet ist, Menschen zu dienen: Unseren Aktionären, Kunden, Mitarbeitern und Nachbarn. Unsere Unternehmensphilosophie gründet sich auf die Überzeugung, daß unsere Geschäftsbereiche Technologien entwickeln und anwenden, die den Bedürfnissen unserer Kunden gerecht werden. Unsere Verpflichtung zu einer soliden Umweltschutzpolitik ist ein wesentlicher Bestandteil dieser Philosophie und Ausdruck unserer Sorge um die Gesundheit unserer gemeinsamen Umwelt. Wir sind ebenfalls der Überzeugung, daß die Ziele bei der Umsetzung unserer Gesundheits-, Sicherheits- und Umweltpolitik im Einklang mit wirtschaftlicher Gesundheit stehen können und sollten. Rockwell hat sich zum Ziel gesetzt, führend in der Umsetzung einer verantwortungsbewußten Umweltschutzpolitik zu sein. Dies erfordert von jedem Mitarbeiter individuelles Engagement und die Bereitschaft, Verantwortung für die Erreichung folgender Ziele zu übernehmen:

## Ziele

* Verringerung oder Beseitigung der Erzeugung von Müll oder der Abgabe von potentiell gefährlichen Materialien und Substanzen an die Umwelt.
* Vermeidung schädlicher Einflüsse unserer betrieblichen Aktivitäten auf die Umwelt und die öffentliche Sicherheit und Gesundheit.
* Berücksichtigung von Umweltschutzkriterien und der Einsparung von Energie und Rohstoffen als wichtigste Kriterien bei der Bewertung neuer und existierender Produkte, Flächennutzungsentscheidungen, Prozeßänderungen, Materialbeschaffung und Betätigung in neuen Geschäftsfeldern.
* Eingehen auf öffentliche Sorgen um die Auswirkungen unserer betrieblichen Aktivitäten auf die Umwelt.

**Richtlinien und Programme**

Der Verwirklichung dieser Ziele dienen die folgenden Maßnahmen:

*Einhaltung gesetzlicher Bestimmungen*

Alle betrieblichen Aktivitäten werden im Einklang mit Umweltschutzgesetzen und -verordnungen stehen. Wo weniger strenge gesetzliche Bestimmungen als in den USA bestehen, werden wir freiwillig Maßstäbe befolgen, die auf US-Vorbild beruhen.

*Betriebliche Maßnahmen*

Wir werden alle Rockwell-Betriebe in umweltfreundlicher und vernünftiger Weise betreiben.

Wir werden forciert Programme zur Müllverringerung in jedem Betrieb einsetzen.

Wir werden die Einhaltung von Umweltschutzbestimmungen in allen Rockwell-Betrieben in regelmäßigen Abständen überprüfen.

Wir werden regelmäßig alle von dem Unternehmen benutzten Anlagen zur Beseitigung hochgefährlicher Abfälle überprüfen, um zu gewährleisten, daß nur solche, die den gültigen Normen entsprechen, benutzt werden.

Wir werden unsere Mitarbeiter zielbewußt und konsequent darüber unterrichten, wie sie bei der Ausübung ihrer Pflichten die Umwelt schützen und sicher mit gefährlichen Materialien umgehen, und sie umfassend auf eventuelle Katastrophenfälle vorbereiten.

*Managementpraxis*

Wir werden die Berücksichtigung von Umweltschutzinteressen und Rohstoffeinsparungen zu einem integralen Bestandteil der Geschäftsführung machen und sie auch als Kriterien für die Bewertung der Leistungsfähigkeit des Managements, und für die Beurteilung potentieller Projekte, Verfahrensprozesse und Beschaffungsaktivitäten anwenden.

Wir werden systematisch die Spezifikationen unserer Kunden (einschließlich der öffentlichen Hand) überprüfen und sie gemeinsam mit unseren Kunden überarbeiten und verändern, um umweltfreundlichere Verfahren und Rohstoffe einsetzen zu können.

Wir werden ein Programm einführen, das Mitarbeitern die Gelegenheit gibt, Anregungen und Vorschläge für Verbesserungen im Umweltschutz zu machen, und welches Belohnungen und Anerkennung für durchgeführte Konzepte beinhaltet.

*Öffentliche Kontaktpflege*

Wir werden die Öffentlichkeit über die Verwendung gefährlicher Materialien in Rockwell-Betrieben informieren und uns an der öffentlichen Notstandsplanung beteiligen.

Wir werden uns mit den Sorgen der Öffentlichkeit über unsere betrieblichen Aktivitäten auseinandersetzen.

*Maßnahmen zugunsten des Gemeinwohls*

Wir werden mit Regierungs- und Verwaltungsbehörden auf allen Ebenen bei der Analyse auftauchender Umweltprobleme und der Entwicklung kosteneffektiver, wissenschaftlich fundierter Umweltschutzmaßnahmen zusammenarbeiten.

Wir werden staatliche und privatwirtschaftliche Initiativen unterstützen, die die Wiederverwertung von Ressourcen wirtschaftlich durchführbar machen.

Wir werden mit der öffentlichen Verwaltung und der Industrie bei der Lösung von Problemen zusammenarbeiten, die durch frühere Abfallbeseitigungspraktiken entstanden sind.

Wir werden Forschungsarbeiten, die der Lösung von Umweltproblemen dienen, unterstützen und gegebenenfalls selbst durchführen.

(Mai 1990)

## Autorenverzeichnis

*Dr. Hugo Dicke,* geb. am 6. November 1941 in Wurzen, Leiter der Forschungsgruppe Europäische Integration am Institut für Weltwirtschaft, Kiel. Studium der Volkswirtschaft und Landwirtschaft an der Universität Bonn von 1963-1967, Promotion 1969 in Kiel. 1968-1972 Assistent am Institut für Betriebswirtschaft und Marktforschung in Kiel. Seit 1973 tätig am Institut für Weltwirtschaft an der Universität Kiel als Leiter verschiedener Forschungsgruppen.

Veröffentlichungen u.a.: Externe Kosten von Rechtsvorschriften (mit Hans Hartung), Tübingen 1986; EG-Politik auf dem Prüfstand (mit anderen), Tübingen 1987; Der Wandel des Integrationskonzeptes in der EG - Wirkungen auf Struktur und Wachstum, in: Jahrbuch zur Staats- und Verwaltungswissenschaft, Bd. 3, 1989; Das wirtschaftliche Gewicht Deutschlands und die amerikanischen Beziehungen zur EG: Kooperation und Rivalität, in: Amerikaner in Deutschland. Grundlagen und Bedingungen der transatlantischen Sicherheit, Bonn 1991.

*Prof. Dr. Dietrich Geyer* (1928), Direktor des Instituts für Osteuropäische Geschichte und Landeskunde der Universität Tübingen.

Veröffentlichungen: Lenin in der russischen Sozialdemokratie, 1962; Die russische Revolution, 1968, 4. Auflage 1985; Der russische Imperialismus 1860-1914, 1977, engl. Ausgabe 1987; Hrsg.: Wirtschaft und Gesellschaft im vorrevolutionären Rußland, 1975; Osteuropahandbuch Sowjetunion/Außenpolitik, 3 Bände, 1972-1976; Europäische Perspektiven der Perestrojka, 1991; Die Umwertung der sowjetischen Geschichte, 1991 u.a.

*Dr. rer. pol. Karl Otto Hondrich*, Professor für Soziologie, Universität Frankfurt (seit 1972);
Schreyerstr. 2, 6242 Kronberg/Ts; geboren am 1. September 1937 in Andernach; Studium in Köln (Promotion 1962, Habilitation 1969); Gründer und Leiter der Arbeitsgruppe Soziale Infrastruktur an der Universität

Frankfurt (seit 1973), Bedürfnisforschung und ihre Anwendung in der Planung.

Buchveröffentlichungen:
Die Ideologien von Interessenverbänden, 1963; Mitbestimmung in Europa, 1970; Wirtschaftliche Entwicklung, soziale Konflikte und politische Freiheiten, 1970; Demokratisierung und Leistungsgesellschaft, 1972; Theorie der Herrschaft, 1973; Menschliche Bedürfnisse und soziale Steuerung, 1975; Bedürfnisse und Gesellschaft, Fernstudienlehrgang Sozialkunde, 1975; Theorienvergleich in den Sozialwissenschaften (mit J. Matthes, Hg.), 1978; Ausländer in der BRD und in der Schweiz (mit H.-J. Hoffmann-Nowotny, Hg.), 1981; Soziale Differenzierung (Hg.), 1982; Bedürfnisse im Wandel (mit R. Vollmer, Hg.), 1983; Krise der Leistungsgesellschaft? (mit J. Schumacher u.a.), 1988.

*Prof. Dr. Udo Müller* (geb. am 7.12.1935 in Hildesheim), Universität Hannover, Institut für Volkswirtschaftslehre, Abt. Ordnungs- und Prozeßpolitik

Nach dem Abschluß des Gymnasiums in Hildesheim Besuch der Wirtschaftsoberschule in Hildesheim. Es folgte das Studium der Volkswirtschaftslehre in Göttingen und Münster, gleichzeitig Dolmetscher-Auslandskorrespondentenprüfung in Spanisch an der Berlitzschool Münster 1959. 1965 Promotion zum Dr. rer. pol. an der Julius Maximilians-Universität in Würzburg, Wissenschaftlicher Assistent unter Prof. Dr. H. Ohm in Hannover und Würzburg. Dozent an der Höheren Wirtschaftsschule in Würzburg. Wissenschaftlicher Rat an der Universität Münster; 1972 Ernennung zum Professor. Lehrbeauftragter an der Universität Würzburg. Ernennung zum ordentlichen Professor für Volkswirtschaftslehre im März 1974 an der Universität Hannover. Seine Schwerpunkte liegen hier im Bereich der Wettbewerbspolitik. Von ihm stammen zahlreiche Aufsätze, er veröffentlichte mehrere Bücher und war als Herausgeber tätig.

*Prof. Dr. Bert Rürup,* geboren 7.11.1943, Studium der Wirtschaftlichen Staatswissenschaften. 1969 bis 1974 Assistent am Seminar für Finanzwissenschaft der Universität Köln. 1974/75 freier wissenschaftlicher Mitarbeiter in der Planungsabteilung des Bundeskanzleramtes. Seit 1975 Professor für Volkswirtschaftslehre insbesondere Finanzwissenschaft.

Gastprofessuren an der TU Wien sowie der TH Leipzig; Lehrbeauftragter an mehreren Hochschulen; seit Anfang 1991 Gründungsdekan für den Fachbereich "Wirtschaftswissenschaften" der TH Leipzig.
Mehrere Rufe an in- und ausländische Universitäten und Forschungseinrichtungen.

Wichtigste Monografien: Programmfunktion des Bundeshaushaltsplanes (Berlin 1971), Staatswirtschaftliche Instrumente (3. Auflage, Tübingen/Düsseldorf 1984), Finanzwissenschaft (2. Auflage, Tübingen/Düsseldorf 1985), Wirtschaftliche und gesellschaftliche Perspektiven der Bundesrepublik Deutschland (München 1989).

*Prof. Dr. Ulrich Steger* (geb. am 8.11.43), Professor an der European Business School in Oestrich-Winkel, Leiter des Instituts für Ökologie und Unternehmensführung an der EBS sowie Geschäftsführer des Instituts für Umweltmanagement GmbH.

Nach Lehre und Tätigkeit im wirtschafts- und steuerberatenden Bereich Studium der Wirtschaftswissenschaften in Bochum, Examen 1972, Promotion über mathematische Wachstumstheorie 1975.
1976-1984 Mitglied des Deutschen Bundestages, 1984-1987 Hessischer Minister für Wirtschaft und Technik.

ausgewählte Buchpublikationen:
Umweltmanagement - Erfahrungen und Instrumente einer umweltorientierten Unternehmensstrategie, Frankfurt/Wiesbaden 1988; Umwelthaftungsrecht - Bestandsaufnahme, Probleme, Perspektiven der Reform des Umwelthaftungsrechts (mit E. Feess-Dörr, G. Prätorius), Wiesbaden 1990; Chemie und Umwelt - das Beispiel der chlorchemischen Verbindungen (Hrsg.), Berlin 1990; Umwelt-Auditing (Hrsg.), Frankfurt 1991.